滕维藻教授

1962年于家中

1958年8月13日毛泽东主席视察
南开大学，亲切接见南开大学
师生代表（右一为滕维藻）

1959年5月28日周恩来总理视察
南开大学，到经济研究所考察
工作（右一为滕维藻）

1994年江泽民主席视察
南开大学（右一为滕维藻）

80年代初期滕维藻
参加经济研究所举
办的"跨国公司国
际学术研讨会"
（左起：熊性美、
李岚清、滕维藻）

90年代初期滕维藻与经济研究所老同学在南开相聚
（右起：钱荣堃、桑弘康、宋则行、滕维藻、杨叔进、张隆高）

滕维藻与陈省身、杨振宁等科学家们在一起
（左一：陈省身；左二：滕维藻；左四：杨振宁）

1986年滕维藻夫妇与范曾夫妇在一起

1992年爱知大学聘滕维藻为该校名誉教授，图为致聘仪式
（左三：母国光；左四：滕维藻）

1993年滕维藻在
经济学院建院十
周年庆祝大会上
讲话（前排
左一：谷书堂；
左三：温希凡；
左四：母国光；
左六：桑弘康；
左七：鲍觉民；
左八：陈炳富；
左九：龙吟）

90年代中期滕维藻在国际
学术研讨会上发言

90年代中期滕维藻参加"弘扬
南开精神"教育科学研讨会
（左起：王文俊、滕维藻、
申泮文）

1987年为创建国际性研究机构，滕维藻与杨叔进、熊性美等
商议有关建立国际经济研究所事宜

80年代初期滕维藻接待外国来访专家

1982年滕维藻率
南开大学代表团
访问美国
（右一：魏宏运；
右三：滕维藻；
右四：吴大任；
右五：张再旺；
右八：何国柱）

1985年滕维藻访
问德国海德堡大
学，参加该校建
校600周年庆典

80年代中期滕维藻
访问英国约克大学

1983年滕维藻与南开大学七九级校学生会干部毕业前合影

1987年滕维藻与国际经济研究所师生合影

滕维藻与学生亲切交谈

1986年滕维藻与博士毕业生在一起（前排右起：滕维藻、陈荫枋）

1996年滕维藻参加博士生毕业答辩

2001年滕维藻出席"出口竞争力与外国直接投资的作用——通过与跨国公司的关联促进当地企业的竞争力"国际研讨会（左三为滕维藻）

2002年滕维藻与国际
经济研究所师生在一
起讨论学术问题

1997年滕维藻教授八十寿辰
与有关领导合影

1991年滕维藻与夫人朱明华
在鸭绿江大桥

全家合影

垂钓

南开经济学人

博 学 笃 行

——纪念滕维藻文集

滕维藻教授纪念文集编委会　编

南开大学出版社

天　津

图书在版编目（ＣＩＰ）数据

博学笃行：纪念滕维藻文集 / 滕维藻教授纪念文集编
委会编. —天津：南开大学出版社，2009.10
ISBN 978-7-310-03263-1

Ⅰ. 博… Ⅱ.滕… Ⅲ.滕维藻（1917～2008）－纪念文
集 Ⅳ.K825.31-53

中国版本图书馆CIP数据核字（2009）第177846号

南开大学出版社出版发行

出版人：肖占鹏

地址：天津市南开区卫津路 94 号　　邮政编码：300071

营销部电话：(022)23508339　23500755

营销部传真：(022)23508542　　邮购部电话：(022)23502200

*

天津市蓟县宏图印务有限公司印刷

全国各地新华书店经销

*

2009 年 10 月第 1 版　　2009 年 10 月第 1 次印刷

787×1092毫米　16 开本　18.25印张　8 插页　255千字

定价：50.00 元

如遇图书印装质量问题，请与本社营销部联系调换，电话:(022)23507125

滕维藻教授纪念文集编委会

主　　任：张秀珍

副主任：冼国明

委　　员：张岩贵　邱立成　蒋殿春　王晓玲

（本书收录纪念文章按作者姓名的英文字母顺序排列）

值此南开大学建校九十周年之际，我们出版《博学笃行——纪念滕维藻文集》，谨以此书献给九十周年校庆，并以此纪念缅怀滕维藻教授。

目　录

老师、朋友和领导 ……………………………………母国光　1

深切缅怀滕维藻先生——滕维藻同志追思会发言摘要 …………3

一、纪念文章

先生的"大" …………………………………柴瑜　宋泓　21

德高望重　一代宗师

　　——怀念我国世界经济学奠基人滕维藻教授 ………杜厚文　23

深切的怀念——良师益友滕维藻教授 …………………谷书堂　27

致滕维藻先生信 …………………………洪国起　侯自新　31

国际经济关系学专家——滕维藻传略 …………………蒋哲时　33

博学笃行 …………………………………………经济学院　46

忆滕维藻老师 …………………………………………李万华　51

忆滕公 …………………………………………………梁吉生　58

回忆滕维藻教授 ………………………………………骆春树　62

纪念滕维藻老师 ………………………………………罗肇鸿　66

缅怀滕校长 ……………………………………………逄锦聚　69

怀念滕维藻先生——在滕维藻先生追思会上的感言 ……邱立成　73

追忆父亲滕维藻 ………………………………………滕强　74

我国研究跨国公司的开拓者——纪念滕维藻先生 ………王林生　78

追忆滕维藻对南开大学的贡献 ………………………魏宏运　81

哭滕公 …………………………………………………魏宏运　86

怀念恩师 ………………………………………………冼国明　92

2

缅怀滕维藻教授
    ——他的学者风范以及学术上的继承和开拓精神 ………熊性美 98

往事似在昨天——怀念滕维藻教授 ………………………薛敬孝 115

与滕先生几次交往中的受益 ……………………………薛荣久 119

滕维藻教授杰出的一生 ……………………………………张岩贵 125

滕维藻教授 ……………………………………………………张岩贵 131

二、滕维藻文稿选编

马克思的资本循环原理与当代国际直接投资 ……………滕维藻 141

跨国公司的形成和发展 ……………………………………滕维藻 180

各国对跨国公司的政策 ……………………………………滕维藻 230

苏联计划经济中农业对于工业化的作用
    ——农业影响工业化的历史检验之三 ………………滕维藻 263

永远鼓舞我们前进 …………………………………………滕维藻 273

知识和人才（代发刊词） …………………………………滕维藻 276

党员民主评议自评提纲 ……………………………………滕维藻 278

附：滕维藻同志生平 ……………………………………………………281

老师、朋友和领导

（代序）

母国光

滕维藻校长离开我们已经有一年多了，他的音容笑貌却随着离去的时间愈久而令人更加怀念。他是南开人的朋友、老师和领导，他为南开大学建设和发展作出了历史性的贡献，他更是南开人学习、生活和做人的榜样。

我是晚辈，是学物理的，没有机会聆听维藻老师作为经济学家的教诲，但是在南开大学我们这一代无不钦佩维藻老师为全南开人作出的重要贡献。"文化大革命"后期，学校的广大师生都像无人认领的孤儿，生活在痛苦和精神不安之中，就在这个时候，滕维藻同志受党的委托出任南开大学校长兼党委书记。这在当时是南开人的最大喜事和最大的盼望。多少冤假错案得以昭雪，多少无辜的革命师生得以平反，学校的教学秩序得以恢复，一个饱受"文革"摧残的苦难的南开大学被重新领入一个正确的发展之路。地震破坏了南开校园，满园都是地震棚，满目凄凉，是谁领导全校师生在废墟上重建南开，是谁在如此困难的情况下仍然秉着南开是有名大学的精神自强不息，我们眼里看到的是杨石光、吴大任和滕维藻，是他们真正继承了南开大学的不折不挠的精神，在党的领导下重建南开大学。

我从滕校长手中接过来全国著名的南开大学，允公允能的校训得以认真贯彻，教学规范、制度有序，全校师生齐心为祖国而学的精神空前充沛。南开大学如初升的太阳蒸蒸日上。我为先辈们一心为南开的精神而感动，他们的无私奉献精神和高标准的办学要求深深地教育了我。

我任职校长前后有七年的光景，我时常请教维藻老师，而每次他都无不耐心地解答和提出建议，如经济学院的学科发展、东方艺术系的办学方针、天津外贸学院的并入以及后来南开大学医学院的成立等重大问题都能从他那里得到指导和帮助。对于我，滕校长展现的是一位南开老师对于后人的亦师亦友的感情，他是南开人的真诚朋友和老师。

我在他因病住院时，几次登门想一叙对他的感谢之情及崇拜之意，但病情不允许，夺去了我们一叙真情的机会。今天在他离开我们一年多的时候，我冒昧地代表南开一代人，向滕校长说声：谢谢！你为南开大学作出的贡献将永垂千古，永铭不忘。放心吧！南开大学一定会以允公允能的精神自强不息，在科学发展观的指导下，办成一个国际知名大学指日可待。

（作者为南开大学原校长）

深切缅怀滕维藻先生

——滕维藻同志追思会发言摘要

2008 年 3 月 6 日，南开大学在省身楼隆重举行滕维藻同志追思会。2008 年 2 月 14 日 9 时 57 分，中国共产党优秀党员，著名经济学家、教育家，南开大学原校长滕维藻同志因病医治无效在津逝世，享年 91 岁。他的逝世是我国教育界和经济学界的重大损失。

中国人民大学原副校长杜厚文、对外经贸大学原副校长王林生、东欧中亚经济研究会会长罗肇鸿、新华社高级记者李长久，以及南开大学党委副书记兼副校长张静、副校长佟家栋、原校长母国光，滕维藻同志的夫人朱明华等出席追思会。南开大学原副校长朱光华，经济学院原院长谷书堂、薛敬孝，原党委书记李万华，校长助理、泰达学院院长冼国明，经济学院院长马君潞、党委书记张秀珍，以及中国民主同盟天津委员会代表、南开师生代表共 150 多人参加了追思大会。大会由佟家栋主持。

校党委书记薛进文对此次追思会高度重视，原定参加会议，临时因公务而未能出席，特委托张静在会上代为宣读讲话稿。

薛进文的讲话中指出，滕维藻同志的为人、为学、为政，对所有南开人影响深远。他坚定地信仰马克思主义，忠于党，忠于人民，以满腔热忱服务于社会主义建设事业；他忠诚党的教育事业，为人师表，关爱后学，教书育人，桃李天下，为国家培养了大批高层次经济学专门人才；他与时俱进，主动适应国家经济社会发展需要，身体力行地推动了我国经济和管理学科的建设与发展；他潜心科研，治学严谨，在经济学研究领域取得了

4

突出成就；他胸怀坦荡，光明磊落，深受全校师生员工的尊敬和爱戴。

薛进文说："立雪伤神，先生音容笑貌仍在目；风冷杏坛，后学文章道理长铭心。滕维藻同志和我们永别了，但他的崇高情操、学识人品以及对国家和对南开的杰出贡献，将永远铭记在我们心中。目前，南开大学正处在发展的关键时期，让我们把对滕先生的怀念化为建设南开、发展南开的实际行动，牢记滕先生的嘱托，更加珍惜机遇，更加紧密团结，以只争朝夕的拼搏精神，为创建国际知名高水平大学努力作出更大的贡献！"

朱明华代表家属感谢南开师生对滕维藻同志的爱戴和追念。杜厚文、王林生、罗肇鸿、李长久、母国光、朱光华、谷书堂、李万华、薛敬孝、冼国明、马君潞、邱立成以及中国民主同盟天津委员会代表和学生代表等，深情地回忆了与滕维藻同志相处的点滴往事，追思了他的崇高情操、学识人品、卓越成就以及对国家和对南开的杰出贡献，希望他的精神在南开继续得到发扬。

2008 年 3 月南开大学召开滕维藻同志追思会

滕校长的愿望：要办一所好大学

母国光

　　我总想找个机会跟滕先生说句话，一直没找到，他走了，我心里很难过。为什么要找个机会跟他说话呢？我想对他说两个字——谢谢。因为大家知道，我从一名普通教师忽然间去做校长，自己很恐慌，就对滕先生说："我的实力不行啊，还是找别人吧。"他说："我支持你。"校长不是那么好做的，很多东西没学过，很多事情没有处理过，但是依靠滕校长对我的鼓励，依靠在校的老师们，跟我的学生们一起度过了差不多十年。

　　大家刚才也说了，南开是不错的学校，特别是西南联大时南开很有名。但后来南开大学的发展从客观上来看，遇到了很多困难，直到1978年的重新起步。1978年南开的现实是遍地地震房、下乡回来的教授、参差不齐的新生。滕先生从1981年开始做校长，同时代理书记，他为很多"文革"中被定性为"反革命"和"黑帮"的教师平反昭雪，让他们重上讲台。那时候学校什么东西都没有，只有几个系，社会需求我们不能满足，办学思想又在哪儿，要校长拿意见，他把南开从一个破烂境地再办起来，困难重重。所以说滕校长是大教育家，是南开的荣幸与光荣。

　　滕先生很有时间观念和空间观念。他立足天津，面向全国，面向世界，而且眼界更远更高，这些就决定了南开后来的发展。滕先生任南开大学校长的时候有些事没有来得及去做，后来他跟我说，真正要发展，南开还缺一个医学院，既是社会需要，又是南开发展前途所在，所以我说滕校长是为南开发展作出历史性突出贡献的科学家、教育家。东方艺术系是他主张办的，他指的大学，不是简单地学数理化和一般的知识，而是要有一个文化氛围，所以他主张要有一个东方艺术系。还有就是旅游系，大学里办旅游系很有争议。一所大学的领导对我说过："母校长，你办旅游系是不是为弄点钱啊什么的？"他没看到这个重要性，他没看到这是一种资产，是资源，是文化，而滕校长看到了。还有分子生物研究所，今天，生命科学成为科学中顶头的一个学科了，那时候他就主张建分子生物研究所。他还把计算机系恢复起来了。

滕先生对学科的发展、社会的发展能高瞻远瞩，他的人格为南开师生所信赖，他的办学思想对南开的发展有贡献。所以今天当着滕师母和大家的面，我作为南开人表示对他的感谢。我还要说从他那里我学到了什么，想把大学办成什么样。滕先生早就说了，我们是要办一所好大学，不是办一所"大"学。那就是说，我们办学不是别人办我们也办就可以了，而是要办一所好大学，这是滕校长给我的最好的箴言。我不是滕校长经济学方面的学生，但我自认是他教育学方面的学徒。今天的追思会上，我们怀念滕校长的业绩，最重要的是继承他给我们留下的宝贵财富，这财富告诉我们，要办为国家、为社会发展作出大贡献的大学。

（作者为南开大学原校长）

忆滕先生二三事

谷书堂

我首先要讲的是，在上世纪 80 年代初学校处在重新起步发展阶段的时候，滕先生为学校发展做的一些事。当时党中央确定了以发展经济代替阶级斗争作为国家发展的中心点，所以那时候中央若干部门都提出了要求高校能给他们提供专门人才。南开大学当然很愿意接受这样的好事情，可是当时学校经费真是捉襟见肘。在这样困难的情况下，滕先生很敏锐地看到了一个机遇，及时果断地作出了一个决定——通过从我们学校财经学科毕业的一些老同志，跟在中央各个部门工作的南开校友联系，把这些培养项目争取到南开来。在接下来短短的三四年时间里，南开大学拿到的经费及中央各个部门的支持大约有3000万元，这在近30年前是一个很惊人的数目，这使学校的发展有了有力的保证。在当时，抓住这样的一个机遇是很不容易的。北京的学校很多，而且有很多很好的学校，为什么这些项目反倒到天津来了呢？我想主要归功于滕先生的英明决策。

除此之外，我还想到一点，当时学校的发展也不是没有碰到困难。比如开办旅游系，这在当时遇到了很大压力。因为中国过去根本就没有旅游系，高等学校也没有旅游专业。所以当时南开办旅游专业的消息一传开，许多反对意见一哄而上。反对者质问：旅游不就是培养导游吗？一个导游还需要在大学里培养吗？办个培训班，到中专培养一年半载的不就行了吗？大学里办旅游专业如何收回教育成本？滕先生的压力很大，一方面他感觉到国家有需要——国家旅游局迫切需要有些高校创办旅游专业；可另一方面，反对意见并不是完全没有道理。

后来经过反复的征求意见和论证，滕先生最终下了决心要办旅游系。他认为，旅游在中国将是一个大有可为的新兴产业。中国现在需要这个产业，那学校就要根据国家需要来发展。既然是一个产业，那么它需要的就不仅仅是导游，更需要产业发展的战略规划。特别是要开辟国际旅游市场，把它作为一个对外开放的窗口，就需要深厚的中国传统文化知识和外语功底，而这些条件决不是中专教育所能胜任的。有了这样一些思考以后，滕先生就下决心排除阻力作出了办旅游系的决定。南开大学旅游系成立后不久，全国各大学的旅游学专业也纷纷成立，所以南开大学在这方面也算是开创者。因此这个决定在今天来看是非常明智的。当时作出这样一个决定

8

既需要敏锐的判断力，又需要对学校的内在潜力能否胜任开办旅游系有深刻的了解，还需要全面考虑到国家社会发展的大方向。

从这样一些具体的例子来看，滕先生为南开大学的发展作出了很大的贡献。当然我只是从这样两三件事来回忆。我想今天缅怀滕维藻先生和他一生事迹的时候，在回忆他和我们的交往中对我们产生影响的时候，我们应该永远铭记他的一言一行、一举一动。

（作者为南开大学经济学院原院长）

我对恩师的敬仰之情

冼国明

今天回想起来，滕先生不论是作为经济学家，还是教育家，我都觉得很难全面地概括出他对国家和南开教育事业发展所作出的贡献。我的硕士、博士研究生导师都是滕先生，我仅从自己作为滕先生的学生这个侧面讲一下我对恩师的敬仰之情。

"博学、多闻、慎思、笃行"，是滕先生非常推崇的一句名言，他一生对这句话身体力行。记得改革开放之初，国内学术界对中国对外开放究竟应该实行什么样的政策有分歧。对此，滕先生经过深入细致的研究，对当时不同国家和地区所实行的进口替代和出口导向战略的长处与短处进行了综合考虑，提出兼顾两种战略优势的建议，这个建议后来对促进中国对外开放的顺利发展起到了非常重要的作用。这个政策建议是滕先生对采取进口替代和出口导向战略的国家各自面临的具体国情与国际政治经济形势,以及中国对外开放面临的内外各种困难有了充分和深入了解以后才提出来的。滕先生的治学方法对我们这一代年轻人产生了非常重要的潜移默化的影响。

滕先生在担任南开大学校长期间对学校的学科发展作出了很大的贡献,他在一些重要的学科发展决策方面想别人所未想、做别人所未做,因此使南开当时的学科发展走在国内高校的前列。滕先生做这些工作的一个重要特点就是具有国际视野,他对国外大学的发展非常了解。因此南开当时的学科布局都是瞄准世界一流大学水平来设计和发展的。此外,滕先生做事情不光有眼光,更重要的一点是他有担当。在很多重要的事情上,他所作的决定,都是出于一种对社会、人民和个人良知的责任感。

滕先生为人宽厚,平易近人,胸怀宽广。特别是在工作中,滕先生能把个人感情与工作分开看待和处理。记得有一回,为了学科发展的问题,他曾和其他一些共事多年的老先生争得面红耳赤,但他们完全是从是否对南开有利的角度来进行讨论和争论的,这并未影响他们多年形成的亲密合作的友谊。我觉得这是滕先生和他那一批老学者们留给我们非常重要的财富。

滕先生这一辈学者既受到中国传统优秀文化的熏陶和教育,也受到了近现代以来西学东渐后西方民主和科学的影响,像滕先生这样能够同时将这两者非常好地结合在一起的学者和教育家实在是非常难得。南开因为有了像滕先生这样的一批学者而荣幸和骄傲。我想,随着中国各方面实力的提高,中华文明的继承和发展的重任落在了我们这代人身上,那么我们该如何行动呢?我们应以滕先生所代表的那一批学者为榜样,把传承我们中华民族五千年文明和学习所有优秀民族所创造的世界文明结合起来,为南开的发展、为中国教育事业的发展、为中华民族的复兴作出我们的贡献,以此来纪念滕先生的在天之灵!

(作者为南开大学校长助理、泰达学院院长)

哲人其萎 风范长存

王林生

滕维藻先生已经离我们而去，但他的治学为人给我们树立了楷模。作为后学，我曾亲炙教益；我执教的对外经贸大学，在工作上也曾得到过他的帮助和支持。今天我们深怀感念之情追忆往事，以寄托哀思。

1974 年，滕先生为撰述《跨国公司概论》一书来京小住，每日到外贸部研究所查阅资料，我恰好被借调到部里协助杨西孟所长作美国经济危机研究。当时滕先生已是知名学者，而我作为一个名不见经传的后辈，虽欲识荆，又恐唐突。后来过从之间，始觉滕先生和蔼可亲、平易近人，拘谨之心，顿告释然。"望之俨然，即之也温"，此言足以为滕先生之写照。当时研究条件简陋，但滕先生因陋就简，孜孜矻矻，为我国跨国公司研究做了奠基性的工作，在我国开拓了世界经济学科的一个新领域。

"文革"结束，滕先生主持南开校政。浩劫之后，百废待兴，任重事繁，困难重重，而滕先生受命于危难之际，团结广大师生员工，含辛茹苦，擘画经营，不数年而建树良多，全校气象为之一新，确保南开稳居全国先进名校之列。

80 年代南开校庆，我代表对外经贸大学到天津祝贺，呈献仿古的青铜鼎一尊作为贺礼，附有"乐育英才"四字的铭文，旨在彰显南开为国家培养人才所作的贡献，也是对滕先生为人师表的称颂。因为滕先生毕生献身教育，安贫乐道，诲人不倦，数十年如一日，真可谓"乐以忘忧，而不知老之将至"。这充分体现了中国知识分子的传统美德和崇高风范，值得我们学习、继承和发扬。

在对外经贸大学的教师中有不少滕先生的门生故旧，惊悉先生邃归道山，莫不深感悲痛，我谨在此代他们表达哀悼之意。多年来对外经贸大学与南开大学一直保持着交流与合作关系，这正是滕先生生前倡导和建立起来的，对外经贸大学的新领导班子把它视为办学中可以凭借的重要社会力量之一。熊性美兄和我都十分珍惜这一关系，但岁月无情，性美兄和我都已垂垂老矣，因此希望两校年轻一代共同努力，继续推进这一关系。这不仅有利于两校的办学，相信也有利于我国世界经济和国际贸易学科的建设与发展。这也是滕先生的遗愿，英灵有知，必当含笑于泉下。

敬爱的滕维藻先生，您安息吧！

（作者为对外经贸大学原副校长）

学习滕先生的创业精神

李万华

滕先生是南开大学的第五任校长。他之前的几位校长——张伯苓校长、杨石先校长这两位校长任期较长，何廉、臧伯平这两位校长任期都很短，滕先生是"文革"以后按照国家规定任期的第一任校长。我跟滕先生结缘60多年，这一生作为滕先生的学生、作为他的部下，深深地感觉到应该向他学习什么。

滕先生走了，我们应该向他学习。首先要学习他的创业精神，我们说南开大学的创建者是张伯苓校长，第二次创业的主持者是谁呢？我个人认为是滕校长。因为上世纪50年代全国进行院系调整，南开大学经过多次调整，其中有 3 次大的调整，工学院调走了，城建学院调走了，所以到滕先生继任的时候，也算是创业了。

南开大学原来有东、北、南 3 院，到"文革"前，就剩下 9 系 1 所；在这样的情况下，又遭遇了天灾人祸，所以我觉得南开的校史应该用重笔描写滕校长对南开的贡献。从 9 系 1 所，到今天的 22 个专业学院（系），学科覆盖文、史、哲、经、管、法、理、工、农、医、教、军全部 12 个门类，成为目前全国仅有的一所覆盖全部学科门类的研究型大学，滕先生那个时候为此打下重要的基础。

我觉得滕先生应当是我们的校史中十分重要的一笔。滕先生在创业当中，不仅拿到了很多项目，而且排除了很多阻力。一些建设经费充足的学科，以及国家需要办的学科，他很容易就能办好。而那些经费不足、没有投资赞助的学科，他认为对学校、国家有利的也能办好。比如法律系，建系之前学校任命他为筹备组组长，办起来之后，没有地方上课，他就安排租了吴家窑小学的教室来上课。当时，滕先生认为没有条件就要创造条件，再困难也要办教育，这是创业。

因此我认为他是南开大学第二次创业的主持者、创造者。对于滕先生的去世，我们应该深深怀念他，学习他的创业精神。

（作者为南开大学经济学院原党委书记）

博学谦和的大学问家

薛敬孝

滕维藻教授是著名经济学大家，是我国世界经济学科的开拓者之一，是我校世界经济学科的创立者、开拓者。他知识渊博、好学爱读、刻苦钻研、善于明辨、思想敏捷、追求真知，是我们学习的好榜样。

滕先生在上世纪 70 年代中期便开始进行跨国公司问题研究，他领导的学术团队是我国最早涉及该领域的学者群，其中滕先生和陈荫枋先生主编的《跨国公司概论》在 1995 年获国家教委人文社会科学首届优秀成果一等奖。在授奖仪式上，国家教委特别安排了滕先生接受李岚清副总理颁发的奖状。滕先生还曾受聘为联合国跨国公司委员会高级顾问。在滕先生的带领下，南开的跨国公司研究成绩斐然，闻名于国内外。

滕先生的研究领域很广，不仅对经济学娴熟，对其他社会科学也知之甚多，甚至对自然科学也相当了解。这可能是与他多年担任教务长、校长等领导职务有关。例如，1988 年 9 月，在南京参加了世界经济学会议之后，滕先生、熊性美教授与我受南京大学商学院之邀，在南京大学访问了3 天。其间，南京大学商学院组织了一次学术座谈会。满满一教室的学生，没有主题，漫无边际地提问题，纸条雪片似地传来，滕先生唱主角，对各种问题对答如流，显示出大家风范。

在我和滕先生的接触中，我感到他非常好学。其表现有二：一是他爱读书，他经常向我介绍并推荐新书，他说不看书就跟不上学术发展，他还批评一些不爱看书的人。二是他虚心听取同行的观点，每次学术会滕先生都要认真记录，不管是知名专家，还是年轻学者。会后他还经常仔细研究记录的内容，并经常发表评论。

多年来，在学术研究中，滕先生对我指导和帮助之处非常多。此外，在我任国经系系主任期间，他还对我们系的工作给予了很大支持。对我来说，滕先生是一位非常令人敬佩的好老师。

滕先生去了，我们应该继承滕先生的遗愿，学习滕先生的治学精神，以滕先生为榜样，做好学问，为南开大学、为国家多作贡献。

（作者为南开大学经济学院原院长）

滕先生的亲和力和影响力

朱光华

滕先生是一位经济学大师,是南开大学世界经济学科的奠基人和开拓者。我在学校工作期间,曾协助滕先生做了一些工作,作为他的学生,受益良多,现在我只谈两点切身体会。

第一点体会是,学术大师的影响力是学校的宝贵精神财富。

我校世界经济学科和国际经济研究所、国经系是在滕先生的倡议下成立的。在国经所成立 20 周年庆典大会上,我曾说,我校的跨国公司研究中心和 APEC 研究中心是世界经济学科的旗帜:2000 年,它们同时被教育部批准为首批社科研究基地;在"985"工程社科创新基地的评审中又获全票通过;在 2007 年全国世界经济学科的评估中南开排名第一;2008 年 1 月,教育部社科工作简报又以"南开大学 APEC 研究中心贡献突出"为题,发布了专题简报。所有这些成就都是与滕先生开创和奠基的世界经济学科分不开的,是与滕先生在世界经济学科领域的巨大影响力分不开的。

全国世界经济学科的专家们都非常崇敬滕先生,他的影响力是南开的宝贵精神财富。没有滕先生开创的南开世界经济学科,就没有今天南开世界经济学科的领先地位。"饮水思源",我们应当永远铭记滕先生的奠基性贡献,我们要传承和弘扬滕先生的治学理念,大力提高人才培养质量,大量做出高水平的标志性研究成果,大力开展国际学术交流,使滕先生开创的事业继往开来，以新的成就告慰滕先生的在天之灵。

第二点体会是，学术大师的亲和力是我们应当永远学习的高尚品格。

滕先生曾任南开大学校长，是国务院学位委员会经济学科评议组原召集人、联合国跨国公司委员会原高级顾问。但他教导我们"人格的力量大于权力的力量"，他与人为善、平易近人，践行"仁、义、礼、智、信"。他的人生格言是"多奉献，少索取"，他没有更多的官衔，全身心地投入学校建设。他为学校的题词是"博学、多闻、慎思、笃行"，这个题词曾立于学校主楼小礼堂前的时钟下面。现在此处设立校钟，每当重大节日师生敲响校钟时，我都会想起滕先生的题词。

滕先生的亲和力是一种无形的力量，是构建和谐社会的典范，我们要以滕先生为楷模，为构建和谐南开而努力。

滕先生的学术影响力，滕先生为人的亲和力，是我追思滕先生的两点切身体会。滕先生的毕生贡献是多方面的，他将永载南开史册，我们将永远缅怀这位大师！

（作者为南开大学原副校长）

学习滕维藻教授对待学术研究的严肃态度

熊性美

我在上世纪 50 年代初是滕维藻教授的学生，随后半个世纪在南开大学共事，曾经一起从事教学、研究，共同经历风风雨雨。抚今追昔，感触良多。现在只想举几个事例，说明滕维藻教授的学者风范，特别是他在形成自己学术思想方面的严肃态度和学术品格。

我认为，上世纪50年代，滕维藻教授的思想主要是努力学习并全盘接受列宁在《帝国主义是资本主义的最高阶段》一书中的具体观点，教学辅导中提出的问题也是用苏联学者的著作来解释。上世纪60年代初，滕维藻教授和北京方面的学术活动的联系加强了，但那时他的理论体系和基本观点没有什么变化。

真正的变化发生在上世纪70年代中期。1973年滕维藻教授与陈荫枋、殷汝祥、陈钺等教授一起到北京，为我国参加国际会议准备一份有关国际大公司的报告，接触并翻译了不少联合国以及其他国际组织的专业资料，由此开始了他们对国际垄断组织的研究和思考。在此基础上，1978年滕维藻教授编撰了我国第一部关于战后国际垄断大公司的专著——《跨国公司剖析》。该书在学术界产生了很大影响，其基本观点成为当时我国世界经济教材中有关战后国际垄断组织的重要内容。

但滕维藻教授并不满足，在整个80年代又联系战后资本主义生产集中和垄断的新发展，对跨国公司作了多方面的研究。经过长期的努力，1990年至1991年，《跨国公司概论》（大学世界经济丛书）和《跨国公司与中国的开放政策》两本专著出版。王念祖教授曾评价说，这两本书的出版主要是依靠滕维藻教授的主导作用。滕维藻教授却很认真地强调：这是南开大学以及国内外一些同事和专家集体努力的结果。从这一事例可以看出滕维藻教授从事研究的严肃态度以及对科研同仁所起作用的尊重。

改革开放以后，滕维藻教授还从事过一些教材的组织编写工作。例如1978年，教育部曾委托滕维藻教授主持编审我国高校教科书——《世界经济》的第一版。这本书的初稿是由许多大学的教师分头撰写的。事后，这些专家学者普遍反映由于领导班子能够认真听取参加工作人员的意见，并平心静气地进行讨论和修改文稿，所以大家觉得心情很舒畅。在这次教材编写工作的基础上，中国世界经济学会成立了。多年来在这个学会中形成一个传统，就是存在一种各单位彼此尊重、相互支援的精神。一些老会员如洪文达教授等曾经说过,这都是因为滕维藻教授和一些老先生开了一个好头。

今天在全球化的条件下,形势复杂,大量哲学社会科学以及国际问题有待研究。中国正在崛起,我们学者面临的研究任务十分繁重。在新的形势下,回顾滕维藻教授对待学术研究的严肃态度和拥有的学术品格,是否能得到一些启示呢?

(作者为南开大学国际经济研究所原所长)

学习先贤 为南开争光

马君潞

搞学问,滕先生是大师;搞行政、搞教育,滕先生堪称教育家。为什么这样说呢?首先作为大师、作为教育家,他把握机遇的能力非常强。把握机遇的前提在于他的高瞻远瞩,从某种意义上说,我认为滕校长在南开大学大发展或者说"再次创业"的关键时期作出了非常关键的贡献。

滕先生担任校长的时候,我们国家正值改革开放初期,那时他就已高瞻远瞩地看到了国家发展的方向,所以非常果断地决定到国外考察,深入调研,作出了一系列果断的决策,发展了一系列关键性学科,以应对改革开放发展的需要。

滕先生是南开大学世界经济学科的奠基人,也是我们国家世界经济学科的奠基人之一。为什么他要研究世界经济呢?当时我们国家需要对外开放,要了解世界。世界经济学科的发展可以为国家的一些关键性决策提供

18

咨询，所以建立世界经济学科是非常关键的。

上世纪 70 年代末，经济管理学科在当时仅有一个系（经济系）和一个所（经济研究所），到 80 年代的时候，在滕校长的领导下，才得到了极大的发展壮大。当时学科发展的思路是对外开放、走国际化之路。包括我在内的很多人，就是当时国际化的第一批受益者。当时，南开大学和加拿大的 4 所学校建立了固定的联系，联合培养硕士生、博士生。此外，注重为社会服务、产学结合。当时滕先生的办学思路明确，做法果断而且可行。

此外，滕先生为人非常谦和，十分有人格魅力。成为大师不是那么容易的，但是大师永远是我们学习的榜样。从南开大学目前所面临的形势看，从某种意义上说，现在也是一次大发展的好时机，和 80 年代初有类似的地方。而且天津和滨海新区面临大好发展机会，坐落在天津的南开大学，机遇也是空前的。因此我们应学习滕先生的办学精神，考虑我们将来面临的机遇和挑战，以及我们在应对机遇和挑战时应该作的前瞻性部署。我想滕先生有太多值得我们学习和回味的地方，目前学校发展的责任落到我们这一代身上，希望大家群策群力团结起来，学习先贤、和谐共进，为南开争光。

（作者为南开大学经济学院院长）

一、纪念文章

先生的"大"

柴瑜　宋泓

在我 1993 年入学的时候，先生已经是七十多岁了。第一次见他，是去南开北村，在二楼上，师母开门把我们迎进去，对着一间屋子说，学生们来了。这时，一位身材伟岸，身形也比较宽大的老人，慢慢地、笑盈盈地走过来，招呼我们去小小的客厅落座。

客厅很小，大概有七八个平方米，先生坐在一个布罩子的扶手沙发上，高大的身躯似乎把沙发坐得很满，显得沙发倒小了似的。

在那里，先生问我们的学习、生活等等各方面的情况，与我们聊聊最近发生的事情。

先生说，过去在重庆的时候，有个小尼姑不吃饭，成为一时的新闻，大家纷纷跑去看。结果，过了一段时间，人们发现她悄悄地吃花生米。所以，"你们在学校里生活一定要吃好，要吃些鸡蛋、奶粉，也要吃些花生，营养好些"。

先生也说，年轻时候，每周五要交写给《大公报》的专栏文章，就与师母两人一路散着步从南开大学去报社。"那时真是思如泉涌啊！"，先生笑着感慨着。那时，我觉得这样才更浪漫！

先生也曾经提过，小的时候，家里不富裕。但是他读书读得好，就考上不花钱的师范学校。毕业后教书，因为很喜欢与学生在一起，结果，被人说是有共产党的嫌疑。上了浙江大学后，希望推动民主，因为参加了学潮被抓进了监狱。还是竺可桢校长到处斡旋，才得以出狱，但是因为闹过学潮，上了黑名单，不能公费留学了。

想起来这些点点滴滴，就好像回到那些年里，异乡冬天的晚上，屋外是漆黑一片，而我们就坐在先生的小客厅，在温暖的灯光下，絮絮地说着陈年的故事。

其实，更多的时候，还是我们说的更多些，谈对很多事情的看法。相互同意或者不同意彼此的观点。而先生只是听着，不说话，也很少表态。等我们说完了，先生才会不涉及此事地讲讲故事或者见解。而往往这些简短的话语细细品来又高屋建瓴，颇具风范。细水长流，渐渐地我们就体会到了先生的另一个"大"。

这个"大"，无形无影，可是，你知道它在那里，从这个耄耋之年的老人心里，缓缓地流出来，浸润着你年轻激扬的心。

这个"大"，晶亮透明，你照得着自己的影子和世间的纤埃，是长是短，是大是小，是曲是直。

这个"大"，厚重博广，籍着它，你高得足以看见远处的峰峦叠翠；籍着它，你又这样得低，低得贴近泥土，感受着踏实的芬芳。

这些年过去了，先生伟岸的身躯只是一幅思念的影像，但是，先生的"大"却愈加鲜明了，鲜明得像一盏灯照着我们前面的路。

（作者为中国社会科学院教授）

德高望重 一代宗师

——怀念我国世界经济学奠基人滕维藻教授

杜厚文

著名经济学家、我国世界经济学的奠基人、南开大学原校长滕维藻教授逝世已经一年多了，但岁月悠悠、思念深深，我们依然思念着这位学识渊博、思维敏捷、才华出众、为我国世界经济学科作出过重要贡献的一代宗师！

滕维藻教授是一位著名学者，他的研究领域十分广阔，几乎涉及世界经济的各个重要方面，如国际投资、国际贸易、国际金融、经济危机和经济周期、国别经济等。在我案头就摆着滕维藻教授的《澳大利亚经济》、《跨国公司剖析》、《跨国公司概论》等，其中《跨国公司概论》是一部力作，堪称"标志性成果"，在学术界产生了极大的影响。

跨国公司研究在我国已有很长的历史了，但《跨国公司概论》却以新的视角，对跨国公司的性质、作用、功能、运行以及我国的对策等重要问题进行了深入透彻的分析，令人耳目一新。这本专著的创新之处，有以下几个方面：第一，突破了我国学术界长期坚持的"过剩资本"传统理论，第一次提出跨国公司是产业资本国际化的产物，是资本主义生产力和生产关系共同作用的结果。经济国际化（全球化）是当今世界经济发展的一个显著特征和趋势。这一判断现在已经成为我国学术界的共识，但在上世纪80年代末和90年代初，滕维藻教授主编的《跨国公司概论》中已鲜明地提出并深入地论述了这一新现象和新特点。表明作者对世界经济趋势的研究具有很强的前瞻性、洞察力和科学预见性。第二，该书对跨国公司的作用作了全面、客观的评价，既指出了跨国公司全球战略的目的是追求利润的最大化，归根到底是服务于垄断资本的根本利益这一本质属性，同时又指出跨国公司在世界范围内实现生产要素的重新配置，有利于成本最小化，提高经济效益。本书还专门论述了跨国公司对东道国既有积极作用的一面，也存在消极作用的一面。作者明确指出东道国对跨国公司的政策应是限制与利用，趋利避害。第三，跨国公司是产业资本国际化的产物，它必然会改变国际分工的基本格局。传统的垂直分工和水平分工已让位于产业内部分工和产品内部分工。各国之间经济上相互联系、相互依赖大大增强，可谓一荣俱荣，一损皆损。发展中国家不能闭关锁国，必须积极参与国际分工和国际竞争。解决国际经济争端，不能遵循零和规律，应互利共赢，争取协商与对话的路径。第四，作者对西方有关跨国公司的理论，如垄断优势理论、产品生命周期理论、内部化理论、生产折衷理论等进行了客观、公正的评论，避免了全部照搬式或统统排斥等简单化做法。

滕维藻教授开启的跨国公司研究工作，一直延续到今天，形成了一支高水平的研究队伍，每年都有新成果面世，继续处于全国领先地位。滕先生亲自主持的跨国公司研究，不仅为我们提供了大量的研究成果，还为我们高校社会科学研究提供了丰富的经验，这些经验是具有普遍意义的。我认为有以下几点：

首先，必须坚持理论联系实际的方针，经济研究一定要从实际出发，解决实践中的出现的新特点、新情况、新问题。只有这样，研究成果和研究机构才能发挥智库和决策咨询的功能。为此，必须掌握国际和国内社会、经济发展中的最新情况，最紧迫的需要，人们最关心的问题。

其次，始终把人才培养、队伍建设放在首位。

人才是各种生产要素中决定一切的关键。一个学校，一个专业，只要有领头人，有骨干队伍，这个单位就有核心竞争力。人才不只指一个、两个，而是一大批。更重要的是要有创造型人才形成的学术氛围。滕维藻教授领导的团队就具备这些基本因素。在滕先生周围聚集着像陶继侃、陈荫枋，易梦虹、熊性美、薛敬孝等众多老一辈知名学者，又培养出像冼国明、佟家栋，宫占奎，李坤望、戴金平、盛彬等一大批中青年优秀学者。这批中青年思维敏捷，知识结构合理，富于创新精神，是我国世界经济领域的中坚力量。

再次，注意发挥自身优势，突出重点，不断增强竞争实力。

每个学校或专业都有自己的特色，特色就是一种品牌，丢掉特色，就放弃了品牌。跨国公司研究，APEC 研究中心，国际贸易研究，这些都是南开大学世界经济研究的特色。近年来，南开大学在发挥自身优势方面，取得了丰硕的成果。南开大学世界经济学科是教育部认定的国家重点学科，跨国公司研究中心和 APEC 研究中心是教育部批准的国家重点科研基地。南开一大批中青年学者进入国家新世纪人才培养计划。南开的重点学科和研究基地与国内外学术机构保持密切关系，在国内外学术界享有较高的声誉。

这些经验都体现了滕维藻教授的治学风格和精神。

这里，我还想讲讲滕维藻教授对世界经济学会的贡献。1978 年党的十一届三中全会的召开，标志着中国进入一个新的历史阶段，对外开放成为我国的基本国策等。世界经济研究迎来了一个前所未有的机遇。国家对世界经济学科的人才需要急剧增加。另一方面，我国高校世界经济的教学与研究远远不能满足国家对人才的需要，科研工作也处于百废待兴之中。正是在这种情况下，我国老一辈世界经济学专家如钱俊瑞、滕维藻、浦山等同志商约尽早建立中国世界经济学会；作为学术交流的平台，推动我国世界经济的教学与研究工作加快发展。钱俊瑞、滕维藻等人的倡议，立即得到我国世界经济领域的一些老专家的一致支持，陶大镛、吴大琨、吴纪先、关梦觉、宋则行、洪文达等教授迅速作出反映。经过一年的酝酿，1980年中国世界经济学会正式成立，钱俊瑞当选为会长，滕维藻教授先后担任副会长、顾问，为学会工作倾注了大量心血。他先后协助钱俊瑞、浦山同志，使学会工作始终沿着正确的方向发展。滕维藻教授以其学识和个人魅力赢得了同行的尊敬和爱戴。作为中国世界经济学会的倡导者和组织者之一，滕维藻教授对全国世界经济学的建立和发展起到了关键性作用。

中国世界经济学会成立以来，已有近 30 年了，人员不断更迭，领导层几经换届，但其学风和传统依然保持着初创时的风格，即在学术上与时俱进、开拓进取，民主讨论、取长补短；在人际关系上互相尊重、互相支持、团结合作、和谐相处。大家深感：学会是一个互赢的学术平台。学会的这种气氛是以滕维藻教授为代表的老一代学者传承下来的。我们在怀念滕维藻教授的时候，一定要将这种优良的传统继承下去，并发扬光大。

（作者为中国人民大学原校长）

深切的怀念

——良师益友滕维藻教授

谷书堂

有时想用一个怎样的的词藻能概括或描述我和滕维藻教授的关系？也许"亦师亦友"比较恰当、贴切。现在我就简单地叙述一下我们形成这种关系的经历。1946 年，南开大学复校回津的那年，我考进了南开工商管理系，次年转入经济系。滕维藻教授是在抗战时期从当时在重庆的南开经济研究所毕业的，之后他在社会上工作了两年，做经济方面的工作，1947 年回到已复员回到天津的南开政经学院金融贸易系，开始担任讲师，不久，由于他的业务知识精专，教学和科研工作成绩突出，便被破格晋升为副教授，这在当时同学中传为佳话。在我上二年级时，有一门必修课"货币银行"，是由两位教师分别讲授，我当时未加思索就选了一位老教授讲的课，但上课以后才发现这位老教授南方口音很重，我基本听不懂，由于改选已不能，只好硬着头皮听下去，与此同时，听到有的同学选了滕先生的课，他们感到滕先生讲课清晰，思路严谨，而且内容充实，听课后印象很深。这时我后悔已来不及，就这样失去了一次聆听他的教诲的机会。后来还听到低年级的同学也讲，滕先生不但教学内容充实，而且对同学很关心，要求严格，看到同学表现不对的地方，他总是坦诚认真的提出来，例如有的同学在老师尚未宣布下课时即急忙进行下课的动作，滕先生对此就严肃地提出批评，他感觉到学生这一动作是对老师不够尊重，这虽然是小事，但从此可看出滕先生对教育学生的一丝不苟，留在同学们心中的是几十年都不会忘却的记忆。

1950 年我毕业了，在此之前，我已被提前抽调到市里工作，但当我知道学校向市里要求分配政治课教师时，我便要求回学校工作，担任政治课助教，当时学院里教师并不算多，而滕先生尚属年轻教师，因此我和他有了一些接触。我原本性格很内向，不愿主动和前辈或上级领导接触，但滕先生为人谦和，不摆架子，平易近人，虽然他是我的师长一辈，但在日常接触中使我感觉很自然，丝毫不觉得拘束，所以我们很快就成了很熟的朋友。1952 年院系调整后，他被调到学校担任副教务长，在当时这是个相当重要的职务，而且工作繁忙，可是这并没有阻断我们之间的往来，只是接触的机会少了而已，在此后的半个世纪里，这种"亦师亦友"的关系一直维持着，不管是在平稳发展的年代，还是连续不断的政治运动年代，我们之间的友谊并未受到任何的阻断，相反，相互之间的了解和关心更加深切了。

我和滕先生在工作上发生直接联系开始于 1979 年，那时粉碎"四人帮"不久，学校与社会一样，都是"百废待兴"，我从经济系调出，到经济研究所担任总支书记、第一副所长，主持经研所工作。滕先生虽然担任经研所所长，由于这时他已在学校担任副校长，工作头绪比较多，无暇顾及所里的事情，所以就交待我把经研所的工作全面抓起来，此后，我们开始了一段虽然接触不多，但却又十分默契的工作关系，他的放手使我工作能比较放得开，显得一切都很顺利，特别值得一提的是在经济学院恢复重建的工作中，由于工作目标一致，诸如课程和专业设置，系所格局的设定，意见常常不谋而合，看法一致，从而有事半而功倍之效果。

在上个世纪八十年代初期，学校也处在一个新的发展时期，滕先生在这个时期为学校恢复重建做了不少的工作，发挥了重要的作用。在党中央提出了以发展经济代替阶级斗争作为国家发展的指导思想以后，当时中央许多经济部门纷纷提出要求高校给他们培养并提供专门人才。南开大学当时很重视这一难得的机会，然而当时学校经济困难，捉襟见肘。以滕先生为校长的学校领导者敏锐地看到了这一点，并积极地通过我校财经学科毕业留校的老同志，主动地与在中央各个有关部门工作的南开校友联系，把有些培养人才的项目争取到南开来，结果短短三到五年的时间里，在中央各部委的支持下，南开大学从教育部以外拿到的办学经费大约有三千多万元，这个数字在三十年前，对学校来说可是一个不小的惊人数目，这不仅使经济学院能迅速达到恢复建院的目的，而且对学校的恢复发展也起了很大的支持作用。要知道在当时能抓住这一机遇并不是件很容易的事，北京的许多学校后来就反映说"我们北京也有很多很好的经济类学校，为什么这些项目没在北京，却落到天津南开呢？"我想这主要应归功于学校领导和滕先生的正确决策，以及一批老同志和校友们为了办好学校而不辞劳苦的热情工作的结果。

经济学院在恢复建院过程中也曾遇到过不好解决的事，比如在当时是否筹建旅游系的问题就是一例。这个问题对滕先生来说也是一个有很大压力的问题，过去中国高校从没有过旅游系的设置，南开准备办旅游系的消息一经传出，马上就听到校内外的反对意见，虽然都是善意的，但问题却很尖锐，而且反对的意见也有一定的道理，他们认为旅游专业不就是培养一些导游吗？办个训练班，或在中专培养一年半载不就行了吗？大学办旅游系是不是降低了高等院校的身价。滕先生对这一问题开始也感觉很矛盾，很有压力，一方面从国家旅游局那里了解到旅游专业将来要发展成为国家的一个重要产业部门，因此，不仅仅需要培养一些导游，更重要的是把发展旅游产业所需要的各种人才培养起来，可是另一方面反对的意见又不是完全没有道理，究竟应当怎么办？后来经过反复征求意见和论证，最后还是由当时任校长的滕先生和副校长娄平同志提出，把国家的需要放在第一位，下决心在南开创办旅游系。随着认识上越来越深入，为了发展旅游业，更需要开发旅游产业的战略规划人才，特别是要开辟国际旅游市场，它作为一个对外开放的窗口，需要有深厚的中国传统文化知识和外语功底，而这些条件决不是中专教育所能胜任的。正是由于有了这些认识之后，滕先生和娄平副校长才能力排众议，作出在南开大学开设旅游系的决定。在南开旅游系成立后不久，全国各大学的旅游专业纷纷上马，南开无意间竟成了创办这个专业的开创者。而当时作出这一决策既需要敏锐的判断力和巨大的勇气，另一方面也需要对学校是否有能力开办旅游系的实际情况有足够的了解。这需要这些领导者们既要高瞻远瞩，又要深入实际，而这些他们都做到了。

正是有了当时学校领导的正确决策，统一了大家的认识，做起来就顺利多了，所以当时南开经济学科在短短几年里，从改革开放之初的一系一所即以经济系和经济研究所作为母机，迅速扩展为五系六所，使恢复重建的经济学院设置基本齐备，并以崭新的气势阔步前进。

滕维藻教授离开我们已经两年了，但是他对我的启示和帮助，将使我永生不忘。

（作者为南开大学经济学院原院长）

致滕维藻先生信

洪国起　　侯自新

滕维藻先生：

　　值此先生执教 50 周年之际，我们代表南开 2 万名师生员工并以我们个人的名义谨向您表示热烈的祝贺和崇高的敬意！

　　您的名字是与南开紧密联系在一起的。54 年前，您就学于重庆沙坪坝的南开经济研究所，燃糠自照，困知勉行。在中国面临两种前途、两种命运决战之际，您作为青年教师毅然转身爱国民主运动，揭露《中美商约》的反动实质，演讲"新币制之前途"，抨击国民党反动统治，与广大进步学生并肩战斗；您被推选为南开大学安全委员会委员，与广大师生坚守朝夕与共的南开园，开展护校斗争，迎接天津解放。南开获得新生后，面临着革故鼎新的艰巨任务，您出任学校教学科领导职务，与杨石先校长、吴大任先生等一道，对南开新的教育制度的贯彻执行做出了不懈的努力。"文革"期间，您虽受到严重迫害，但坚信党的领导和社会主义光辉前程，对南开的事业仍初衷不改。"文革"结束后，在"拨乱反正"时期和改革开放以后，特别是"六五"期间，您已花甲之年，代理党委书记、担任校长之职，对学校的学科建设，特别是南开文理并重、比翼齐飞的学科特色的形成和发展做出了贡献，使南开大学逐步变成一所集人文社会科学、自然科学、管理科学、技术科学及艺术等多学科的综合性大学，为学校"七五"、"八五"乃至以后的发展奠定了良好的基础。80 年代中期，您虽然主动要求从领导岗位退下来，但老骥伏枥，壮心不已，仍以振兴南开的使命感和以校为家的责任感热情关心学校的建设和发展，关心支持新的党政领导班子的工作，团结广大知识分子，对促进学校的凝聚和团结发挥了积极作用。

几十年来，您热爱南开，情注南开，献身南开，教书育人，桃李满园，您是受广大师生爱戴和尊敬的教育家。

八十年来，您始终坚持以马克思主义毛泽东思想和邓小平同志建设有中国特色社会主义理论指导学术研究，成为我国名重当代的经济学家，堪称又红又专的楷模。您对政治经济学、国际经济和社会主义建设的重大现实理论问题，做了大量开拓性研究工作，在您身上体现了理论联系实际的良好学风和为人师表的高尚情操。您的学术贡献和高尚品德为学术界所称颂。

风风雨雨，沧海桑田。如今的南开大学已成为学科齐全、师资雄厚、学术水平高的重点综合大学，这是几代南开人自强不息、艰苦创业的结果，而您正是社会主义建设时期南开蓬勃发展的功绩卓著的代表之一。南开感谢您！您无私忘我的敬业精神和奉献精神，为后继者树立了典范，永远是南开人学习的榜样！

东海不尽，锦瑟无端。衷心祝愿您教泽绵长，体健遐龄。

选自《南开逸事》

（作者为南开大学原书记、校长）

国际经济关系学专家

——滕维藻传略

蒋哲时

天津南开大学顾问、前校长滕维藻教授是我国著名的经济学家。长期以来，除了担任大学校长外，他还是中国世界经济学会的副会长、中国美国经济学会的会长和名誉会长、中国国际经济关系学会和大洋洲经济学会的顾问、天津市社会科学联合会的副主任、天津市经济学会的理事长以及中国国际交流协会的理事。与此同时，他还担任着国务院学位委员会学科评议组成员、教育部世界经济大学丛书主编、《中国大百科全书》世界经济卷副主编、《世界经济年鉴》副主编等职务。1984 年起，他被联合国跨国公司委员会聘为该委员会的专家顾问。

一、来自农村

滕维藻教授 1917 年 1 月 12 日生于江苏省阜宁县一个农民家庭。他早年在江苏省盐城县中读初中，1932 年考入江苏镇江高中师范。1935 年高中师范毕业后，由于成绩优异，被分配到江苏宝应县省立芦村小学和南京实验学校当了两年小学教师。由于长期生活在农村，接触中国农村的实际情况较多，他逐步加深了对农民的同情心。1931 年长江发大水，苏北农村经济破产、人民颠沛流离，身在盐城县中求学的滕维藻目睹了中国农民的悲惨生活，而国民党反动派为了镇压农民的不满情绪，在盐城县中附近的沼泽地肆意枪杀无辜，深深激怒青年滕维藻的心。进入镇江高中师范时，适逢中国乡村建设派曹漱逸主持校政。他经常邀请乡村建设派的著名人士如复旦大学的邰爽秋等到校演讲,鼓吹要复兴中国首先要复兴农村拯救农民。滕维藻受他们的影响较大,按他自己的说法,在他青年时代的早期存在着类似俄国青年民粹派的思想。为了追求真理,滕维藻在镇江高中师范组织读书会研讨由陈翰生、钱俊瑞等写作的有关中国农村研究的论著,开始对研究中国农村经济和中国社会产生了兴趣。他对旧中国农村和农民的贫困落后深为忧虑,却未能找到改变这种状况的正确道路。尽管如此,滕维藻等人组织的读书会的活动还是引起了反动派的注意。一次,他们在镇江北固山交流各自写的文章,遭到特务的盯梢,并用共党嫌疑分子的罪名把他们逮捕起来关押在江苏省政府。他们以绝食抗议,后经校长担保获得释放,然而他们却不明不白地被扣押了一个星期。释放后,滕维藻对研究中国农村的兴趣并未减退,反而由于到农村教小学的方便条件,进一步接触中国农村的实际而更加浓厚起来。1937 年夏,他考上了浙江大学农业化学系,一年后转入农业经济系。芦沟桥事变后,日军侵入江浙一带,浙江大学被迫内迁。他跟随学校,辗转江西、湖南、广西等省,到达贵州。在浙江大学期间,滕维藻一面学习系统的农业经济理论,一面积极地参加抗日救亡活动。他曾经报考过大公报的战地记者,他搞过进步文艺,白天上课,晚上到农村组织歌咏、演戏慰问抗日的伤员。他一年级时在全校"会文"中得了第一名,20 元法币的奖金在自己家乡沦陷、生活无着时都用作了抗日捐献。他还写文章反对国民党政府在武汉开会要学生"安心读书,不要受人利用"等阻碍抗日救亡运动的所谓"规劝",指出抗日是学生的权利与责任谁也无权阻止。文章在校园一贴出,受到全校重视。不久,他在浙江大学担任了进步学生文艺团体"黑白文艺社"的第一任社长。1938年 12 月,汪精卫逃离重庆,公开投降日本,滕维藻积极参加了浙大师生的讨汪运动。1941 年,太平洋战争爆发,在香港沦陷前夕,孔祥熙置广大旅港文化界、学术界进步人士的生命于不顾,用飞机将其洋狗运回重庆。孔祥熙这种不顾国家民族安危的行径,激起了后方广大群众的义愤,滕维藻积极参加了浙江大学的倒孔运动。倒孔运动的矛头实际上是指向蒋介石的。国民党当局为了镇压学生运动,在浙江大学制造了假传单案件。他们事先派特务把假传单放入住处书桌抽屉里，晚上派军警去搜查，以发现共产党传单为名，逮捕了滕维藻等人。他们把滕维藻等先关在遵义警备司令部，后又押解重庆，前后达半年之久。滕维藻等人被捕后，浙江大学的师生包括著名学者苏步青、蔡邦华、梁庆椿等教授在内群起声援。浙大校长竺可桢到处奔走营救，最后经过仔细辨认，找出了国民党制造假传单的真凭实据，迫使国民党当局不得不释放滕维藻等人。在竺可桢先生的日记中，对当时营救被捕学生的艰难情节有过详尽的描述。当年，竺可桢校长领着滕维藻由重庆返回贵州时曾对他说："我知道你是一个有正义感的好学生。作为校长，我有责任保护你们的安全。"每回忆到浙大师生和竺可桢校长为营救他和其他同学所做的努力，滕维藻便激动不已，师友们的真挚感情，策励着滕维藻前进。

1942 年，滕维藻在浙江大学毕业，随即考上了西南联大研究院设在重庆的南开大学经济研究所，继续研究生的学业。南开经济研究所是当时国内仅有的少数经济研究机构之一，比较重视对中国实际经济的问题的研究，编有中国物价、生活费、进出口贸易等指数，从事大量的经济调查、诸如全国华商纱厂、天津工业、高阳土布、东北移民等调查。当时，南开经研所的所长何廉和其他负责人方显廷、李卓敏、吴大业等还提倡运用西方经济学的分析方法来调查研究中国的经济问题并在中国实现工业化，他们还将一些西方经济学的教科书改编成中国化的教材。到南开后，滕维藻逐步接受了倡导中国工业化的思想。虽然，在当时的条件下，无论是浙江大学传授的系统农业经济理论或南开经济研究所所灌输的工业化思想，都是行不通的，但浙江大学严谨治学的求是学风以及南开经济研究所求实的治学方法都对滕维藻有着重大的影响。另外，早期的重视农业的观点与南开接受的工业化思想，使滕维藻在考虑中国工业化问题时注意与农业结合。在南开经济研究所的潜心钻研过程中，西方的一些经济著述，特别是考林·克拉克（Colin. Clark）的《经济进步的条件》（The Conditions of Economic Progress）中关于经济结构与进步关系的理论，给滕维藻留下深刻的印象。这本从历史上分析一系列国家经济进步过程中经济结构变化的著述，在当时就提出了把产业部门划分为初级产业、制造业和第三产业的思想。在南开经济研究所的学习过程中，滕维藻对许多经济问题都产生了浓厚兴趣。他先后在报刊上发表多篇评介西方金融货币学说和讨论工业化理论的文章，他也曾发表过一些剖析当时国民党的汇价政策的论文，指出其对外经济政策只能有利于美国商品的输人而不利于民族工业发展，从而呼吁必须采用保护中国民族工业的汇价政策。然而，滕维藻更多的兴趣还在于探索中国工业化的道路。他在南开经济研究所吴大业和叶谦吉教授的教导下，选定《经济进步和经济变动中的农业与工业》作为硕士论文的题目。在这篇论文中，他研究分析了资本主义国家经济发展和经济周期过程中工业和农业的关系，探索着落后国家，包括中国工业化的道路，滕维藻认为，农业是基础，但不能以农立国，而必须实现工业化。滕维藻还以其研究得出的思想观点，在《大公报》上和著名学者钱穆论战，反对钱提出的"以农立国"的主张。在当时，钱穆已在国内享有盛名，滕维藻才是初出茅庐，他们的论战引起了当时经济学界的重视。研究生时期一系列论文的发表，使滕维藻在经济学界崭露头角。在南开经济研究所毕业后，滕维藻应聘到上海商业储蓄银行经济研究室做经济分析工作，深得行长陈光甫的器重。陈光甫赴美考察，还频频来信要银行负责人创造条件，把滕维藻培养成为熟悉实务的未来银行家（很好地照应并注意发挥滕维藻的作用）。在上海商业储蓄银行，应该说工作与生活条件相当好，但滕维藻无意追求金钱和地位。在那里仅一年多时间就毅然离去，回到南开经济研究所担任方显廷教授的助教，并继续他的经济研究工作。1945 年 8 月，抗日战争胜利，滕维藻随南开经济研究所复员到了天津。在这段时间，他悉心从事马歇尔（A.Marshall）、凯恩斯（J.M.Keynes）、张伯伦（E.H.Chmberlin）经济理论的研究，同时还撰写一些切中时弊的经济论文。1948 年，滕维藻刚满三十岁时就被聘为南开大学副教授。1946 至 1948 年间，国民党统治区反饥饿、反内战的学生运动不断高涨，滕维藻这位年轻的学者站在进步学生的一边，发表演讲，支持学生运动。在天津解放前夕，他将自己的收音机借给一些进步学生，收听解放区的战报，出版《南开新闻》，秘密传送到广大群众手中。同时，他配合地下党的部署，参加护校委员会，担任情报组组长，为保护南开大学，使它不受损失地回到人民手中做出了自己的贡献。

1949 年 1 月天津解放，这也成为滕维藻一生中的转折点。在党的亲切关怀和教育下，他接受了马克思列宁主义，十多年来苦于探索中国富强之路的滕维藻终于在彷徨中找到了光明大道。他如饥似渴地研读马列经典著作，开始用马克思列宁主义的观点来研究经济理论。为了学习《共产党宣言》，腾维藻根据英文本重新译校了全文，订正了当时几种中文译本中的不确切之处。他批判地结合自己所熟知的西方经济理论，精心研读了《资本论》。为了学习当时苏联的经验，他刻苦学习俄语，仅用 3 个月时间，就达到了一定的水平，并翻译出版了有关的经济著作。为了广泛传播马克思列宁主义，滕维藻在 50 年代初就在南开大学开设了《政治经济学》、《社会主义思想史》、《马列主义基础》、《西方经济理论批判》、《资本主义货币流通》等课程。他讲课条理清晰、翔实生动、联系实际、启人思索，赢得了学生的欢迎。这期间，他还把他的研究目光从国内转向了国外，紧密结合新中国经济建设的实际，撰写了评介苏联工业化经验的文章及其它评述性文章，积极为我国的经济恢复工作和第一个五年计划的经济建设服务。由于他在教学和研究方面的业绩，上世纪五十年代初就被聘为教授并被任命为南开大学财经学院金融贸易系主任。1952 年院系调整后，他还兼任南开大学的副教务长。

二、在国际经济研究上做了开拓性工作

上世纪 60 年代，滕维藻教授开始致力于国际经济问题的研究，做了一些开拓性工作。1964 年，他接受国务院召开的有关外国问题研究的会议的安排和委托，筹建并主持开展关于大洋洲经济的研究工作，为我国世界经济研究领域填补了一项空白。同时，他还为商务印书馆翻译出版了海约克的《物价与生产》、《通向奴役的道路》和伊利·摩尔豪斯的《土地经济学》等世界经济名著。七十年代初期，滕维藻和他的同事们在一起参加

了《垄断、财团、大公司》（1974年，人民出版社）及有关美国、日本经济等专业性通俗读物的集体编写工作，以鲜明的论点和丰富的资料阐述了战后资本主义世界经济发展的某些动向。七十年代中期，在他主持和参与下完成了《澳大利亚经济》（合著年，人民出版社出版）的撰写工作。该书系统地论述了澳大利亚这个发达资本主义国家所特有的经济结构及其社会福利制度，是国内最早的有关澳大利亚经济的专门著作，受到国内学术界、外交部门和澳大利亚学者的重视。与此同时，滕维藻还参与了苏联、澳大利亚和新西兰的经济统计资料编辑工作。这些统计资料，由于内容广泛详尽，为我国学术界研究各该国家的经济提供了资料条件。

滕维藻和他的同事们着手从事跨国公司问题的研究是在1973年，而世界上在60年代就大量涌现跨国公司，研究跨国公司的机构也相当多。由于众所周知的原因，我国当时在这个领域的研究还是一片空白。以滕维藻、陈荫枋、殷汝祥、戴伦彰、陈钺等人组成了临时小组，在有关部门的支持下，用较短时间为中央领导同志参加联大准备了材料。在这基础上，又奋战了一年半，终于写成了我国第一部关于跨国公司问题的专著——《跨国公司剖析》。这本书写于"四人帮"猖獗的年月，它的某些提法难免受当时一些"左"的思潮的影响，然而它还是通过大量的资料，力求用马克思列宁主义、毛泽东思想的立场、观点和方法，讨论了跨国公司形成与发展的原因，介绍了它的现状与发展趋势，剖析了它的性质和特点，研究了它在世界经济发展中的作用以及引起的各种矛盾与冲突。这本书1978年由人民出版社出版后，受到了各方面的重视。有的大学将书中的部分章节选进了教材，书中的一些基本观点还成为我国某些大学世界经济教材中有关章节的理论基础。

党的十一届三中全会以来，在党中央"解放思想，实事求是，团结一致向前看"的号召下，滕维藻的研究工作进入了一个崭新的阶段。上世纪80年代，他对跨国公司、美国经济、国际贸易理论、经济发展战略理论等方面的研究，又有了新的发展，他先后在《中国社会科学》、《世界经济》、《红旗》、《南开学报》、香港《经济导报》等刊物上，发表了近二十篇论文。他在《战后资本主义生产集中和垄断的新发展》（载《红旗》1980年第16期）中，强调指出，关于战后资本主义生产集中和垄断的新发展，以及出现的某些新现象，并没有触动和改变资本主义生产关系的本质，而只是意味着极少数大垄断资本家或金融寡头对本国或外国劳动者的剥削，掠夺在新的条件下的强化。在《资本国际化与现代国际垄断组织》一文中，他进一步提出了区分民族托拉斯和康采恩与国际托拉斯和康采恩的主要标志，不是它们的所有制形式和资本的国籍，而是它们在参与从经济上瓜分世界时所占的地位所起的作用的观点。（该文载于《中国社会科学》1982年第二期，系滕维藻与郑伟民合作写成的）这篇论文，由于较全面深刻地论述了战后资本国际化与现化国际垄断组织的特征和它们产生与发展的经济、政治原因，因此在1985年被授予"孙冶方优秀论文奖"。

关于跨国公司问题的研究，是近几年来滕维藻为之付出最大精力的研究课题。在他的主持下，在南开大学经济研究所内组成了一个研究西方跨国公司问题的小组。1977年以来，滕维藻和这个小组的成员，在国内外发表了数十篇论文，研究领域也从跨国公司的形成、发展以及它们在世界经济发展中的作用，深入到跨国公司的特征、理论和实务、国际经济法，以及跨国公司在某些国家和地区的作用和发展中国家的跨国公司诸方面。滕维藻在这一时期也相继发表了一系列论文，诸如《跨国公司的发展及其在世界经济中的作用》（载《红旗》1981年第2期）、《跨国公司的国外直接投资》（载《世界经济》1982年第6期）、《跨国公司的形成、发展和对跨国公司实行国际监督的必要性》（全文收录于中国财政经济出版社1982年出版的《当前世界经济与中国经济问题》一书中）、《战后发达资本主义国家跨国公司发展概况》（载《世界经济年鉴》1983～1984年），以及《多国企业直接投资评价》（1982年在北京国际经济战略讨论会上的学术报告）、《跨国公司的直接投资和第三世界的对策》（1983年4月在第三世界基金会在北京召开的"南南会议"发展战略、谈判和合作讨论会上的讲演）等。在这些论文与讲演中，滕维藻明确地提出跨国公司是发达资本主义国家利用其国内相对过剩的资本对外进行直接投资牟取最大限度的利润机构，是垄断高度发展的产物，其本质仍然是资本的私人占有;但与此同时，它又是当代科学、技术高度发展，生产社会化程度提高，随着资本的国际化和生产的国际化而必然出现的事物。这两种因素相互作用，一方面使跨国公司在国际资本的流动、资源的合理利用、技术的传播等方面具有现实或潜在的作用；另一方面由于跨国公司的私人占有性质与生产的社会化、国际化之间的矛盾必然会在其国内与国外引起一系列的冲突,跨国公司的发展不可避免地加剧着资本主义世界的基本矛盾，对世界经济的发展和国际工人运动的发展产生着深刻的影响。滕维藻在这些论文和讲演中还进一步指出，跨国公司有其消极的一面，但也有可利用的一面。为了使跨国公司在国际投资合理利用世界资源以及在技术转让等方面，为世界经济的发展做出贡献，有必要对跨国公司的活动实行国际监督。他反复论证，从国际经济发展的情况来看，企业的跨国经营是个必然的趋势，而对跨国公司加强管理、加强国际监督则是建立新国际经济秩序的必然趋势，也是全世界广大人民的要求。为了实现这样一种国际监督，滕维藻认为，在联合国范围内拟定跨国公司行动守则是种十分有益的尝试,在其轮廓已大体明确的情况下，应力促它早日在联合国获得通过，并在实践中不断加以完善。滕维藻的这些观点和主张，在国际上也引起了相当的反响。美国的一位教授在看到滕维藻等撰写的《跨国公司的发展及其在世界经济中的作用》(英文译文见《北京周报》1981年2月)一文后，马上给他来信说："我研究跨国公司有几十年，您对跨国公司作用的看法我深表同感"。日本研究跨国公司问题的著名学者京都大学教授宫崎义一，在其专门著作《现代资本主义与多国籍企业》([日]岩波书店，1982年)一书中也援引了滕维藻对跨国公司所下的定义，作为一家之言来探讨和研究。滕维藻有关跨国公司的直接投资与第三世界的对策的讲演在北京"南南会议——发展战略与谈判和合作讨论会"上发表后，受到许多第三世界学者的好评。参加这次国际会议的泰国米拉隆功大学的一位教授,在会后为此专程来到南开大学就有关跨国公司问题进行学术交流。滕维藻关于对跨国公司必须实行国际监督.以及他对联合国跨国公司委员会拟定《跨国公司行动守则》的态度，以及他和几位专家顾问共同商定的守则文案修正建议，在最近几次联合国跨国公司委员会的会议上也得到普遍的赞赏。1987 年春，滕维藻教授接受联合国公司中心委托，撰写了《外国在华直接投资的现状与背景》的研究报告。1986 年初冬，在滕维藻教授与美籍华裔王念祖教授的主持下，在南开大学召开了由世界 5 大洲十六个国家和地区的专家教授出席的跨国公司与中国的对外开放"国际学术讨论会"，讨论会的论文集英文版也已由美国海斯出版公司出版。近年来，滕维藻还在国际贸易和我国的经济发展战略方面开拓了新的研究课题，并且取得了相当的成果。1980 年 10月，他作为中国经济学家代表团成员访问了美国，并在芝加哥国际经济发展战略讨论会上宣读了题为《社会主义现代化与对外贸易型式》的论文。这篇论文运用马克思主义的观点，分析评价西方流行的国际贸易发展战略理论，系统地阐述了中国的对外贸易政策，并且还对中国的外贸发展战略进行了讨论，受到与会学者的较高评价。这篇论文在南开大学学报刊出后，日本"亚细亚经济旬报"（1981 年 12 月）和广经济大学"经济研究论集"（1982 年 2 月）先后译成日文刊出，并分别在译文前做了长篇的评介，"经济研究论集"的评介中指出，该文有分析地吸收比较优势的学说"富有创见性"，"是帮助日本学者了解中国国际贸易战略的一篇文章"。该文还被收入由片冈幸雄编译的《对世界经济的挑战——中国对外经济开放政策的理论基础》，（[日文]东京出版株式会社，1986 年）一书。1983 年 2 月，滕维藻在《南开学报》1983 年第 1 期，与人合作发表了题为《试论八十年代的西方经济形势与我国对外经济贸易发展战略》的论文。论文中提出建国以来我国对外贸易型式的发展，尽管与大多数发展中国家的对外贸易形式的演变有某些相似之处，却不是发展中国家典型的对外贸易形式的依次递嬗，而是类似"内向策略"和"外向策略"并存，有条件的"进口替代"与"出口替代"兼用的观点。他的这个论点，得到了国内学术界和有关领导部门的重视。1985 年 10 月，滕维藻与世界经济与政治研究所郑伟民进一步合作，在《世界经济》1985 年第 10 期发表了题为《实行对外经济开放的内外根据》的论文，提出实行对外开放是经济生活国际化的客观要求，大力发展商品经济是实行对外经济开放的内部依据的观点，并进一步提出，对于中国这样一个发展中的社会主义大国，要使自己的对外开放政策取得预期的成效，一定要利用本国的广大国内市场和资源丰富等优势，大力发展商品生产和商品流。尽快地建立起发达的社会主义商品经济，不仅使生产出来的商品能销售于国内市场，而且能逐步打人国际市场，同资本主义发达国家的商品展开有力的竞争，这样我们的对外开放才会有真正可靠的物质保证。

除了本身的研究工作，近年来滕维藻还承担了大量有关世界经济等方面的著述的编审工作，诸如在 1980 年初和 1986 年春由他主持编审了我国高校教科书《世界经济》的第 1 版和修订本，协助已故的钱俊瑞同志编审出版《世界经济百科全书》。1986 年 12 月滕维藻与山东大学教授王仲荦（已故）、日本青山学院教授奥崎裕司，神奈川大学教授小林一美合编的《东亚史研究》[日文]由日本东京汲古书院出版。滕维藻教授还是中国《世界经济年鉴》编委会的副主任。

三、在南开领导岗位上

滕维藻教授不仅是一位经济学家，他也还是一位教育家。早在 50 年代初期他就出任南开大学财经学院金融贸易系主任，后来历任南开大学副教务长、教务长、研究所所长副校长，校长等职务。50 年代初，他主张在学习苏联教育经验的同时，应通过教育改革走出一条中国式的教育路子来。五十年代中期以后我国高等教育受"左"的思想路线的影响，不按学校教学规律办事，频繁地搞运动，导致学校教育质量的下降。对此，他十分忧虑，曾在《人民日报》发表文章主张要培养又红又专的人才，不要走偏方向；要注意培养学生独立工作能力，扩大学生的知识视野还要在加强思想教育的同时，由大学生自己管理自己，自己教育自已。他努力贯彻《高等教育六十条》和《科学研究十四条》的精神，积极参与纠正"左"的错误倾向。他与杨石先、吴大任等老一辈的教育家起在南开大学的教学与教育工作中重视对学生基础知识、基本工具、基本理论的教育，注重德、智、体全面发展，注意因材施教和培养学生的创造能力，严格学籍管理和考试制度。滕维藻教授的这些主张和行为，使他在那场史无前例的浩劫中遭到严重的迫害。然而，他对正确的办学方针和方法坚信不渝。"粉碎"四人帮以后，滕维藻教授在上级党组织的领导下，积极参加了领导南开大学拨乱反正的工作，1981 年 10 月他被中央任命为南开大学校长。党的信任和人民的委托激发他强烈的事业心，为把学校工作的重点转移到以教学和科学研究为中心的轨道上来，他在南开大学提出了"加强基础、着重提高、发挥优势、补充短线"的办学方针。他主张各系选派最优秀的教师担任基础课的教学工作，注意充实图书馆资料和加强实验室的建设，有计划地进行教材建设，切实提高专业课教学质量，开好选修课，建立现代化的实验设施以加强对学生的专业训练重视科学研究工作的开展，加强学科建设和梯队的培养，扩大研究生招生比例，提高学位研究生的质量；根据可能，挖掘潜力，本着量力而行的原则在保证质量的前提下，适当发展一批国家急需的新兴、冷门和薄弱学科的专业，特别是那些文理结合、理工结合的交叉学科和理论与应用并重的实用学科。长期以来，由于"左"的思想路线影响，高等学校文科受到猛烈冲击，具有六十多年历史的南开大学文科专业越办越少。截至 1979 年，南开大学文科只剩下文、史、哲、经、外语五个系九个专业，全校文理科学生的比例为 3:7。滕维藻教授根据国家需要和本校的基础，稳步发展应用文科。在他的主持下，经过努力，南开大学已恢复和新建了法学系、图书馆系、社会学系、管理系、旅游系、金融系、国际经济系、政治学系，南开大学应用文科的建设走在了全国高等学校的前列。在理科教学方面，他狠抓了改造老学科、发展新学科的工作，近几年来在教育部、天津市的支持下，南开大学增设了分子生物学、生物物理、高分子化学、计算机、电子学、系统科学、环境保护等新兴学科。

关于高等教育的改革问题，滕维藻教授强调说，教育是一门科学，要遵循它的客观规律，大学的改革应该有利于教学和科研水平的提高和师资队伍的成长。他认为办好一个高等学校，关键是要落实党的知识分子政策和贯彻"百家争鸣、百花齐放"的方针，应该允许和鼓励学术上不同意见的争论，不要有点不同看法就组织批判，这不利于科学的发展。另外，我们的教育制度应有利于优秀人才能脱颖而出。滕维藻教授认为办好高等教育，必须要培养一种实事求是，严谨的学风和理论密切联系实际的方法，要在重视基本功的同时注意培养学生的创造精神。

滕维藻教授还非常重视国际间的学术交流和合作。他认为，在新的历史条件下，我们决不能闭关自守，而是要在对外开放时，立足于我们的国情，吸取世界科学文化方面一切有用的东西，要把开展国际学术交流，作为提高大学教学和科学研究水平的一个重要手段。他每年都要亲自处理大量的国际信函，亲自接待一批又一批国外来访的学者，有时还亲自出访。在他的倡导和筹划下，南开大学和美国、日本、加拿大、澳大利亚、法国等二十几所大学建立了学术交流关系，送出大批教员出国进修和青年研究生出国读学位，例如和加拿大多伦多的约克等三所大学合作，在国内首创了合作培养高层次人才的新型式，受到国家教委和加方的肯定，被称为"南开—约克模式"。在访加时他还和麦吉尔大学签定了关于生物工程方面的合作协议，现在正在顺利执行。由于在教育、研究和国际文化交流方面的贡献，英国剑桥国际传记中心，在1984年，即将滕维藻的传记收入《国际当代对社会有杰出贡献名人录》。

1986年春，滕维藻教授因年事已高，经多次请求，卸去了南开大学校长的职务，改任该校顾问。他表示在卸任校长以后，要把更多的时间和精力放在世界经济的学术研究和博士研究生的培养方面。目前，滕维藻教授正承担着西方跨国公司、国际投资与跨国经营问题和我国对外经济战略与中外经济关系研究等三个国家重点项目的研究工作，倡导和筹建了南开大学的国际问题研究中心和国际经济研究所。他精神抖擞，干劲十足，决心把南开大学——周恩来总理的母校办成全国第一流的高等学府，为把南开大学的经济学院办出应有的特色，贡献着自己的力量。

选自《中国当代经济学家传略》

（作者为南开大学国际经济研究所原教授）

博学笃行

经济学院

滕维藻教授，是中国著名经济学家、教育家，跨国公司研究领域的先行者；是继张伯苓、杨石先之后的南开大学第三任校长。

滕维藻于 1917 年 1 月 12 日出生在江苏省阜宁县的一个农民家庭。因为从小就天资聪慧，勤奋好学，他成为滕家六个孩子中唯一一个读书的孩子。

1938 年，滕维藻考取了浙江大学农业经济系。大学时期的滕维藻，好学上进，思想进步，是浙江大学著名进步青年社团——黑白文艺社的成员。他们经常与国民党当时的直属青年团体——三青团进行"笔报"斗争。在"倒孔"运动中，滕维藻被捕，关押近三个月，最后是由时任浙江大学校长的著名教育家竺可桢先生出面，才得以保释。

1942 年，滕维藻考入南开经济研究所攻读研究生。当时的南开大学在 1937 年被日本侵略者炸毁，被迫南迁至云南，与北京大学、清华大学联合成立了西南联合大学。经济研究所则迁至重庆。在那段战火纷飞的岁月里，滕维藻刻苦钻研，潜心攻读，出色地完成学业，获经济学硕士学位。

此后，滕维藻先在上海商业储蓄银行经济研究室工作，于 1946 年又回到了培养他的南开大学，从事教育和行政工作。此后五十多年的岁月里，他为南开大学呕心沥血，奉献了自己的才华和毕生的精力。

滕维藻在南开大学先后担任了校各级领导职务，历任南开大学财经学院金融贸易系主任、副教务长、教务处长、经济研究所所长、副校长、代理校党委书记、校长等职务，现任南开大学顾问。

　　1958 年和 1959 年，毛泽东主席和周恩来总理来南开大学视察，滕维藻都陪同在他们身旁。

　　党的十一届三中全会以后，南开大学同我国各项建设事业一样，百废待兴，万事待举。正是在南开大学发展历史中的这一关键时期，滕维藻教授于 1981 年出任南开大学校长。他凭借一颗对党、对我国教育事业的赤诚之心，认真贯彻党的知识分子政策和双百方针，拨乱反正，及时把学校的工作重心转移到以教学科研为中心的轨道上来，并结合社会主义建设的实际需要，充分发挥综合大学的优势，提出了"加强基础，着重提高，发挥优势，补充短线"的办学方针。在加强基础学科建设的同时，发扬特色，挖掘潜力，积极发展国家迫切需要的应用性学科。在他担任校长期间，我校先后建立了博物馆学、法学、旅游外语、旅游经济管理、金融学、保险学、审计学、国际经济学、政治学、社会学和编辑学的一批新的学科专业，形成了专业、系科比较齐全的文科教育学科体系。同时还建立了应用化学、电子学、计算机应用、生物医学、生物工程等一批理工科专业。

　　短短几年内南开大学由原来的 9 个系 18 个专业 2 个研究所，发展为 22 个系 50 个专业和 12 个研究所，这不仅使学校的规模、层次、结构、质量都发生了重大变化，也为南开大学的长远发展奠定了新的学科基础。

　　在他的大力支持和直接领导下，1983 年南开大学恢复重建经济学院，并积极筹措世界银行贷款资助，兴建经济学院教学、办公和资料建筑群，一个理论与应用并重、具有鲜明南开特色的经济学院像镶嵌在中国北方大地上一颗璀璨的明珠，吸引了国内外经济学人羡慕的目光。

　　滕维藻十分重视学习、借鉴国外学校办学的经验，关注学科研究的前沿。他多次到南斯拉夫、英国、瑞士、美国、加拿大、日本、德国等国进行学术访问，参加国际学术会议。国际间的访问交流给南开大学带来了先进的教学和管理方法，并提升了南开大学的国际知名度。

　　他以教育家的远见卓识，从国外校友中邀请了一批国际上享有盛名的学术大师、学者挂帅南开，并以一种全新的理念和办学模式，在一些传统和新兴学科建立了教学与研究机构，这一系列举措建立和提升了南开在这些学科领域的学术优势。

他和吴大任先生请回数学大师、南开校友陈省身先生任南开数学研究所所长，大大促进了南开数学的成长，打开了南开数学在国际上的知名度。

他邀请世界银行著名经济学家杨叔进博士出任国际经济研究所的所长，使世界经济的研究一直走在全国前列。

他邀请著名的交通经济学家、教育家、前联合国总部高级经济专家桑恒康博士回母校创建交通经济研究所，出任第一任所长，使该所的运输经济成为教育部直属院校中唯一一个硕士点。

他邀请美国天普大学段开岭教授来南开，架起我校与国际精算教育连接的桥梁，开创了中国精算教育的先河。

滕维藻先生是我国著名的经济学家，他在学术研究方面有着"博学而不穷，笃行而不倦"的风范。他的学术之路是从研究中国农村经济开始的。早在中学时代，由于受钱俊瑞等人主持的中国农村研究会出版物的影响，他就曾深入农村，调查研究，也就在那个时候他开始对研究中国农村经济产生浓厚的兴趣。大学时期，他系统学习了农业经济理论，对"如何通过工业化使中国农村和中国社会富强起来"形成了自己的认识。他的硕士论文《经济进步和经济变动中的农业和工业》首次在我国学术界中运用经济进步过程中产业结构变动的理论，探索了落后国家的工业化道路这一重要问题，反对当时"以农立国"和"兵农论"的倒退主张。这一时期，他还在一些经济理论刊物上发表文章，抨击国民党政府的物价政策、汇价政策，在经济理论界崭露头角。

50 年代，滕维藻开始把研究目光从国内转向国外。他紧密结合新中国经济建设的实际，撰写评价苏联工业化的文章，积极为我国经济恢复工作和第一个五年计划服务。

1958 年以后，他先后翻译并出版了三本世界经济名著，即[英]海约克的《物价与生产》、[澳]哈约克的《通向奴役的道路》和[美]伊利.莫尔豪斯的《土地经济学》。

1964 年，滕维藻主持开展关于大洋洲经济的研究工作，填补了我国高等院校在该领域的研究空白。1975 年，他主持和撰写的《澳大利亚经济》一书出版，受到国内学术界、外交部门及澳大利亚学者的重视。

开展跨国公司研究是滕维藻及其同事的又一项开拓性工作。

由滕维藻主编的《跨国公司剖析》是我国第一部关于跨国公司问题的专著。该书系统研究了跨国公司的形成和发展、组织结构及其影响，对国内学术界开创跨国公司研究起到了推动作用。该著作获国家教育部人文社科著作优秀成果一等奖，天津哲学社会科学优秀成果特等奖。同时一个研究跨国公司的学术队伍在国际经济研究所内形成。1992 年，南开大学跨国公司研究中心成立，2000 年 9 月，该中心被教育部批准为"人文社会科学国家重点研究基地"。

1982 年联合国跨国公司顾问委员会遴选滕维藻为专家顾问，任期两届共五年之久，这是我国专家首次担任此职。

1986 年他参加联邦德国专家德里忻彻等人起草关于跨国公司守则的建议文本的工作。该协议文本被联合国跨国公司委员会"誉为可资以达成协议的基础"而深受赞扬。滕维藻作为跨国公司顾问委员会专家，曾多次在联合国讲坛上发言，介绍我国的开放政策，并先后在《红旗》、《中国社会科学》、《香港经济导报》等重要刊物上发表二三十篇文章。他写的"跨国公司的发展及其在世界经济中的作用"一文，刊登在 1982 年的《红旗》杂志上，在国外引起有关学者的重视。1981 年 10 月，他作为中国经济学家代表团的成员访问了美国，并在芝加哥国际经济发展战略讨论会上宣读了题为"社会主义现代化与对外贸易形式"的文章。该文后被日本广岛大学学者译载于《广岛大学学报》，并予以高度评价。

1988 年滕维藻和美籍教授王念祖共同编译的《跨国公司与中国的开放政策》(《Transnational Corporation China's Open Door Policy》) 出版，这是我国编辑的专门英文著作。

由于他在经济学，特别是世界经济学领域开拓性的研究和杰出贡献，滕维藻教授被聘为第一届和第二届国务院学位委员会经济学科评议组成员和第二届学科评议组召集人之一，他还担任中国世界经济学会副会长、中国美国经济学会名誉会长、中国 PECC 理事、中国国际交流协会理事。

早在 1981 年，他就被评任为我国第一批世界经济专业博士生导师，虽然已是 65 岁高龄，但是，他依然工作在教育第一线，言传身教，用知识的甘露浇灌年轻的学子，先后为国家培养了一批优秀的经济学人才，现在他们都已成为教育战线的骨干。

虽然身兼多种社会职务，但他仍然心系教育，兢兢业业地工作。已届耄耋之年的滕先生，仍笔耕不辍，近年他主编了《跨国公司与中国的对外开放》、《跨国公司的战略管理》等学术著作。1991 年日本爱知大学授予他经济学荣誉博士教授，复旦大学、南京大学、浙江大学等著名大学也都聘请他担任兼职教授。

滕维藻是世界经济大百科丛书副主编，国际企业（跨国公司）的理论奠基人。

滕维藻积极扩大学校办学规模，恢复一批老专业，支持和发展新兴科学，在理科方面促成了计算机科学、电子学、分子生物学等新兴学科的建立；在社会科学方面，在全国首办社会学系，并以培养师资为目标，招收第一批旅游系研究生。

针对当时我国经济、管理、对外贸易人才的匮乏，恢复管理、国际企业、统计学、金融学等系，新建国际经济学系，为国家培养了一批应用经济的人才，并为现在的经济学院奠定了基础。

在他的支持下，建立了南开数学研究所和国际经济研究所。

滕维藻校长还请回范曾，并由范先生开创了东方艺术系，打开了南开艺术研究的新领域。

滕维藻先生胸襟坦荡、豁达，为人谦和，从不以学术权威自居。在其同事和学生的眼中，他始终是一位和蔼可亲、谦逊严谨的学者。

他经常说他的人生哲学是：一个人对社会要多贡献，少索取。滕维藻先生以此生踏踏实实地实践着他的伟大而平凡的哲学。

忆滕维藻老师

李万华

严师、胆识不凡的学者

1947 年我到南大文学院读一年级。学校规定除必修课外，还应在自然科学、社会科学各选一门选修课。根据高年级同学的介绍，我选了遐迩闻名的经济系的课程。给我们讲授经济学课的是滕维藻老师。滕老师讲课内容新颖详实，常用一些数学方法演绎经济学概念，尤其是他常对国民党当局政治上、经济上的反动腐败诸多事实给以揭露，讲课生动，深受学生欢迎。选这门课的学生很多，有西南联大转来南大化工系的高年级学生，也有不少像我这样刚入学的一年级新生。不少人误以为选修课容易及格，学习不认真。没料到经过一次小考，让同学们都很紧张。滕老师出的考题很难，判分又特别紧，最高的只有八十分左右，有不少同学考分不及格。经过这次小考，都觉得老师严格要求学生，不能掉以轻心，必须认真学习了。

解放前天津《大公报》是很有影响力的报纸，它有一个"独立评论"栏目，撰稿人多是著名专家学者。滕老师也常在这个栏目上发表文章，他那种不畏权势，敢于抨击时弊的勇气和见解，令我敬佩。

支持学生运动，迎接天津解放

1948 年冬，平津战役进入紧张阶段，全校师生集中在位于市中心区的甘肃路南大东院。在地下党领导下南大成立了应变委员会，后更名为安全委员会，下设几个工作组，进步教师多在其中担任工作。滕老师担任情报方面的工作。当时所谓"情报"就是及时让广大师生了解解放战争的进展情况。为此，滕老师把他家能够收听短波广播的收音机借给学生们使用。每晚收听到的解放区的消息，抄成文字次日张贴在"南开新闻"里，大家争看，影响不小。"文革"中就因为这个"情报"工作，滕老师被诬为"特务"。

屡担重任的老党员

解放后滕老师是最早申请加入中国共产党的少数教师之一。1952 年张义和同志和我共同介绍滕老师入党。由于事先的多次交谈，我了解到滕老师多年追求真理的历史，在浙江大学读书时，因积极参加学生运动，反对国民党的反动统治，曾遭国民党当局逮捕关押，经浙大竺可桢校长大力营救，才获保释，滕老师从青年时代就积极追求进步坚持不懈的精神，让我们深受教育。滕老师入党前担任过金融贸易系主任，并曾兼任经济研究所所长。入党后逐步承担了校党政领导工作。他牺牲了个人学术时间，服从党的安排，先后担任过副教务长、教务长、党委宣传部长、党委统战部长。"文革"后任副校长，1981 年任校长期间曾有两年兼代党委书记。滕校长是解放后，南大校领导班子里主持过多方面党政工作，在任时间最长的学者型的领导者。

1978 年落实政策之后，我先后在教务处、校长办公室任职，并在滕校长领导下负责筹建经济学院，亲历了滕校长为南大的发展付出的辛劳，做出的贡献。

抓住机遇、正确决策

自解放初计划经济时期，南开大学经过几次大调整，规模有所削减。例如 1952 年院系调整时，工科各系、所全部调出，财经学院的企管、金贸、会统、财政等系均被调出，后来物理二系也被调出。至"文革"前南大只有数学、物理、化学、生物、中文、外文、历史、经济、哲学九个系和一个经研所。"文革"十年动乱，教学设备、各项规章制度等均受到极大摧残，学校的发展困难重重。滕校长继杨石光老校长之后，乘改革开放的东风，再接再厉为南开谋发展。他抓住机遇走出校门，经多方寻求探索之后，开始与中央几个部委合作，培养各方面急需人才。我和李国骥、王大珑等几位同志先后不只一次去过中央二十多个部门，寻求联合办学的机会。最后得到了人民银行总行、国家统计局、国家旅游局、国家物价局、中国农业银行、保险总公司、国家审计署等总计两千七百多万元的投资——相当于由于唐山大地震我校有的建筑受损，教育部每年下拨的四百万元基建专款的六倍多。这大大缓解了学校经费紧张的困难，为学校发展创造了条件。

领导班子团结一致，确保工作顺利开展

杨石光、吴大任、滕维藻、娄平、胡国定等校级领导，在党委书记张再旺同志支持下，是一个办事效率高，成果多的领导集体。凡是能取得共识的，就立即办理。例如胡国定同志在市里开会时，市委书记胡启立同志提出：急需法律人才，南大能否办法律系。经过讨论，校党政一致认为应该立即开办。滕校长派我筹建法律系，潘同龙、盛元山两同志分别任系党政领导。当时最感困难的是教室，在主楼一间屋子隔成两个办公室的情况并不罕见，法律系的教室成了难题，有的课程只好租用八里台小学教室上课，条件虽然困难，但法律系总算建起来了。

领导层意见一时难以统一的是旅游系。老校友席潮海同志提出，国家旅游局出资由南大培养旅游人才。校领导意见不一，认为旅游人才不需要在大学培养。既有争议就暂缓办，同时抓紧调查研究，经过论证取得一致意见之后，旅游系也开办了。

广开言路

滕校长能虚心听取各方面的意见，只要有利于南大发展的他即采纳。例如物价专业的开设，首先是经济研究所的贾秀岩老师提出建议，滕校长认为可行，几经与国家物价局联系，终于开办了物价专业。又如在八十年代初，我接到北京老校友的来信，说他们有个小型餐聚，问我能否去北京参加。这些老同志都是心系母校，多在中央各部委任职，他们可以对母校提供帮助，有利于学校的发展，我当然很想去北京与老同学多聊聊。但当时工作太忙，一天忙到晚，星期天也不得空闲，实在没时间赴京与老友欢聚。恰巧滕校长到我家，谈完工作后他说将要去北京开会，我试探着说了北京老同学聚会的事以及我的想法，问他愿不愿意我去。他说如果时间允许他想去看看老校友们。滕校长还真去参加了老校友的餐聚，他说听到不少消息，多听听老校友们的建议对学校有好处。确实，这些老校友都是乐于为母校出力的。例如元素有机化学研究所，即是学校以杨校长的名义，由二十多位老校友多方努力，尽早争取到的国家重点研究单位。

人才、钱财都抓紧

从滕校长在"中加（加拿大）项目"以及"市长培训班"的两项工作中，可以看到他抓紧工作的情形。1982年春，教育部通知：加拿大国际开发署准备在中国资助经济管理人才的培训。滕校长派我请管理系陈炳富教授一起做准备工作，及时由数学系、管理系抽调教师组建计量经济研究中心，陈炳富教授拟定了应开设的课程等。其间滕校长多次催询各方面的进展情况。当年十月中，受教育部委托，滕校长率由人民大学、清华大学、南开大学、天津大学等八个大学组成的代表团赴加拿大商谈。近日我从旧日记里查到1982年10月16、17日记有"……钱荣堃、史树中是我校参加代表团的代表"、"……滕校长代表教育部任团长，他最近极忙，发烧未愈，带病出发"。此后一直到中加项目签约以及中加合作的研究生班开学，滕校长付出了很多精力。

为争取在我校开办市长培训班（培训中心）的全过程，更可看到滕校长花费的心思。他在上海参加一个会议，会上谷牧副总理谈到为沿海开发城市培训对外经贸人才，准备找几个大学办这类人才的培训基地，在会上滕校长立即向谷牧副总理介绍南开大学的优势，表明南大有能力承担这项任务。会后他马上打电话让我们及时办理向有关部门申请承办这项任务的正式文字手续。当谷牧同志在人大常委会的发言中提到拟与教育部商量选择少数大学，作为沿海城市培养对外经贸人才基地的消息，在报上发布之后，考虑到此消息传开，其他院校也会争取承办这个项目，他又亲拟呈文，列举南开大学在相关经济教育方面的优势，请教育部向谷牧同志代为争取。（附滕校长所拟文稿部分手迹）约十天之后，又专函致特区办何春霖主任，再次表示我校决定办好该项培训工作，同时要求："基建经费请领导给以支持"。申办期间在特区办任司长的老校友华雁同志多方帮助。在滕校长一再催抓之下，我校终于争取到了这项任务。当时，我为这个项目以及其他学科合作项目常跑北京。有时我们凌晨四时起床，赶第一班八路公交车赴东站，尽早乘火车赶到北京有关部委，中午我们尚未返津，滕校长放弃午休已经到我家等候消息了。由此可见他抓紧工作的情况。

与此同时，他力抓人才引进，如邀请前联合国交通经济专家桑弘康教授来校组建交通经济研究所，邀请香港中文大学创办者之一的李卓敏教授来校，经他的推荐美国世界银行专家杨叔进教授来我校组建了国际经济研究所。又如他聘请老一辈法学家李光灿来南大任教、组建南大法学所，还特聘费孝通先生为兼职教授，在费老大力支持下面向全国开办社会学师资培训班，继而成立社会学系。他还急切地组织老教师下大力量培植师资队伍，或引进或送校外进修，为新建专业充实提高教师水平。

南 开 大 学

撰写论文及调查报告，受到有关方面重视。经济研究所对论文。开发区经济研究室（天津市报道）领导机关的重视，从而有关对脉东方经济向伏的研究，当代大津市培养开发区经济人才一百名（为期一年），取得初步经验。只要提供一定条件，扩大招生，培养各种层次的对外经贸人才已一定批保证质量的。

4. 我校为综合性大学，教授计算机、外语、新兴科技、管理科各个方面的师资，比较容易解决。外文书多资料也比较丰富。

5. 经济学院创办有条件，而对外学术交流近年有很大开展，与美、日、加、澳、南朝鲜友好等国都发生经常性人员交流往和学术交换支援。再加之天津为北方庞大的开放城市，便付师生了解口岸经济信息提供了便利的条件。

基于以上设想，我校准向报里报告，恳求赐。机以及化方，请都领导人向谷牧同志代为争取。如蒙老人扶植。主动

即颂！

南开大学
一月卅一日

膝校长所拟文稿部分手迹

不计个人得失，为南大保住了一片地

我刚来南大上学时，学校真大。在甘肃路有财经学院（东院），在六里台有文学院（北院），在八里台有理工学院（南院）。从六里台到八里台之间，大部分荒地限于当时条件尚无力建设。1952年院系调整后，南大只剩下八里台一带东起卫津路，西边到红旗路，成了一个东西较长，南北极为窄狭的长条型。后来我校西部原农场的大部分土地又被市里征用。上个世纪八十年代初，市里又决定征用南大西部的六十多亩地。这样一来，南大已无发展的地方了。滕校长非常着急，毅然决定与老校长杨石光、吴大任两位南大老领导一起联名给党中央国务院写信恳切陈情，派我和王明德同志去北京呈送，在老校友的帮助下，我们将信送达国务院万里副总理。同时，申泮文教授在天津政协、全国政协也为此事呼吁，南大终于保住了那块地。

在大力发展南大的过程中也有点"杂音"，有人批评文科发展太快了，似乎是滕校长囿于个人学术专长，偏重发展文科与经济学科。但是，不可否认他继杨石光老校长之后，突破了老九系一所的规模逐步建了法律、旅游、管理、金融、保险、物价、社会学、环境科学、图书馆学、东方艺术、电子等专业或系，以及计量经济研究中心、国际经济研究所、台湾经济研究所、人口研究所、交通经济研究所等。组建经济学院，恢复了学院制，这在当时高校中是首开先例的。上述种种都是顺应国家各方面建设急需而开办的，成为南开大学历史上第二次创业，为学校后来的发展奠定了基础。

今年是建校九十周年，滕老师是南开大学历史上第五任校长，他对学校毕生的奉献，他的业绩，值得我们学习，值得我们纪念。

（作者为南开大学经济学院原党委书记）

忆滕公

梁吉生

　　滕公，是滕维藻先生在世时就已有的称呼，老南开人都这么说，表示一种亲切和尊敬。我认识滕公是 20 世纪 60 年代初，那时他主管学校教务工作，同时又给文科学生上政治经济课程。历史系这门课是大课，两个年级二百多学生，上课地点是主教学楼西头二楼阶梯教室。滕公当时还不到 50 岁，讲话略带苏北口音，语速不是很快，板书也不多，善于抓住重点和难点，能用浅近易懂的话语把政治经济学资本主义部分一些不易理解的内容交代得清清楚楚。我很愿听他讲课，课堂笔记记得很认真。有一次滕公抽查笔记，他对我的笔记印象很好，说我记得全面、重点突出，字也写得秀气整洁。我听了表扬颇有一点自得。

　　真正与滕公接触较多，还是 1979 年我从历史系抽调到学校编写校史那段时间。当时，滕公是副校长，他与娄平同志共同负责校史编写工作。校史初稿草成后，一些同志和校友对有关张伯苓的评价提出异议，我作为执笔及编写组同仁都认为应当给予南开大学首任校长张伯苓正面肯定。校史原文是这样写的：

　　张伯苓本想借短期国立，使南大度过经济困难然后重改私立，再谋发展。但是，他的这些想法都成了泡影。一九四七年六月，他参加了伪国大。一九四八年七月，又出任国民党政府的考试院长。张伯苓从此离开了南开大学。但是，国民党腐败、黑暗政治的现实从反面教育了他，终于使他有所悔悟，在重庆解放前夕，毅然拒绝飞往广州和台湾。解放后他从重庆北返，盛赞中国共产党的内政外交政策，以后又在遗嘱中说，"今日之人民政府为中国前所未有之廉洁良好政府"，嘱望南开师生竭尽所能，合群团结，为公为国，拥护人民政府，以建设富强康乐之新中国。"一九五一年二月二十三日，张伯苓病逝于天津。

关键的时候，滕、娄支持了我们的意见。就在校史稿交付印刷前，我特地到了经济研究所（滕公当时兼任经济研究所所长）请滕公最后审定。他摘下眼镜认真审读，好长时间埋头于校史清样中。当读完上述那段话后，他抬起头说："没看这段话之前，张校长的事我还不是这么清楚。现在读了这段话，我觉得写得很客观，交待清楚了历史过程，也隐含了我们的观点，比另外专写一段评价要好。在南开变国立这个时候写张伯苓，要比1951 年他逝世时再写，从结构上看比较顺当。假如张校长逝世后来写，结构布局上可能有点突兀，那样的话势必非得正面评价不可，现在的情况下未必稳妥。我看现在这样就行，可以付印了。你说呢？"我本心自然想多评价几句张伯苓，但滕公已作了全面考虑，我不好再说什么。滕公在审完印刷清样后，我就径送校印刷厂了。不久杨石先校长题写封面的《南开大学六十年》就在建校 60 周年校庆前与广大师生见面了。这本校史只有几万字，但它是我校第一本正式校史。

1996 年，是滕公执教南开 50 周年，学校召开祝贺会，由我为学校领导起草了一封贺信，其中写道：

您的名字是与南开紧密联系在一起的。54 年前，您就学于重庆沙坪坝的南开经济研究所，燃糠自照，困知勉行。在中国面临两种前途、两种命运决战之际，您作为青年教师毅然投身爱国民主运动，揭露《中美商约》的反动实质，演讲"新币制之前途"，抨击国民党反动统治，与广大进步学生并肩战斗；您被推选为南开大学安全委员会委员，与广大师生坚守朝夕与共的南开园，开展护校斗争，迎接天津解放。南开获得新生后，面临着革故鼎新的艰巨任务，您出任学校教学科研领导职务，与杨石先校长、吴大任先生等一道，对南开新的教育制度的贯彻执行做出了不懈的努力。"文革"期间，您虽受到严重迫害，但坚信党的领导和社会主义光辉前程，对南开的事业仍初衷不改。"文革"结束后，在"拨乱反正"时期和改革开放以后，特别是"六五"期间，您以花甲之年，代理党委书记、担任校长之职，对学校的学科建设，特别是南开文理并重、比翼齐飞的学科特色的形成和发展做出了贡献，使南开大学逐步变成一所包括人文社会科学、自然科学、管理科学、技术科学及艺术等多学科的综合大学，为学校"七五"、"八五"乃至以后的发展奠定了良好的基础。80年代中期，您虽然主动要求从领导岗位退下来，但老骥伏枥，壮心不已，仍以振兴南开的使命感和以校为家的责任感，热情关心学校的建设和发展，关心支持新的党政领导班子的工作，团结广大知识分子，对促进学校的凝聚和团结发挥了积极作用。

几十年来，您热爱南开，情注南开，献身南开，教书育人，桃李满园，您是广大师生爱戴和尊敬的教育家。

几十年来，您始终坚持以马克思主义毛泽东思想和邓小平同志建设有中国特色社会主义理论指导学术研究，成为我国名重当代的经济学家，堪称又红又专的楷模。您对政治经济学、国际经济和社会主义建设的重大现实理论问题，做了大量开拓性研究工作，在您身上体现了理论联系实际的良好学风和为人师表的高尚情操。您的学术贡献和高尚品德为学术界所称颂。

风风雨雨，沧海桑田。如今的南开大学已成为学科齐全、师资雄厚、学术水平高的重点综合大学，这是几代南开人自强不息、艰苦创业的结果，而您正是社会主义建设时期南开蓬勃发展的功绩卓著的代表之一。南开感谢您！您无私忘我的敬业精神和奉献精神，为后继者树立了典范，永远是南开人学习的榜样！

东海不尽，锦瑟无端。衷心祝愿您教泽绵长，体健遐龄。

此后的一天晚上，他到校长办公室主任室来打国际长途电话，那时还没有直通长途，接通电话要等很长时间。就在等待的时候，他问我：吉生同志，那封信是不是你写的？我作了答复后，他笑着说：我猜就是你，别人不会对我过去的事有这么多了解，也不会写的这么到位，写得不错。然后又与我谈起校史，强调校史研究要有人去做，这与其他史学研究同等重要。滕公的谈话，一直记在我心里。

1998 年，东北的辽海出版社要编辑一套《中国著名学府逸事文丛》，我应邀主编其中的《南开逸事》一书。该书由陈洪教授作序，全书南开历史名人、当代学术人物及校友七十余人。基本编就后要题写书名时，我马上想到滕先生是最好人选，于是便冒然把电话打到了他的家里，我说明原因后，他并没有拒绝，只是说他的毛笔字很难看。我进一步申明理由后，他沉默了一会儿说道：我试试吧！腾先生是个说到做到的人，几天后他打来电话让我去取。这就是后来印在书上的"南开逸事"和他的署名。他题字的原稿我一直谨守珍藏，成了一种特别的纪念。滕公的形象，一直活在我心里。

（作者为南开大学原校长办公室主任）

回忆滕维藻教授

骆春树

转眼间，先生已经离开我们一年多了，他为教育事业鞠躬尽瘁、死而后已的精神是永远值得我们学习和怀念的。他高举允公允能、日新月异的南开旗帜，坚持南开道路、发扬南开精神、传承南开品格，是我们南开的师表和楷模，在建校 90 周年之际，我们愈加怀念他。

1993 年，耄耋之年、已患有心脑血管疾病的滕维藻教授又先后被诊断出结肠癌、膀胱癌，饱受病痛的折磨。癌症对人意味着什么，它对人身体上的摧残和精神上的折磨是难以想象的，先生以惊人的毅力和病痛做着顽强的斗争。总医院医护人员千方百计寻求最有效的医疗手段和药品为先生治疗，专为先生寻来了治疗结肠癌的最新药品，先生正值恢复期，新药对他的恢复相当有效，但当他听说有一个病情更为严重的患者急需这种药品时，他主动提出把药让给更为需要的病人，医生颇为犹豫，先生则坚决表示让给那位病人，先生说："药是治病的，谁病重谁先用，不能只想着自己，我现在用的药效果还不错，并不急需最新产品，再说那新药贵，我住院不能为学校工作，还花学校的钱治病，学校的钱要省着用。"在生死关头，先生想到的是别人、是学校的利益，其高风亮节令医护人员及病友很是钦佩。

先生身染重病，但所思所想依然是师生之事。一次，先生夜间忽然醒来，呼唤着要马上组织老师同学起床去翻地、种豆子。此举令护工不解，先生除了教书怎么还要管种地的事？第二天护工说起此事，先生抱歉地说："吵醒你了吧，给你添麻烦了，三年自然灾害的时候，老师同学们大多浮肿，我心里着急啊，为了度过难关，就组织师生生产自救，在空地上翻地种豆子，好弄点吃的给他们补充些营养。 昨晚大概是梦见这些事情了。"护工说："滕老，您心眼儿可真好。自己都病成这样了，还惦记着师生。"

先生身在病房，心系教育事业。学校的国际交流和人才培养是先生一直关心的事情。在住院期间，他在病床上接待了国际著名学者、美国哥伦比亚大学教授王念祖先生。当年，改革开放初期，先生和王教授协商，争取经费选派优秀中青年教师，作为访问学者到哥伦比亚大学东亚研究所进行学术访问，此举为学校培养了许多精英。如今，两位年近九旬的老朋友相见，百感交集，两人认为语言难以表达准确的事情，就在纸上一句一句写，有些是关于学术和校际交流的，有些是关于多为南开培养人才、发展教育、服务于改革开放的，两人深感想为国家做的事情还很多，但恐怕因来日无多，来不及了。在场的医护人员说，这哪里是像在探望病号，就是在进行学术交流嘛。先生爱国、爱校、爱才之心令在场的人无不动容。客人走后，先生说："王先生这么多年来，一直关心支持南开，他90岁了，远道从美国来看我，不容易，我俩还有许多事要做，但年纪都大了，就怕天不假年啊。"王先生回到美国后，不到一个月就逝世了。2008年2月先生也走完了他91年的人生道路。先生在有限的生命中倾注了他对教育事业的无限钟爱，令人欣慰的是他开创的事业为后来人继承并发扬光大着。

作为一名教育家，曾是国务院学位委员会经济学科评议组召集人的先生总是站在教育发展的前沿思考问题、解决问题，全局在胸、高屋建瓴。先生的人格魅力、学术思想在教育界可谓影响深远。他不但使南开的经济学科得到了发展，还支持、帮助、带动了兄弟院校经济学科的建立和发展。一次，复旦大学经济学科学术带头人原经济学院院长洪文达教授带领中青年学术骨干专程来医院看望先生，洪先生握着先生的手对青年教师们说："滕先生是我们这一研究领域的泰斗，他不但开拓了南开大学世界经济领域的研究，还无私地支持、帮助我们建立了世界经济领域的研究，我们才有今天的发展，滕先生和南开大学的支持和帮助一定不要忘记，咱们要努力搞好科研教学，不辜负滕先生的期望，多加强交流、向南开学习、共同发展。"

先生在治病期间一直关心学校建设，有学校的人来探望，他总是希望来人能多多给他讲讲学校的事情，从学科建设发展到师生的日常生活，事无巨细，他都百听不厌，但他又怕耽误别人的工作，只要来人说学校还有事情要处理，他便不再挽留，嘱咐其以学校的事情为重。由于长期住院，无法参加党的组织生活，在病榻上，先生始终坚持写思想汇报，为学校的建设出谋划策。直到临终，先生始终对南开的教育事业念念不忘。他身边的医护人员不止一次说到，我们过去从报纸广播里听到教师无私奉献、爱国爱民、爱学校、爱师生、爱教育的事迹，先生是我们亲眼所见的重病缠身，在生死关头没有一件事是为了自己，心里想到的都是国家、人民、民族、学校、师生的事，真是了不起，人格伟大，从他身上我们看到了南开精神。

先生一生廉洁奉公。学校房改时，出售住房，先生发现学校少收了自己1000元钱，他多次请工作人员找房管处和财务处核实，补交上了这1000元钱。这件事深深教育了大家。

先生年届八十，为了给学校节省开支，还是乘公共汽车去医院看病。2008年农历正月十二日，是先生90岁生日。事先师生们想安排一场有意义的庆祝活动，但先生表示："自己年纪大了，又住院，不要给大家添麻烦，不能为学校工作，再惊动大家，影响工作学习、浪费时间和金钱，不好。"先生一生，时刻以学校的教育事业为重，从未把自己的事置于工作之上，令人感佩之至。

"望之俨然，即之也温"这是对外经贸大学王林生副校长对先生恰如其分的评价，他是著名的经济学家、教育家、国务院学位委员会经济学科评议组原召集人、联合国跨国公司委员会原高级顾问、原南开大学校长兼党委书记、中国跨国公司研究的开拓者，他有大家气魄、威严，但又温文而雅、为人平和、通达，我们可以在先生身上看到一名老共产党员的全部优秀品质：全心全意为人民服务、大公无私、坚定顽强、坦荡豁达、廉洁奉公，他以身作则，为我们树立了一座难以超越的丰碑。

（作者为南开大学商学院原副院长）

纪念滕维藻老师

罗肇鸿

滕维藻老师离我们去了。从此南开大学失去了一位博学多才、和蔼可亲的老校长、好老师，学术界失去了德高望重、善于开拓创新的学界泰斗。

我从 1957 年 9 月进入南开大学经济系学习以后，滕先生就一直是我的领导，无论是在学校学习期间还是在世界经济学会，他都是直接领导。以后又多次参加先生的博士生论文答辩，亲身聆听了许多精辟的学术见解以及对时势的针砭，收益匪浅。我真切地体会到，滕校长名副其实就是一个大学问家、大教育家和大改革家。

先生做学问或是为探究情势所为，或是为情势所激发，或是开风气之先。上世纪 60 年代，先生首先在南开大学组织世界经济的教学和研究。1973 年之后，南开大学在先生的领导下成为国内最早研究跨国公司的高等学校，不但培养了队伍，而且出版专著，取得了丰硕的成果。跨国公司研究中心之所以成为教育部的研究基地与先生付出的心血是分不开的。南开大学在跨国公司领域的卓越研究成果享誉海内外，先生也成为国内受聘联合国跨国公司委员会高级顾问的第一人，参与起草联合国《跨国公司行动指南》等一系列文件，为捍卫发展中国家的利益做出了积极贡献。

改革开放初期，针对一些人在我国开放战略上的偏颇观点，力主我国对外贸易形式应该是"内向策略"与"外向策略"并存，有条件的"进口替代"和"出口替代"兼用的观点。事实证明，这种前瞻性的研究是何等重要，何等精辟。

先生作为大教育家的事迹，全体南开人有口皆碑。在先生的主持下，南开大学经济学院在全国综合大学中是系、科、所设置最全面、实力最雄厚、特色鲜明的经济学院。在学科建设上，先生独具慧眼，在全国综合大学中率先设立旅游专业和艺术专业，继而把管理专业纳入。使南开大学成为全国莘莘学子向往的学术殿堂。此外，同国外的院校联合办学，在研究生的培养上下大功夫等等方面都是南开的特色办学路线。多年来我参加过不少博士论文答辩会，看过不少博士论文。同别人谈起论文质量，对南开博士论文的评价总是名列前茅的。作为半个南开人，心中不免油然升起一种自豪感。

受人尊敬的老校长为人却很谦和，对晚辈很体贴。承蒙先生的邀请，我多次参加他的博士生论文答辩。为减少路途劳顿，北京的答辩委员总是提前到达，住宿校内。每次先生总要到我住宿的房间来看我们，还要和我们共进早餐。弄得我这个当学生的很不好意思，总觉得担待不起。后来，我想出了一个办法，头天一到学校便先去府上拜访他，并声明明天早饭我自己吃，我也是南开人，环境熟悉。在他家里，先生总是朋友式地和我亲切交谈。又一次，他对我说，文化大革命实际上是上层的政治斗争，这个能理解，但是百思不得其解的是，为什么要把火烧到每个基层来，制造出斗人的和被斗的两拨人。对于那些挨斗的人来说，有抵触情绪是可以理解的，但有些人顺竿爬，乱咬人。此种人不可交。我也顺便对先生谈起一件于光远老师亲自给我讲的真实故事。那次，我向于老汇报《太平洋学报》的工作。谈完工作话题转到文化大革命的逸闻趣事。于老说，有一次木樨地政法学院院内批斗他，让他自己去会场。他到达后，进门时向他要门票。他说没有票，回答说没有票不能进，于老说没票也要进，人家说没票就不能进。于老说他一定要进。对方急了，嚷嚷说你这个人真怪，难道没有你批斗会就开不成？于老说，正是，没我会就开不成。你知道今天批斗谁吗？对方说，于光远呐。于老说，我就是于光远。对方笑着说，那你进去吧。于老自我解嘲地想，我当了一回胜利者。进到会场就做喷气式了。先生听后就说，光远同志这个办法好，既幽默又解决问题，不同一般群众闹对立。

还有一次在他家里，他主动谈起在国务院学位委员会经济学科评议组有关挑选博士生导师的争论。有人主张优先解决老人，他主张年轻的博士生导师应该占一定比例。先生对后辈的关爱可见一斑。他为国家的教育事业奋斗终生，教书育人，桃李满天下，始终受到广大弟子的尊敬与爱戴，原因就在这里。

祝老师在天堂一切顺心。仅以此文于兹纪念。

（作者为中国社会科学院教授）

缅怀滕校长

逢锦聚

2008年2月14日，老校长滕维藻教授与世长辞。南开痛失一位德高望重的好校长，中国痛失一位具有远见卓识的教育家，世界痛失一位伟大的经济学家。

对滕校长，人们有多种称谓。老一代教授们称滕公，青年教授们称滕老，同事们称老滕，学生们称滕先生。在南开，能集"公"、"老"、"先生"于一身者，为数极少。

我从1981年来南开读研究生开始至今，近三十年来一直称滕校长，这一方面是习惯，另一方面是发自内心对一位名副其实的校长、教育家的尊敬和仰慕。

滕校长在办学理念、学科建设上具有远见卓识。改革开放一开始，滕校长就站到历史的高度，敏锐地意识到经济建设时代的到来必然对人才提出迫切的要求，所以他提出主动适应社会发展需要，加强基础、着重提高、发挥优势、补充短线的办学方针，在全国大学中率先调整学科结构，提高学科水平，在发挥基础理论学科的同时大力发展应用学科。在他的主持下，南开自然科学和人文社会科学中的应用学科，特别是经济学科中的应用经济学和管理学科，在上世纪80年代迅速发展起来。他的这些主张和举措，不仅使南开在当时很快在同类高校中取得了明显的比较优势和领先地位，而且对学校其后几十年中的学科建设、特别是南开文理并重、比翼齐飞学科特色的形成奠定了重要基础。看到南开大学今天发展成为一所包括人文社会科学、自然科学、管理科学、技术科学及艺术等多学科的综合大学，人们不能不深深地怀念老校长。

滕校长对于人才培养有精到的思想。滕校长从系所管理工作做起，历任学校教务长、主管教学科研的副校长、校长，在一段特殊时期，曾集校长和代理党委书记于一身。在长期的管理工作中，他力主把教学摆在学校各项工作的中心地位，把人才培养作为学校的根本任务，强调教师要既要教好书又要育好人，既要教给学生知识，又要教给学生方法和做人的基本准则。他身体力行，给学生讲课，深入课堂听课，帮助系所设计课程体系，改革教学内容和方法。南开当时的管理干部特别是教务干部深入教学第一线，为教师真诚服务，深受教师和同学欢迎；南开培养的学生以知识宽厚，作风扎实，办事认真，不事张扬著称于世，深受社会欢迎，这与滕校长大力倡导并身体力行所形成的南开校风、学风有直接的关系。

滕校长视人才如学校的生命，关爱教师，广揽贤达。改革开放初期，为发展社会学学科，以填补国内空白，滕校长数往北京，以诚相邀，终将我国社会学大师费孝通教授请来南开，办起了国内第一个社会学专业，今天活跃在全国各高校社会学学科的栋梁之才，绝大部分是当时南开培养出来的。其后，为吸引海外贤达回国，滕校长亲笔写信，求贤若渴，甚至不远万里，登门相邀，情真意切，使曾在联合国、世界银行等组织供职的杨叔进、桑弘康、段开龄等教授回到南开，作为学科带头人，创办了国内高校最早的国际经济研究所、交通经济研究所、保险研究所。滕校长的这些决策和举措，与目前国内有些高校的同样做法相比，早了大约三十多年。

滕校长在办学上具有强烈的开拓创新精神。早在上世纪80年代初，滕校长不仅在校内大步进行教学和管理体制的改革，大胆起用青年教师到教学、科研、管理的关键岗位，而且在国内大学中率先对外开放。在他支持下，不仅恢复建立了国内最大规模的南开大学经济学院，而且支持经济学院与加拿大约克等大学合作培养研究生，创立了蜚声国内外的"南开——约克"不出国即留学的办学模式。

当代中国的校长很多，凡有大学，必有校长。有的校长在任时，人们就不知道他的办学理念、思想和为学校作了什么；有的校长虽离开尘世，但人们却把他的精神和思想作为宝贵的财富，永记他的功绩。在中国数以几千计的校长中，滕校长不仅在当时，即使在今天也是当之无愧的校长中的杰出代表。

其实，滕校长不仅是一位大教育家，同时还是一位大学者、大经济学家。自上世纪40年代开始滕校长从事经济学研究，是我国世界经济，特别是跨国公司研究领域和大洋洲研究领域的开创者和领军人。他曾经被联合国聘为跨国公司委员会高级顾问，参加了"跨国公司行动指南"等一系列重要国际文件的起草，为捍卫发展中国家的利益做出了积极贡献。他长期担任国务院学位委员会经济学科评议组成员和召集人、中国世界经济学会副会长、全国美国经济学会会长、中国国际经济关系学会和大洋洲经济学会顾问、中国国际交流协会理事等职，不仅为南开大学而且为全国的经济研究、特别是世界经济研究做出了杰出的贡献。但是这样一位如巍巍高山的学者，却虚怀若谷，谦虚待人，在他身上，不仅体现着南开人的全部优秀品格和精神，而且体现着中国知识分子的全部美德和情操。

我与滕校长几乎差了两代人，滕校长对于年轻人的关心和提携令我终生不能忘怀。1984年当我研究生毕业时，滕校长担任校长。在日理全校大事的同时，滕校长亲自过问我毕业后的去向，力劝让我留在南开工作，在全校住房极端紧张的情况下为我特批住房，在进天津市户口管理极端严格的情况下为我办理家属户口。一位举世闻名的大学校长、国内外著名的经济学家、令人肃然起敬的忠厚长者，对一位普通研究生的生活关心如此无微不至，以至令我近八十的父母和来自山东农村的妻子感动得不知说什么才好。工作后，我从学生变成了教师并做了管理工作，在滕校长直接领导下做事和学习。滕校长又经常耳提面命，教我如何做人、做事，如何处理工作和业务的关系。随着年龄的增长，我常想，人总得讲道德良心，不要说为学校，为国家，就是从知恩图报的角度说，如果不好好工作，有何面貌以对滕校长！

滕校长离开我们一年多了，但滕校长的音容笑貌经常浮现在眼前。在缅怀滕校长之际，有一件长期放在心里、一直觉得愧对滕校长的憾事这次想说出来。

　　1986 年，滕校长从校长的岗位上退了下来，这自然是一件合乎规律的事，对于一位学者而言是一件令人欣慰的好事。但不知是由于制度使然还是世故使然，在岗位时学校为校长定了报纸，卸任后报纸突然停掉了。可能事先没有通知，补定需要时间，所以滕校长有一段时间就看不上报纸。对于一般人而言这或许是小事一桩，但对于一位学者而言，那种感受可想而知。这件事当时我并不知道，但若干年后听说此事，却陷于深深的自责和感慨之中，而随着年龄的增长这种自责和感慨与日俱增。直到前些年，我下定决心想为滕校长定几份报纸时，滕校长已经住进医院，而一住就是多年，最后竟然读不了报纸。我现在写出来这种不愉快的小事，只能向滕校长在天之灵表达愧疚之心。

　　（作者为南开大学原副校长）

怀念滕维藻先生

——在滕维藻先生追思会上的感言

邱立成

人们常说，是父母给了孩子生命，我要说，是先生使我们的人生更加精彩，得以升华。先生生前有许多头衔，许多身份，但在学生的心中，先生就是我们的老师，是一位智者，一位前辈。是先生以知识的精华和做人的道理教育我们成长，塑造了影响我们一生的人格。先生直接指导的学生并不多，但是，知先生、爱先生的学生在世界各地都会不期而遇；先生教导我们的语言不多，但从先生的寥寥言语中，我们悟出的人生道理却是无穷无尽。

人们常说，孩子是父母生命的延续，我要说，学生则是先生的生命和精神的另一种延续。学生不敢忘记先生的教诲，不敢辜负先生的期望，不敢懈怠自己的努力。如今先生的学生已成为社会各界的精英，在不同的领域，在不同的战线，以不同的方式报效着自己的祖国和社会。学生所取得的成绩，所做出的贡献，是对先生的一种告慰，是对先生的一种传承，是对先生立德立言之道的一种延续和弘扬。

人们常说，不养孩子不知父母恩，我们这些先生的学生如今也成为了别人的先生，更感师恩如海，师恩难忘！在我们的一生中，无法抹去先生给我们留下的烙印，它将伴我们一生。我们感恩先生，感恩在我们短暂的人生中有您做我们的先生！

整理于 2009 年教师节

（作者为南开大学经济学院副院长）

追忆父亲滕维藻

滕强

父亲出生在江苏省北部盐阜地区一个农民的家庭。苏北的贫穷落后在历史上是有名的。上世纪六十年代，我曾随父亲回过一趟他出生的地方。那里闭塞的交通及农民贫苦的生活，在我这个于城市中长大的孩子心里留下了深刻的印象。记得农民没有什么可吃的招待客人，只能把少许黄豆炒熟，然后加一点儿酱油端上桌来。肉是吃不上的，幸亏南方农村池塘很多，几个亲戚把一个马蹄形的池塘从中间截开，花了半天时间淘干了半塘池水，捉了几十斤鲜鱼，这才给饭桌上添了一些荤腥。

父亲家里有六个兄弟姐妹。虽有几亩薄田，但也无法提供全部孩子上学的费用。最后，祖父只好作出痛苦的决定，让成绩优异的父亲继续读书，而其他的兄弟姐妹则被迫辍学，回家务农。对父母的厚爱及家庭为他作出的巨大牺牲，父亲一辈子心存感激。十几年后，当他开始工作时，他就立即回馈报答这个对他有养育之恩的大家庭。在此后六十多年的时间里，他不仅承担了父母的全部生活费用，而且还尽力资助其他人的"非经常项目开支"如年节、婚丧嫁娶、盖房修房、学费药费等等。资助范围不仅限于他的兄弟姐妹，而且包括他们的儿女后辈。在他的家乡，人人都知道他们有一个当大学教授的亲戚，他是他们遇到困难时的指望。在那个年代里，父亲也从没使他的父老后辈失望过。

父亲病重过世之后，这种阅读家乡亲友的来信、给他们寄钱的工作又被母亲毫无怨言地承担起来。对父母来说，"等价交换"是不存在的，"滴水之恩，必当涌泉相报"才是他们的为人之道。

　　这种溶于血液中的对农民的认同感，不仅表现在他对亲人的责任感，而且反映在他对其他贫困农民的关切。一九六四年前后，父亲曾在河北省盐山地区参加农村的四清运动。那里农民赤贫的生活状况深深地刺激了他。记得他在一次回家省亲时，对我们几个子女提到那里农民缺衣少食的生活状况，特别是农村的孩子们生活和学习上的困难。父亲希望我们发动小学班上的同学，力所能及地帮助农村的孩子们。结果我们的呼吁在学校里引起了同学们的热烈反应，几天之内同学们就捐助了几百本用过的教科图书。看到这么多的图书，父亲真是又高兴又发愁，不知怎样才能把这些图书送到盐山去。最后，父亲向别人借了一条扁担，这个大学教授就这样挑着沉甸甸的书籍上下长途汽车，一路送到盐山农村孩子们的手中。

　　父母从小注意培养我们几个子女劳动的习惯。记得五十年代我们住在南开东村时，家里正对着学校教工食堂的后门。父亲要求我们利用暑假到食堂去干活。我们择青菜、洗西红柿、打鸡蛋、清扫地面，干得兴高采烈，同时和食堂的大师傅们相处得非常融洽。家里搬到南开北村以后，父亲又看中了房前院后的荒地，教我们把地开出来，种上了玉米、丝瓜、葡萄、扁豆等。父亲还带领我们挑着铁桶在北村的粪池里掏粪上肥，引来路人纷纷驻足观看。他常常教育我们"吃的菜很甜，熬得苦中苦"，不要忘了农民的辛苦。父母对我们从不娇生惯养，三年自然灾害期间，我们中午一放学，就去学校周边荒地里挖野菜，挖完后脱下外衣包上，不采满一兜不回家吃午饭。我们小学时穿的衣服也都是父母的旧衣服改的，上面补丁摞补丁。一次放学后在图书馆前碰到几个大学生，他们拦住我们问我们的父母是谁。当我自报家门后，一个大学生惊讶地招呼其他人来看，说"看！教务长的小孩衣服穿得这么破！"我当时还不屑地想：这有什么好大惊小怪的？

　　此外父亲还特别关注我们的学习。文革中我哥哥初中毕业到内蒙古插队落户。当时下乡青年们前途渺茫，不少人自暴自弃，虚度时光。我哥回津探亲时，父亲给他买了全套十几本的高中数理化自学丛书，对他说："不管你将来从事何种工作，这些知识你一定都是用得着的"。在那个无人读书，知识越多越反动的年代，我哥利用辛苦劳动之余的有限时间，自学了高中全部课程，为他以后上大学打下了坚实的基础。

对我来说，父亲不仅是我的家中长辈，亦与我有老师之谊。他虽然没有直接在课堂上教过我，且因工作繁忙平常很少与我交流，但当我就我的学业发展方向征询他的意见时，却得到他及时的启发，至今仍觉受益匪浅。

记得参加一九七八年高考时，我的成绩不错，在就读学校的选择上有了较大的余地。说老实话，我从幼儿园，小学到中学都在南开校园里，因此上大学时就想换一个环境。当我就此事征询父亲的意见时，他建议我选择南开经济系：一是因为国家百废待兴，经济建设方面急需人才，二来南开经济系师资雄厚，在这里学习，可以打下较扎实的理论基础。我那时对什么是经济学一窍不通，只知道诸如"经济基础，上层建筑"，"生产力，生产关系"几个词的定义。听了父亲的介绍，我就选择了南开经济系。现在过了几十年，我愈加体会到父亲当年建议的价值。

记得八二到八四年期间，南开开始办经济学院。在一系一所的基础上，开始筹建管理系、金融系、会计系、旅游系及人口所等等。由于是在短期内的急速扩张，造成了师资力量的严重不足，导致教学质量下降。学生们有很大意见，学校里学风严谨的老先生们也颇有微词，认为这样作有损南开的声誉。我那时留校在金融系工作，也曾就此事当面质问过父亲，问他："考不上南开的人，毕业后还能到南开来教书，这不是笑话吗？"父亲听到后，并没有责怪我的生硬莽撞，而是一边思索着一边谈。他首先肯定我说得有道理，教学质量下降确实让人忧虑，但另一方面，目前国家经济建设急需大量人才，高等院校满足国家的这一需要，义不容辞。"我不可能等到一切条件都具备时再招生。"父亲这样解释，"现在是南开发展的大好时机，如不抓住，我们经济学科的优势，就会在竞争中错失"。后来的事实证明，父亲当时的这个决断是很有远见的。八六年我在加拿大留学归来度假，学校里让我开一门西方金融管理的课程。我首先向父亲请教授课方法。当时国内学校讲课，老师要备好详细的讲稿，然后在课堂上一句一句地念，学生则花费全部精力记课堂笔记。我在国外留学的经验则不同，教授只作一番抛砖引玉、提纲挈领的简短发言，然后围绕授课题目提出一些问题及罗列一些不同的看法让大家在课堂上讨论。我本人很喜欢后一种启发式的教学法，认为在讨论中学到的知识往往更加牢固。我原来猜想父亲可能更倾向于当时国内的授课方法。没想到父亲听了我的观点之后说："你说的这种授课法在解放前后亦被国内学校认同，特别是在艺术，经济，管理等分析过程胜于结论的学科里盛行。"他鼓励我不妨在学校试一试此教学法并将学生的反应告诉他。他同时又提醒我说，不要以为这种开放讨论式的教学就不需要备课了。实际上，这种教学更难准备和把握。父亲的支持和提醒出乎我的意料之外，也使我对他的学术人的兼容性更加了解了。

适值南开大学建校九十周年校庆，衷心感谢学校各级领导，父亲的同事及友好组织编写了此书以纪念父亲对南开作出的一点贡献。我也特此呈上本文以缅怀父亲对我们几个子女的关心和教育。祝福父亲将其毕生精力都倾注于它的南开及南开精神能够承前启后，不断发扬光大！

我国研究跨国公司的开拓者

——纪念滕维藻先生

王林生

我首次见到滕维藻先生，是在北京东长安街外贸部大院内的一座办公楼上，时间大约是 1974 年春季。那时传达了最高领导人的指示，说是"燕子低飞，天要下雨"，西方世界在经济危机阴影的笼罩下，正经历着大动荡和大分化，有关部门要抓紧研究。我就在这时从北京外贸学院（即今对外经贸大学）被借调到外贸部行情研究所（后称国际贸易研究所），协助杨西孟所长研究美国经济危机。恰好滕先生为研究跨国公司在京盘桓，每天到研究所查阅资料，日复一日，风雨无阻。资料室楼上一间大办公室里寥寥数人，但报刊书籍却堆得满坑满谷，先生就这样默默地逐卷逐册浏览，每有所获，便埋头抄录在卡片上。那时没有复印机，更不知电脑为何物，先生就在这样简陋的条件下，孜孜不倦，不断探索，为在我国开拓一个新的研究领域而辛勤耕耘，其创业精神真可谓"筚路蓝缕，以启山林"，如此评价决非过誉。因为后来在他的主持下，南开得风气之先，最早在国内作出了一批有关跨国公司的研究成果，而且在这一领域，国内高校有不少人直接或间接地都受过他的教益和影响，这也并非溢美之词。对此我愿现身说法，谈一点个人的感受。

在办公室初见先生，望之俨然，故我言谈举止不敢造次，但交往多日，始觉先生乃忠厚长者，蔼然可亲，于是谈起彼此正在查阅的资料和问题。我告诉他不久前在权威报纸上读到一篇文章，把跨国公司比喻成一条大章鱼，紧紧缠住不发达国家吮吸膏血。列宁指出资本输出是帝国主义的基本经济特征之一，由于发达国家资本有机构成提高和利润率下降，而不发达国家资本有机构成较低，故必然导致资本输出，跨国公司不过是生产资本输出的高级形式，也是当代新殖民主义的产物。对于我的这番议论，他并未正面评论，只是给我举出了二次战后世界经济中发生的一系列新现象和新趋势：发达国家之间生产资本的输出规模远大于向不发达国家的输出规模；科技进步对西方的经济起了很大的推动作用；国际分工形式的变化等。他认为亟须加以研究，以便结合新的历史条件，运用马克思主义的方法，作出更加符合时代特点的新解释。这对我确有很大触动，因为在搜集美国经济危机资料的过程中，我在英美书刊中不时读到科技进步和由此引起的投资高潮的论述，而马克思主义理论指出固定资本的更新是周期的物质基础，60 年代美国的周期历时十年以上，而且景气很长，因此我也一直感到需要寻找新的解释。但中央的《列宁主义万岁》一文关于"周期缩短，危机频繁"的提法，是当时难以逾越的理论禁区，我于是一方面以"中间性危机"的穿插来解释美国的周期波动，另一方面将科技进步和资本设备大量更新的原因归结为越南战争引起的国民经济军事化，以及军事新技术向民用部门转化，记得 spill over、accelerated appreciation 等便是书刊中常出现的词汇。与先生的交谈促使我进一步思考问题，觉得株守经典著作的章句是不能找到现成答案的，同时也引起了我对跨国公司的研究兴趣。80 年代我在贸大也开始提倡研究跨国公司，我指导的第一个博士生，其学位论文就以 FDI 与中国经济为研究课题，并请先生来京主持答辩，那时京津之间交通尚欠便捷，先生就提前来京，下榻在贸大的专家楼。以先生的学术声望，单为一名青年学生专程前来，这不仅是我和博士生的荣幸，也是对贸大工作的有力支持。前辈提携之情，令人至今难忘。

1988 年由外贸部推荐，我有幸继先生之后被聘为联合国跨国公司中心的 expert adviser，任期五年，每年去纽约联合国总部开会两周，行前曾专程趋谒先生，请他介绍经验，他还为我写了一封信，让我带给我国常驻联合国使团的一位官员，托他照拂，真是盛情可感。开会期间我有机会搜集一些跨国公司的书刊和文件资料，并得以结识以研究跨国公司闻名的专家 J.H.Dunning，曾邀他两度访问贸大，并聘他为名誉教授。贸大还成立了跨国公司研究中心，翻译联合国跨国公司中心的《世界投资报告》，从1992到1996年由贸大出版社每年出版一册。后来主其事者调往北京市国际贸易促进委员会担任领导职务，我也从贸大的行政岗位上退下，这项工作遂告中断，幸有南开继续坚持翻译出版。但跨国公司的课程迄今在贸大仍讲授不辍，在教学上巩固了阵地，这一切莫不与先生的倡导和支持有关。故从个人在贸大的经历而言，我认为先生当之无愧堪称我国研究跨国公司的先驱者和奠基人，因为在这方面的教学研究工作中，他不仅身体力行，也培育了整整一代人，我就是在先生的引导下走进这个领域的，虽然自己的成果乏善可陈，但对先生给我的指点和帮助，始终不敢忘记。故去年写了《哲人其萎　风范长存》一文寄托哀思，今再草此短文聊作纪念，并表达我对这位前辈难以忘怀的感念之情。

（作者为对外经贸大学院副校长）

追忆滕维藻对南开大学的贡献

魏宏运

南开大学的历史，是一代人又一代人组成的链条建构起来的。这一链条联系着过去、现在和未来，从中可以窥见学校的发展脉络，也记载着众多名师的辉煌业绩，显现着南开对国家和民族的贡献。南开声望饮誉世界，在这个链条中，我亲眼看到一位对母校做出巨大贡献的学者——滕维藻。

滕公维藻是一位享誉海内外的经济学家，也是一位德高望重的教育家，在南开园度过了他的一生。

探究滕公学术之旅，他毕业于浙江大学，1942 年就读重庆南开大学经济研究所，师从何廉、李卓敏、方显连、吴大业，接受西方经济学理论及研究方法，由是奠定了尔后的学术成就和地位，也结下了他和南开的情与缘。滕公年轻时思想活跃，慎思明辨，特别关心国家之命运，认为振兴之道，应借鉴西方的进步理论，走工业化道路，洋为中用，促进中国现代化。他的这种观点已记录在批判、挑战钱穆的"农业立国"论的文章中。如此胆识正是章学诚所讲的"学业将以经世也……其前人所略而后人详之，前人所无而后人创之，前人所习而后人更之"。（章学诚：《文史通义》，古籍出版社，1956 年第 186 页）滕公博学多闻，视野广阔，是敢于质疑权威人士之故。

1947 年，滕公随南开经济研究所迁回天津，南开园也就成为他的家园，先后住在甘肃路财经学院和八里台校园内。

（一）

从 1949 年新中国成立，到 20 世纪和 21 世纪之交，中国社会发生了两次巨变，一是新中国成立时期，旧制度变成新制度，旧社会变成新社会，旧思想变成新思想。一是十一届三中全会后，国家实行改革开放政策，开始融入世界大潮流之中。历史的演进为滕公展示其才学提供了机遇。

看一看他的生活轨迹，就可明了他怎样树立起自己的世界观和人生观。50 年代初，他接受马列主义和毛泽东思想，丰富了自己的思想，成为马克思主义的信奉者，1952 年加入中国共产党，同年开始担任校副教务长，因其年纪较轻就被如此器重，使得全校教师无不称赞和钦羡，这是他成为南开历史发展链条中举足轻重人物之始。我因担任全校教师党支部组委，对此印象很深。

他和王金鼎、王赣愚、吴廷璆等一起，积极宣传马克思主义，讲授《国家与革命》，新民主主义论等课程。

他和老南开及 1952 年调入南开的诸名师，同心协力，为建设新南开辛勤工作。新加盟的教师来自五湖四海多所大学，包括北大、清华、燕京、北师大、武汉大学、圣约翰大学、广西大学、北洋大学、津沽大学等。特别是还有海外归来的精英分子。能够在工作中和众多学者建立起诚挚的友谊，成为朋友，是滕公一大战功。

学校的中心任务是抓好教学，滕公协助杨石先校长、吴大任教务长和副教务长陈舜礼共同组织、推动教学的各种活动。教研组建立、试讲、听课、课堂讨论等环节，都呈现出生动气象。滕公多次到历史系课堂，听完课后和授课教师交换意见，以提高教学质量。

值得特别提出的是，滕公办事一贯公正无私，考虑问题总是从南开全局出发，从不谋个人私利。在他的倡议下，给著名老教授每人配备两名助手；在经济系和历史系建立起几个研究室；确定每个大学科选择两名年轻教师作为重点培养对象；根据高教 60 条，制定出南开大学学则。当左倾思潮已泛滥于高校时，他和杨石先、吴大任在自己能力范围内，坚持以教学为中心，尽量减少损失。这种精神是难能可贵的。

（二）

1978 年 12 月，中国共产党召开十一届三中全会，中国历史进入又一次剧变时期，发生着天翻地覆的变化。此前的一段时间，全国都在拨乱反正，医治创伤。天津文革时是重灾区，市几位领导是四人帮线上人物，行动迟缓，1978 年 9 月，市委始派王金鼎、郑秉泇等成立工作组，指导南开揭批查，选择滕维藻为揭批查办公室主任。

滕公担此重任，面对的是一个遍体鳞伤、支离破碎的南开，文革中形成的两派对立情绪还严重存在，工作组的艰难可想而知。滕公将自己的伤痕置诸脑后，和工作组及办公室诸同仁披荆斩棘，清查冤、假、错案，为受害者平反昭雪，召开落实政策大会，如 1978 年 10 月 28 日在大礼堂为臧伯平、翟家俊、吴廷璆、何炳林、魏宏运、陈仁烈、卞鉴年、杨守义、王志新 9 人平了反，恢复了名誉。各系也相继召开平反昭雪、落实政策大会。全校 600 多人的人格重新受到尊重，人际关系、日常生活恢复正常。那一时代过来的人，永远记着滕公等人的功绩。对滕公来说，那是他一生中最忙碌、最艰辛的时期。

（三）

1981 年～1986 年，滕公担任南开大学校长，大环境变了，给了他施展才华的好机会。他与时代同步，不失时机地使南开活跃于海内外教育界。他组团访问美国、日本、加拿大，和诸多学校建立交流计划，并派出青年教师到国外进修，进而在南开建立起更多的学科，和世界接轨。他的决策和声望，也帮助了学校基本设施的建设，几座用于教学的高楼大厦建立起来了。学校又召开了多次国际学术研讨会，南开的声望于是与日俱增。

滕公对南开有着特殊的情感，像杨校长一样，热爱南开园每寸土地和一草一木，一直为学校能够拥有一个美丽、完整、广阔的校园而努力。当天津市领导将校园中一片土地划为八里台村民居民迁移用地时，滕公表示不同意，数次找市领导，说明理由，均遭冷遇。他和杜品良还到北京中央教育部及有关部门申诉。有关部门向天津市打了招呼，希望尊重南开意见，仍无人理会，对一个大知识分子来说，自尊心受到的伤害莫甚于此。他是一位不为五斗米折腰的人，而今容忍了完全不能容忍的事件。之后，在不知情的情况下，南大农场一大片土地，被划归其他单位。后来又有一名不择手段的人，骗去一块土地，从而发财致富。他对此类事愤懑至极，多次表现于言谈中。在生命最后的岁月，他住进了医院，我去看望，他还谈到诸如此类情事，难以释怀。

站在世界教育发展最高点上，竭尽全力，以务实精神，发展南开，公正地讲，滕校长功不可没。

（四）

滕公淡泊名利，毫不恋栈，多次请求辞去校长一职。1986 年，愿望实现了。滕公坚辞，一定有其道理。

一个人的功过，后来人总要评论研究。根据我的所见所闻，该段时间，对滕公有两点错误看法。彼等所言与事实相去甚远，需要澄清。

一是 80 年代中期，有人讲滕维藻好大喜功，对比还开了批判会，持续了一段时间。这些人的追随者弹冠相庆，反对者受到惩罚。应该说，这种论调是极端错误的。抓紧机遇，扩大科系，建立教学楼，争取校园完整等事，稍微有点常识的人，也不会颠倒黑白，把成绩说成好大喜功。在一次批判会上有人指："滕的水平低"，副校长胡国定当即直面这位领导："我看你的水平也不怎样。"作为南开人，我认为南开需要象滕维藻这样雄心勃勃、有所作为的学者，不需要唯唯诺诺，惹是生非的人。

二是有一个时期，曾有人说：滕维藻是南开旧势力的代表人物。诚然，他 1947 年就来到南开园。但旧势力之说，毫无根据，纯属臆造，冠以"代表"，更加荒唐。滕实谦谦君子，南开经常吐故纳新，兼容并包，从未排挤任何人，从未拉帮结派，事实俱在，岂能抹煞？把莫须有的"罪名"强加给一个人，这种坏作风和做法曾盛一时，败坏了党风，这应是后人永远引以为戒的。

滕公卸任后，全力投入科研工作，在学问道路上从未停止过。他经常调查研究，曾几次让我的女儿魏晓静到他家中，给他讲金融界的现状。

滕公喜欢音乐，爱好钓鱼。生活极为简朴，没有任何不良嗜好，不抽烟、不喝酒，每日粗茶淡饭。我家和滕宅，仅隔一条小路，碰面机会多，经常深谈，他是我的良师益友。志此，愿与南开人共同铭记于心。

（作者为南开大学院原历史系主任）

哭滕公

魏宏运

南开大学第5任校长滕维藻先生于2月14日离开了我们。他走了，走得很远很远，走向另一个世界。永别了，南开人怎能不同声悲泣。

滕校长备受人们尊敬，接触多的人，称其为滕公。他生命中留下足印最多最深的是南开园。

滕公是一位享誉海内外的经济学家，颇有作为的教育家，也是正直无畏的学者，一生都在追求进步，追求真理，从不停步，取得了令人瞩目的功绩，为南开赢得了巨大荣誉。在他担任校长期间，推动了南开的飞跃发展，具有里程碑式的建树。

滕公1952年进入南开大学领导层。时任天津军管会文教主任的黄松龄，在南开仅有六七名党员的小组会上提出："让年轻有为的滕维藻出来担任副教务长。"从此，滕公由系领导走上校领导岗位，和另一副教务长陈舜礼（后调任总务长），协助杨石先校长和吴大任教务长，利用南开的文化资源，实现国家赋予的使命。在前进的道路上，他与南开一起，经过风雨，饱受苦难，因此积累了丰富的办学经验，对如何办教育、办好南开有坚定的自信心，他高瞻远瞩，脚踏实地为南开而献身。

"文革"结束，全国展开拨乱反正。天津市委派出以王金鼎为领导的工作组来校，滕公被选为拨乱反正办公室主任，担负起重任，组成强有力的班子。当时问题堆积如山，滕公不畏艰难，日以继夜竭尽全力地根治"文革"期间造成的混乱，该平反的平反，该道歉的道歉，推倒了强加于教师和干部身上的不实之词，在受害者面前当场烧毁黑材料，一洗冤假错案。

当时派性仍然存在，少数几位"革命派"到市委大楼张贴反对揭批查的大字报。滕公对诸如此类事情，无私无畏，淡化处之，极力化解，消除派性，开创了师生团结一致向前看的局面，为南开此后的繁荣发展铺平了道路。这是那个时期教职工亲身体验到并称颂的。

1981 年，滕公出任校长，负起了更大的责任。他抓住机遇，开拓进取，充满务实精神，在南开发展史上打上了滕维藻教育思想的烙印，在新的历史时期，南开声望威信与日俱进。

滕公的办学理念和风格不断展现出来。

他尊重前辈杨石先、吴大任，经常向两位先生请教，力求秉承南开精神。

他曾决定民主选举系主任，全校 9 个系中 7 个系实现了。历史系选举时吴大任亲自主持并讲话，这在南开发展史上是第一次，过去未曾有过。

他决定教师职称评定，各系应组织学术委员会，由申请者述职，然后投票裁定，学校设有 9 位成员的评审组。

他强调老教师应上教学第一线，讲授基础课。

他重视青年教师的培养，陆续派出数学、化学、物理、生物的一批批青年教师到美国和欧洲各校去深造。

他力主增加新的专业。那时领导层意见不一致，有的主张办好现有的系和专业就可以了，滕公是扩大发展论者。就历史学科而言，1980 年、1981 年先后建立起博物馆专业和旅游专业，这两个专业是杨、滕两位校长工作交替时商定的。旅游专业的建立颇费一番周折。此议始于 1979 年，我和内子去北京看望老友席潮海，席为国家旅游局办公室主任兼政策研究室主任，谈及我国旅游业的发展前景，席建议母校南开设立旅游专业，以应国家急需。我对此颇感兴趣，因为旅游是和文化历史联系在一起的。我向滕公陈述并申请办理这一新的专业。各方意见反差极大，不少学者认为旅游不是学问，不宜在大学开设。滕公曾给我看过北京一位权威经济学家不同意的来信。经过长时间的论证，参照美国、菲律宾一些大学的实例，滕公果断地说"办"。1981 年，历史系增招新生 50 名，翌年 100 名，攻读旅游专业。国家旅游局 1981 年为南开大学拨款 250 万元，翌年追加 160 万元，作为建设旅游教学大楼和专业开办费。两年后旅游专业发展成为系，并从历史系分离出去。

滕公是一位真正有理想的教育家，历史赋予他的任务是改革创新，为使南开和西方教育并驾齐驱，他连续组团到美国、日本、加拿大去考察学习。据我所知，美国考察对他产生的影响极大。

1982 年，经教育部批准，学校组成 5 人访美代表团，滕公为团长，吴大任为副团长，团员有张再旺、何国柱，我被列为团员并兼任秘书。代表团从 4 月 17 日至 5 月 8 日，先后访问了明尼苏达、奥本尼、印第安纳、堪萨斯、密执安、坦普尔、斯坦福、普林斯顿 8 所大学。参观他们的图书馆、实验室、博物馆、电子计算中心、学生活动中心，力求了解各校的发展历史、规模、组织机构、专业设置、教师职责、教材使用，学生生活、学习、就业状况，以及学校的经费来源、管理体制等。举行了多场学术交流座谈会，发掘各校的优势、办学特点和学风。在明尼苏达、密执安大学，滕公还让我去听课，学习他们的教学法。普林斯顿大学原不在访问计划之内，因滕公在跨国公司研究上已负盛名，计量经济学家邹至庄特邀代表团到他任教的普林斯顿大学，参观爱因斯坦实验室，并举行了两校教师对口的座谈会，洛氏基金会副总裁应邀与会。滕公谈了历史上洛氏对南开思源堂的资助，该副总裁谈了当时基金会资助的计划和项目。

代表团成员每天相互交谈见闻和心得，滕公总是将自己的思考和南开应该实行的改革联系在一起。如他说：我们学校的规模不大，科系专业也少，新兴的专业几乎没有，应尽快补充上去，美国高校各系教师人数少，教学的特点是给学生开出大量的书目，让学生自己去阅读、掌握、思考，我们是填鸭式地灌输，学生死记硬背，这种现象必须改正。理科可以考虑采用外国的先进教材，等等。他强调一定要学习人家的长处，不能固步自封。

访问非常成功。

我们了解到大学和社会的关系，有好几个地区都是因当地的大学有名而**繁荣**起来的。

我们接触的大学学者不下五六百人，加上各地社会名流，约千人以上。他们也因此了解到新时代的南开，代表团则了解到美国学人的信念、科学实干精神和工作方法。

代表团和几所大学签订了协议，此后南开出现了新的专业。奥本尼大学的林楠帮助南开建立起社会学系，国际运输专家桑恒康来校建立起交通所，培养研究生，坦普尔大学的段开龄来校创办国际保险研究所，开设授予学位的精算培训班，牛满江教授也数度来校指导生物系的发展等。

已融入美国社会的南开校友，对美国有较深的了解，他们成为代表团和各校接触的桥梁，如明尼苏达大学的刘君若、徐美龄，旧金山校友会的林登和张廷祯等帮助代表团策划并安排活动，帮助我们认识美国的教育制度。在美国西部旧金山、东部纽约两地南开校友的聚餐会上，我们了解到他们在美国的经历和感受，知道了美国社会发展和专业知识的关系。他们对南开期待很高。周恩来总理的同班同学孟治教授在聚餐会上讲："不管政治风浪如何变化，中美人民要永远友好下去。"75岁高龄的黄中孚先生还出人意料地献出他自己保存多年的南开校旗，母校已经失传，今竟得之于异域。

南开人的凝聚力和"我爱南开"的精神，使我们深受感染，成为办好南开的一种力量。我们刚到旧金山，著名的世界级数学家陈省身（吴大任的同班同学）因脚受伤，拄着手杖到机场迎接，陪同我们到下榻的领事馆进行长时间的交谈。滕、吴两位校长表示希望陈先生能回母校任教，陈答应：落叶归根吧！并交予滕公1000美金，作为姜立夫奖学金。李卓敏、吴大业是滕公在重庆南开经研所读研究生时的导师，相见甚欢。当时李任教伯克利大学，后创办香港中文大学，邀请我等到他家做客，表示愿意帮助支持南开经济学科发展。

滕公作风令人敬佩之处颇多，总记挂着为南开作过贡献的人。滕、吴专门看望年事已高，在家颐养天年的凌冰、李文田和司徒月兰诸位先生。

代表团深知自己有双重任务，一是向美国各校学习，汲取先进经验；

一是宣传南开，宣传祖国的历史文化和成就。感谢林楠先生，举行了百人招待会，几乎都是来自我国台湾省的学人及其家属。代表团宣传今日中国，启开了他们心向北京的大门。

滕公为南开作出的贡献可以写成厚厚的一本书，他的学术成就及对学校发展科学化的管理，为我们树立了榜样，使南开列于世界著名大学之林。

我从滕公身上学到的东西很多———他的思想，他的道德文章，言行一致的作风。滕公长我7岁，相处却亲密无间，常常促膝谈心，在极"左"思潮泛滥时期，我们都是不合潮流之人，心心相印，同舟共济，在极艰难的环境中，我对滕公的历史和经历有了较深的了解。他谈到他的家世，谈到1937年在南京当小学教师时，日军进犯南京，他逃到江北和县免遭屠杀之灾。1938年他考入浙江大学，目睹中国的积弱贫穷和落后，萌生出拯救中华民族于危亡之中的思想，积极追求进步，岂料为此而两次被捕入狱。他说："这也好，锻炼了意志。"1942年，他考入南开大学经济研究所，探究中国社会经济发展中工业和农业关系的课题。他认为中国应该走工业化的道路，不同意钱穆先生以农立国的主张，写出了文稿，发表于《大公报》向钱挑战。他告诉我，研究、探索应有勇气，选择的课题应有意义，不要搞那些琐碎而重复的东西。滕公一生的研究都是很有时代价值的。他精力过人，勤奋过人，从不知疲倦为何物。行政工作忙碌时抽暇写东西，就是在逆境中也写文章。我想，这就是他之所以成功，之所以成为一位伟大的学者、杰出的经济学家的缘故。

我是在滕公的栽培和影响中成长起来的。滕公对我企望高，鼓励我走学术研究之路，对我的爱护和器重，我永志不忘。1961年，他带我到教育部座谈八字方针的贯彻。把我列入学校规划的重点培养教师名单。拨乱反正时，他和工作组共同决定，让我代表教师在全校大会上发言，批判"四人帮"对南开的破坏。1979年，我赴北京参加"五四"运动学术研讨会。5月3日深夜，滕公派车接我返校，于5月4日在小礼堂作"五四"运动历史意义的学术报告。1983年～1984年，我在美国讲学，学校召开中层干部会议，要选拔一位副校长，据说投票者多支持我出任。这一消息不知怎么传了出去，我归国后，接到许多院校朋友来信，向我祝贺。滕公则认为我应在学术上发展，支持我避开行政事务。我因此得以于80至90年代，深入华北农村开展大量的社会调查，还主持召开了两次抗日根据地国际学术研讨会。如果说我有小小的一点成就的话，那是滕公的赐予。

滕公走了，滕公留下的遗产是永存的。

滕公，安息吧！熟悉你的人将永远怀念你，我在泪眼模糊中写出这篇短文，以寄我的哀思。

选自《南开大学报》2008年4月3日

（作者为南开大学原历史系主任）

怀念恩师

冼国明

我在 1982 年初到南开经济研究所读硕士研究生时，我的导师是滕先生和陈荫枋先生，当时滕先生刚任校长不久，公务很忙，所以我很少见到他，交流也很少，指导我的主要是陈荫枋先生。我硕士论文答辩时，由于陈荫枋先生向他介绍说，我的论文题目是有关跨国公司和对外直接投资理论的比较和分析，写得还不错，正好滕先生对这个题目一直很感兴趣，他表示说一定要来参加我的答辩。在论文答辩过程中，对于滕先生提出的问题我一一作答，我和滕先生才算是有了第一次正式的交流。后来读博士也选了滕先生作为导师，正是在读博士研究生期间，特别是在博士毕业留校以后，因那时滕先生已辞去了校长职务，我和他的接触逐渐多了起来，平时所谈的不仅有学术，有时还会谈到研究所的工作以及其他话题，我对先生才有了更多的了解。

滕先生在担任南开大学领导，特别是在他担任校长期间对南开的学科发展作出了很大的贡献。当时正是"文革"结束后不久，国家正处在一个大转型之际。中国的大学在遭受"文革"十年冲击之后，和世界上发达国家的大学相比已有很大的差距。我想，滕先生作为一个校长，他看到了这个差距，作为一个学养深厚的学者，他也看到了大学作为一个国家和民族兴旺发达的基础，在这个特殊的时期所应承担的职责，以及作为一个校长所应该做的工作。他在一些重要的学科发展决策方面想别人所未想，做别人所未做，因此使南开当时的学科发展走在国内高校的前列。记得我们1978 年年初刚入校时，南开的经济学科只有经济系和经济研究所两个机构，学科和专业也很少，只有政治经济学专业和世界经济专业。正是在滕先生的大力促进下，南开的经济和管理学科才有了迅速发展。而且，当时这个学科的发展，既缺人又缺钱，若是"等、靠、要"，就不会有南开经济管理学科的发展。当时，滕先生和南开经济管理学科的同仁们抓住了国家经济发展需要大量经济管理人才的机会，积极依靠老校友的力量，广泛争取各方的投资和合作，迅速建起了一批教学和科研用房，创造了当时国内各高校中经济管理学科最好的硬件条件。记得当时我们还在上研究生，经常听到老师们谈论南开经管学科又成立什么系了，又盖起哪座楼了。老师们的兴奋之情真是溢于言表，我们这些做学生的听了也是十分高兴。

除了建立这些系以外，滕先生和他的同事们还在考虑如何提高科研层次，为当时国家的改革开放事业提供理论和政策研究服务。建立国际经济研究所就是当时滕先生和他的同事们做出的重要决策之一。我后来毕业留校后曾问过滕先生当时他们是怎么考虑的，滕先生说是有这么几个方面的考虑，一是中国对外开放是对整个世界的开放，特别是对西方发达国家的开放，我们面临着很多在理论和实践中需要解决的问题，需要建立一个高层次的研究机构；二是南开世界经济研究的力量较强，建立这样一个研究机构有比较好的基础，也有利于发挥南开的优势；三是他们当时在学校层面希望在文科和理科各自建立一个研究所，这两个研究所的层次都要比较高，而且在所长的聘用上要聘请在国外学术界有很高影响的中国学者。这两个所一是南开数学所，邀请陈省身先生出任所长。另一个就是国际经济研究所，当时聘了香港中文大学的创始人、也是南开校友的李肇敏先生做名誉所长，李肇敏先生推荐南开经济研究所毕业的老校友杨叔进先生担任所长，杨叔进先生在美国威斯康星大学获得经济学博士学位，后来在世界银行做过多年高级经济学家，曾率领世界银行专家组对很多发展中国家，特别是上个世纪70和80年代依靠出口成长起来的亚洲四小龙的经济发展政策做过考察。由他来担任国际经济研究所所长自然是一个非常合适的人选。在80年代中期，聘请这些学者回国担任研究所所长在国内是没有先例的，滕先生他们做了不少工作，最终获得了教育部的批准。为了帮助杨叔进教授做好工作，还特地安排曾担任过经研所所长的熊性美教授做执行所长，熊先生当时已是世界经济学方面的著名学者，在此之前已对中国对外开放理论和政策做过深入研究，同时和欧美大学的联系也很多。由这两位教授担任国际经济研究所的领导，国经所很快就在国内外建立了很好的声誉。我记得当时国经所的国际学术交流活动很多，经常有欧美著名大学的学者来讲课或交流，对研究生们的要求也很高。研究生的课程多，国经所的研究生们往往要比其他系所的同学们付出更多的时间读书和写读书报告，学位论文的要求也严。不过，当时国经所的研究生们是很为此自豪的。正是因为如此，当时的国经所在科研和人才培养方面得到国内同行的高度认可。我自己毕业后留在国经所工作，在这样的环境中受益确实很多。后来体会起来，当时滕先生他们建立国经所绝非一时心血来潮之举，而是认真地考虑到了国家经济和社会发展的需要，从一开始就为国经所的发展奠定了一个良好的基础。而且，滕先生他们为国经所的发展也付出了很多心血。至今我依然记得很清楚的是，滕先生和国经所的老教授们在一起讨论国经所发展的情景，多是在滕先生原来在北村的家，滕先生、熊先生、陈荫枋先生、蒋哲时先生、高尔森先生等经常在座，有时有一个确切的主题，有时也可能没有，各位教授各抒己见，各有各的风格，但都直言无忌。滕先生虽曾做过校长，也是他们当中的年长者，但他总是虚心听着大家的意见，最后的结论总是大家一致赞成的结果。所以，正是滕先生那一代学者，为国经所奠定了一个良好的学风和所风，这是滕先生等老一辈学者留下的宝贵的财富。

滕先生对工商管理学科的建设和发展也是很重视的。在建国以后，我国实行社会主义计划经济，基本上沿用了前苏联的经济模式。在大学里传统的企业管理学科的教研模式被前苏联高等院校的那一套所取代。在我国实行改革开放政策之后，滕先生他们大概早就预见到中国的大学需要建立新的适合市场经济发展需要的企业管理的学科了。我记得滕先生曾经谈起过，当时在经济研究所搞跨国公司研究时，他和经研所的教授们商议，跨国公司研究包括三个领域，即经济、管理和法律。当时由陈炳富教授领头做有关跨国公司的管理研究，后来演变成中外管理比较研究，由高尔森教授领头做有关跨国公司的法律研究，后来发展到国际经济法的研究。 正是有了这个基础，在 80 年代初期，南开由陈炳富教授和其他几位教授带头，在国内较早地组建了企业管理系，后来又邀请了当时在大连工学院主持中美工商管理教育合作项目的，也是南开经研所老校友的张隆高教授来南开执教，南开的管理学科在短短的时间里就成长起来。在此之后又建立了会计系等，为后来建立商学院奠定了很好的基础。

滕先生对我校学科建设的关注不仅仅限于经济管理学科，他对其他人文学科的发展也给与了很大的关注。其中最典型的应当说是社会学了。社会学自从上个世纪五十年代被取消之后，在我国一直是个少有人问津的学科，但是在八十年代初，在我校首先恢复和发展了起来。后来我和滕先生闲聊时，我曾问起当时南开为什么恢复和发展社会学这个学科，滕先生说原因很简单，他在 80 年代初在北京开会时遇见费孝通先生，当时费孝通先生很苦恼的是，他想在"文革"后把国内已停办多年的社会学恢复起来，但是在北京却找不到高校愿意做这件事。滕先生当即告诉他，北京没有高校办，南开可以办。随后滕先生便向费孝通先生请教该如何做，费孝通先生认为，社会学已停办很多年了，急缺师资，可以在南开首先办个培训班，他组织教师来南开讲课。1981 年初，这个培训班就在南开大学办起来了。当时主要是在 77 级大学生中选拔了一批学生参加这个培训班，我记得当时我们南开经济系 77 级也有几位同学参加了这个培训班。这个培训班结束后又设了研究生班，第一批学生中有些人就接着读研究生了。这些同学毕业以后，有的留在南开，有的去了其他高校，还有些同学去了欧美大学继续深造。后来，这些同学大都成为我国高等院校和研究机构中社会学研究领域的学术带头人。在"文革"之后，中国的社会学研究和教学首先起步于南开并惠及全国各高校，这是当时谁也没想到的。我想这就是滕先生和南开对我国社会学学科恢复和发展所做出的重要贡献。

在滕先生担任校长期间，南开的人文和社会学科得到了全面的发展，除了原有的中文、历史、哲学和外语外，经济学、管理学、政治学、社会学、艺术、法律等都有了很大的发展。而且，滕先生作为校长，他所关注的不仅仅是人文和社会科学，而是如何按照世界一流大学的标准来建设南开，把南开建设成为一所真正意义上的综合性大学。就我所知道的而言，早在上个世纪80年代初，滕先生就曾和当时天津医学院的朱宪彝院长讨论两校合并的事宜，滕先生认为一个综合性的大学必须要有医科，因为南开当时拥有的理科和人文社会学科的很多领域是需要和医学学科协作和交叉发展的，而一个好的医学学科的发展也需要和一所综合性大学结合起来。他的这些看法和朱宪彝院长的意见是一致的。可惜的是，这两位大学者的真知灼见没有被当时的领导人所采纳，给两个学校后来的发展留下很多遗憾。也是在70年代末和80年代初，滕先生就觉察到计算机学科发展的重要意义，提出建立计算机专业。后来我校计算机学科的发展遇到一些不顺，滕先生若是提起此事，总是觉得非常遗憾。滕先生在考虑南开学科建设时的一个重要特点就是具有国际视野，他对国外大学学科的发展非常了解。因此南开当时的学科布局都是瞄准世界一流大学水平来设计和发展的。此外，滕先生做事情不光有眼光，更重要的一点是他有担当。在很多重要的事情上，他所作的决定，都是出于对社会、人民、历史使命和个人良知的认知，因此他敢于负责任。

滕先生为人宽厚，平易近人，胸怀宽广。特别是在工作中，滕先生能把个人感情与工作分开看待和处理。记得有一回，为了学科发展的问题，他曾和其他一些多年共事的老先生争得面红耳赤，但他们完全是从是否对南开有利来进行讨论和争论的，这并没影响他们多年形成的亲密合作的友谊。而且，在滕先生他们那个时代，南开经济学科内部在作一些重大决策的过程中，常常有很充分的讨论。在此过程中，教授们和一些年轻教师都可以充分发表意见，这种民主的氛围对学科的发展起着很好的作用。

"博学、多闻、慎思、笃行"，是滕先生非常推崇的一句名言，他一生对这句话身体力行。记得改革开放之初，国内学术界对中国对外开放究竟应该实行什么样的政策有分歧。对此，滕先生经过深入细致的研究，对当时不同国家和地区所实行的进口替代和出口导向战略的长处与短处进行了综合考虑，提出兼顾两种战略优势的建议，这个建议后来对促进中国对外开放的顺利发展起到了非常重要的作用。这个政策建议是滕先生对采取进口替代和出口导向战略的国家各自面临的具体国情与国际政治经济形势，以及中国对外开放面临的内外各种困难有了充分和深入的了解以后才提出来的。滕先生的治学方法在我们这些学生后辈中起到了非常重要的潜移默化的影响。

滕先生对我们学生是十分关心和爱护的，在这方面也像他的为人和行事风格一样，他关心我们的不是那些细碎的事情，而是做人做事的大的格局。滕先生言传身教，自然也使得他的学生们多少也有了他对人对事的风格，这是我们终身受益的无穷的财富。就我个人来说，我从滕先生处得到的可能比别的学生更多，特别是在若干年前发生的重大事件中，滕先生给与我很大的帮助，而这在当时是很少有人能够和敢于做出的。正是滕先生的帮助，不仅使我，也间接使得南开一批年轻教师改变了命运。而且，更让我永远记在心中的是，滕先生所做的这一切，他从来都没有告诉过我。

（作者为南开大学校长助理、泰达学院院长）

缅怀滕维藻教授

——他的学者风范以及学术上的继承和开拓精神

熊性美

我在 20 世纪 50 年代初成为滕维藻教授的学生。随后半个世纪在南开大学共事，曾经一起从事教学、科学研究，也曾共同经历过历次政治运动以及改革开放的风风雨雨。抚今追昔，感触良多。现在只想举几个历史时期中我亲身接触到的具体事例，说明滕维藻教授的学者风范，特别是他在形成自己学术思想方面的严肃态度，以及我认为他取得的学术成就。

一

我于 1950 年秋考入南开大学经济研究所做研究生，攻读的专业方向是贸易与金融，导师便是滕维藻教授。按照当时在南开大学的传统称谓，称老教授和自己的导师为"先生"，其实滕先生当时才三十多岁，精神奕奕，一点儿都不显老。记得第一学期我们主要是修习基础课程："政治经济学"、"资产阶级经济理论"还有"统计学"，和导师并没有多少接触。第二学期我选的专业课，由潘沉来教授开授的"国际贸易"，滕维藻教授开授的"金融问题研究"，都是以阅读自学为主。潘先生使用西方学者 Taussig、Harberler、Ohlin 的三本教材，上课时主要是问答式，我们学生提问潘先生作答，有时回答得很细，透过对指定教材的某些章节的回答解释，甚至比较分析，如国际分工和要素禀赋的关系，显现出潘先生的学术造诣，上课时一问一答，双方满意，一点不紧张。记得滕先生第一次上课，并没有开列一大堆参考书，而是开宗明义说金融学分成两部分，西方的货币银行学和国际金融汇兑理论是资本主义实践的总结，需要了解，但更应注意批判；对于苏联计划经济条件下的金融如何实行计划化管理，还有银行的职能和作用，是我国将来发展的方向，但情况究竟如何，我滕维藻也不大清楚，需要和大家一起讨论（大意如此）。我一听，滕先生够谦虚的，但也激起了我上课时想钻研讨论问题的积极性。

金融课程分若干专题，包括苏联银行和西方银行有何不同，银行国有化问题，新中国为什么能克服通货膨胀，等等。教材不太成系统，只记得有英国 Sayers 著的《银行学新论》、吴大业所著《物价继涨的经济学》，还有一些报刊杂志上翻译的文章等等。上课时几乎完全是师生平等讨论，有两次滕先生请钱荣坤教授也参加，课堂气氛很活泼，但滕先生说的并不多，只有一两次讨论时他引用凯恩斯的就业通论，很熟悉其中内容，显得"有学问"。问他过去读英国那些经典著作有何心得体会时，平平淡淡也没谈出什么，只是说关键章节关键段落关键词句务必读懂读透，我心想，这话还劳驾您老先生说？记得他几次谈到苏联是中国经济的发展方向，我当时感到这是众所周知的真理，听了几遍就没有什么新鲜感了。可是现在设身处地地回想，滕先生当时在老先生中间算年轻的，力求用马克思列宁主义武装自己，做一个新中国出色的人民教授，在课堂讨论中力求稳重，反复强调学习苏联，岂不是很自然吗？

第二学年滕先生有他的考虑安排，让我先去北京中国人民银行总行搞调查研究，在金融专家郑伯彬的指导下总结新中国建国初期财经统一工作和稳定物价的经验。在此基础上，后来我在毕业论文中提出中国国家银行管理货币流通的基本原则，得到业内专家的肯定。滕先生对我的论文写作十分关心，十分负责，从拟订论文写作框架，探索主要问题一直到论文结论和政策建议，先后同我讨论过几次。当时南开大学正在开展"三反"、"五反"运动，滕先生既要进行行政工作，又要参加政治运动，忙得不可开交，但他还是在晚间同我讨论论文文稿，细致到推敲某些论点的提法和词句。我年少气盛，这时才感到别看滕先生上专业课时"表现平平"，但在论文指导上可真是认真负责、一丝不苟，堪称"良师"和"严师"：良在善于启发培养，从来都是相互自由讨论；严在把学术质量关，对我没有轻易放过。讨论我的论文时，他几次要求我谈谈对论文引语原段落的体会，和我接下来要说明的问题是个什么关系。"读书就是要读懂、读透，要不然怎么自己去接着发挥？"我这时才领悟滕先生去年上专业课时一个劲地强调"读懂关键"，原来是要解决学术研究中"继承和发展"的关系问题。

几十年过去了。20世纪70年代中期有短短几年是我们两人读书的"春天"，常在一起读从新华书店内部发行部买到的"灰皮书"，记得当时我们曾讨论 W. 丘吉尔的《第二次世界大战回忆录》三十卷巨帙，我沉湎于对敦刻尔克战役撤退等的生动描述，而滕先生则提出一些他认为英国能"死里逃生"的因素，如英国的帝国主义精神能团结一向不合作的爱尔兰，而科学技术使得狭窄的英吉利海峡也变得"不可逾越"了。我问滕从哪里得到这些知识的？他坦承不是来自丘吉尔，而是来自大学时精读的 H. 韦尔斯的《世界史纲》中的论第一次世界大战部分。原来"读懂读透"还真是源自于他个人做学问的体会。

又过了十年。20世纪80年代初，当我们在南开经济研究所开始设计新一代的经济学硕士的培养方案时，打算开一门"经济学名著选读"，我跑去校长办公室征求滕公的意见，简单说明来意：少而精该读点什么？他却连连摆手回答说：现在校务缠身，自己不读书，哪里有资格推荐什么名著，你快去找别的老先生吧！我不便耽搁他的时间，不再说什么，心里却在想，反复强调读透一本书，是你老先生开的头吧！

二

1952年秋我毕业留校，在南开大学金融系任教。当时我开授"资本主义货币流通与信用"这门新课，初上讲坛，既缺内容体会，又无教学经验，几堂课下来，饱尝同学白眼，有的干脆刷课。滕先生是金融系教授，见此情景，他便和钱荣坤教授（系主任）几乎一堂不拉地坐在教室后面听我的课，课后再举行小型讨论，帮我改进教学，前后两三周，直到我的教学质量相对稳定后才撤退。多年后有一次我谈到此事，感谢滕先生培养我毕业后还在教学路途上保送一程，他却回答说，如何用马克思列宁主义分析资本主义问题是个新课题，他希望通过对我的课程内容的讨论，提高学术思想方面的认识。我相信这里有滕的真实想法，同时也体现他在学术上的谦逊态度。

滕维藻教授回顾说他关心如何用马克思主义作为指导去分析资本主义，此言不假。但恐怕不是全部。当时他刚刚走上副教务长的职位，革命意志高涨，一方面想贯彻上面的教学方针，在全面学习苏联的基础上"提高教学质量"，让南开大学经过院系调整跟上形势；另一方面他还想努力钻研马克思列宁主义，当一名出色的政治课教师。据我的理解，那时领导的意图主要是要求大家努力去钻研领会几本经典著作如《联共党史》、《列宁主义基础》、《帝国主义是资本主义最高阶段》、《苏联社会主义经济问题》等的基本内容，并不鼓励教师去提什么新的观点，"离经叛道"。但滕显然还有一些个人想法，核心是联系中国实际。例如，1953 年春他正在了结金融系方面的课程，准备集中精力去钻研马列主义理论，当时教学辅导材料都是用中国人民大学翻译出版的，由苏联专家编写的教材，滕说长此以往不是办法，总得自己搞研究，在理论上有咱们自己的分析，在政策上有针对中国本国存在问题的解决办法和规定才行。那几年，他鼓励我在所开授过的"货币流通与信用"、"财政与信用"、"国民经济各部门财务"等课程中不要仅仅限于宣讲苏联教材，还应多研究一些中国的问题，"走出一条教材中国化的路子"。不过，在当时总的政治形势下（幸而还没开展"反右"），滕的这些看法只是私下说说，怎么可能实现？

随后，南开大学进入一个政治运动频仍、连续动荡的时期。1955 年肃清反革命，1956 年号召知识分子"向科学进军"，1957 年"反右派"，1958 年全国"大跃进"，1959 年党内"反右倾"，1960 年起三年天灾人祸、人民挨饿⋯⋯在这七八年间，滕维藻教授和我各忙各的，没有什么个人联系，偶尔在路上相遇，打个招呼交谈几句，很少触及政治和思想问题。但在南开大学经济系、经济研究所有限人员活动的小圈子里，据我了解，滕还是主张，为了保证教学质量，教师应当开展科研活动，在经济学领域应当联系中国实际问题,最好搞调查研究。这可能是那个时期滕作为一个"双肩挑"干部,对教师专业要求的一个底线。今天回顾,在20世纪极"左"思潮泛滥的条件下,能否坚持(或在多大程度上坚持)把这样一个社会科学方法论的 ABC 作为原则底线,显然不是由于什么利害考虑,而不过是出于一个社会科学学者的个人良知罢了。

有三件事是我亲身经历的,因此记得相当清楚,可以作证。

其一,1958 年我从南开大学经济系调到经济研究所,搞了一年的"人民公社调查研究",在乱乱哄哄的农村中遇到不少以各种形式出现的围绕乡或村的公共财产的"纠纷"或"反映",逐渐形成了一个观念:人民公社经营活动千变万化,必须尽可能健全各级组织的帐目,开展经济核算,否则连所属财产都闹不清、理不顺,不可能保证"一大二公"。滕看了我的调研报告后对北京大学来南开参加科研讨论的樊弘教授说:"不到实际中去搞调研,得不出这样的结论。"明摆着是在表扬我,实际上是肯定实地调查研究这种方式。

其二,人民公社是现实问题,可以走到农村去搞调查研究,研究过去人类活动的经济史教学该怎么办?南开经济系的郭士浩教授提出,了解旧中国民族资本的剥削发家史,在天津可以搞周学熙财团的企业调查研究。郭士浩、孙兆录等从 1956 年开始从事唐山启新洋灰公司(周家财团的一个企业)的实际调查,于 1959 年编出《启新洋灰公司史料》。滕维藻对这项工作十分支持,认为郭的做法为中国经济史学科联系实际"趟出了一条新路",实际上他本人也参加了启新项目的一部分资料搜集和分析工作。

其三,在 20 世纪 60 年代前期,"左"的思潮愈趋严重的情况下,最能反映滕维藻作为一个社会科学工作者的学术思想和心迹的,是他和我的一次谈话和讨论。

1961 年南开经济研究所酝酿并开展了对唐山开滦煤矿矿史的调查研究,我被派去参加,尽管不得不服从工作分配,心中却十分不情愿,于是"两线作战":白天参加开滦煤矿的资料搜集研究,晚上搞点"自留地",主要琢磨些美国和西欧经济的小问题。1962 年滕被上级派来兼职分管经济研究所，曾劝我安心从事开滦矿史的专题研究。我争辩说，现实问题一大堆，让我们去翻腾矿山企业的陈年老账，即使弄清一些历史情节，又有多少价值？滕回答说，搞研究要讲究分析条件，搞现实的社会主义企业和人民公社的研究，只能搞一些典型事例，资料搜集受到许多限制，加上政策多变，中央也在研究，我们在下面很难做出确切全面的判断（大意如此）。开滦煤矿保存了过去的系统档案材料，只要你们肯下功夫坚持搞下去，这样联系过去的实际，肯定能弄清一些历史悬案，供后人参考，这就是有意义的科研成果。他还以自己参加启新洋灰公司的调研为例，说明他对经济史研究工作当时的真实看法，并非违心之论。说实在的，极"左"思潮下那一套"社会主义改造与建设"的理论我搞不清楚，也不可能搞清楚，但滕当时一片苦心，加上理论联系实际的大方向，我不便再加坚持，心想"得得得，滕公你别说了，我接着干，不就完了吗！"

那时政治形势变幻很快，滕动员我认真做开滦煤矿史的研究才过去几个月，经过中苏之间关于国际共产主义运动的论战，毛主席做出了关于加强国际问题研究的批示。1963 年南开大学派出了我和陈荫枋、王继祖、李文光、孙兆录等去北京，在外交部国际问题研究所学习并开展国际经济问题的调研工作。此后，滕维藻和外交部、经贸部、北京大学等单位的学术联系也加强了，提出了一些值得研究的世界经济和政治问题，如美帝国主义对亚非拉资本输出的新特点、西欧经济一体化问题等等，那时滕的工作重点显然是抓南开大学的教学工作，但他还不时向我们了解在北京参加的国际学术活动的一些动态和问题，一改过去相当封闭的心态。不过就整个国际经济政治范畴的理论认识而言，滕仍保持着列宁主义的帝国主义理论体系和基本观点，适当联系毛泽东的"反修、批修"思想，未尝越雷池一步。

一段插曲。20 世纪 60 年代有人曾指出，滕维藻"要求进步，工作积极"，但对待马列主义的态度并不那么"纯正"，和资产阶级经济思想"若即若离"，并未完全"划清界线"。一个铁证就是滕承担了英国经济学家弗雷德里希·哈耶克的《通向奴役之路》的翻译工作，1964 年由商务印书馆出版了中译本。乍一看，这件事是有点令人费解。说到底，滕不过是遵守当时盛行的"按毛主席的指示办事"规矩罢了。毛泽东指示要加强对国际问题的研究，并建议翻译一些国外的经典学术著作，"中国应该大量吸收外国的进步文化，作为自己文化食粮的原料"，"古为今用，洋为中用"。当时商务印书馆根据国家的出版分工准备翻译一批西方哲学社会科学名著，他们知道滕维藻教授的西方经济学修养很好，便约他翻译《通向奴役之路》。滕知道这是一本西方自由主义学派的专著，哈耶克本人又是著名的反苏学者，因此心怀犹豫准备拒绝，但经商务印书馆一再邀请，希望完成这一项"政治任务"。滕仔细想了想，认为这本书对苏联的计划经济虽持批判态度，但调查分析很细致，可以翻译出来作为改进我国社会主义经济体制的一个参考，因此最后还是答应下来。由于邀请朱宗风先生合作，很快便完成了译作。据我所知，这就是这件翻译工作的始末。该书中译本出版以后，在重点高校文科产生了相当大的影响。

顺便再就翻译的事说个小故事。"文化大革命"期间，《通向奴役之路》中译本的出版成了译者滕维藻的一项够大的罪行，被指责心怀叵测，借西方学者之口攻击优越的社会主义制度。运动过去后，还有一些余波荡漾，说老学者往往译而不著，是一种"保护自己"的手段，翻来覆去无限上纲。当事人好像倒不太在意。想不到的是，就在那时（20世纪70年代中期），联合国跨国公司中心编著的三本《论世界发展中的跨国公司》（英文本）陆续出版。该中心随后又派多名专家来北京就跨国公司的许多专题作报告，并整理成文字材料。这一切都需要翻译成中文出版，南开大学经济研究所那时正以滕维藻为主开始跨国公司方面的工作，责无旁贷，承担的翻译任务自然十分艰巨。当我看着他为了加快跨国公司中文文献的出版，想方设法动员南开一些同事加入翻译大军时，心想：现在《跨国公司》需要翻译，又忘了过去《通向奴役之路》受罪的事了！

平心而论，对于学术问题，滕维藻教授确是心怀坦荡，可以不计较个人毁誉，尽力向前；但"文革"过后学术工作迅速开展，所遇到的已是另类更为细致复杂的问题，对学者个人思想境界的要求更高了。

三

我想绝大多数老知识分子对于"文革"的灾难性影响都有切身感受，不少人多年经受折磨，直到"文革"过去了还没有恢复专业工作。在南开大学，滕维藻的情况有所不同，1966~1972年"文革"初期至中期尽管也受了不少罪，可是从1973年起又接触业务，随后开始做学术和研究工作，由于迅速做出了成绩，学术担子越压越重，涉及的范围由校内到校外越来越广。说来也巧，我1973年由天津南郊回到南开大学经济研究所，直到1998年退休，四分之一世纪期间在专业领域都和滕维藻教授有着比较密切的交往，特别是头十年在南开经研所世界经济方面人手比较短缺时，有时密切到滕得到的新书我往往是"第一读者"；我在钻研经济周期或跨国公司时偶有所得或"灵感"也先找滕维藻和陈荫枋教授讨论。因此，对于改革开放以来滕维藻教授的学术成就以及与之相联系的思想作风和人品，自认为还是有相当了解的。

先说说时代背景。20世纪70年代中期南开大学处于一个十分微妙的局面。"文革"还没有过去，中间又经历了一次唐山大地震，许多人还住在抗震棚中，教室和实验室严重毁损，图书资料十分短缺；可是另一方面，"四人帮"倒台后思想禁锢开始缓解，与北京及外地的学术联系逐步恢复，通过外交部及新华社等同海外的学术信息沟通也在缓慢扩展。据我的记忆，滕维藻从1973年中期到北京参加专业会议，接触到联合国秘书处等出版的文献，并以南开大学经济研究所为基地，开始研究国际化垄断组织的新形式——跨国公司，同时以只争朝夕的精神，依靠少数几个同事又搞翻译又编写专著，在1975年即由商务印书馆出版了《世界发展中的多国公司》（译著），1978年春由人民出版社出版了《跨国公司剖析》（专著）。"文革"尚未完全过去，滕维藻就能抓紧机会，选准课题，恢复研究组内同事的团结（这在当时可不是个简单事），在国际经济领域连续出版学术文献和宣传材料，填补国内的空白，缩短同国外的差距，而且在质量上始终没有出现过重大问题。这确实是十分难得的。

从1978年起，滕维藻还从教育部承接任务，担任了世界经济教材的审稿小组首席负责人（召集人）。"文革"后我国高等院校文科需要一套世界经济教材。当时武汉大学、中山大学、四川大学、辽宁大学、复旦大学、南京大学、厦门大学、吉林大学等数十位专家参加了编写工作。据我了解，拟订大纲，分专门问题和国别分头讨论编写，分册出版，这是"文革"以后首项十分复杂细致、动员了主要高校通力协作的科研工作。教育部请了几位资深教授做问题讨论和审稿协调人，由滕维藻负责召集，当时他怀着很大热情投入不少精力去做这件事。有一次他参加会议后回到南开对我形容讨论盛况说："'文革'后遇到这么多老朋友还有新同事，大家在一起没有顾虑地交换对于日本经济发展和（世界）停滞膨胀的看法，真是太难得了。"

我从1976年地震以后也逐渐忙起来了，特别是在北京接受了两项研究任务：第一，在中央党校仇启华同志所组织的"现代垄断资本主义经济"课题中，参加了"垄断资本主义如何发展为国家垄断资本主义"，以及"当代条件下社会资本再生产和经济危机"问题的研究；第二，应红旗杂志社之邀，写两篇关于当代资本主义特点的论文，以便引起讨论。

此外，我思想上更重视的，是一个"不同国家经济运行质量比较"的课题。我当时受到以下三本美国世界经济著作的影响：

WW Rostow. The World Economy History and Prospect. Macmillan, 1978.

Wassily Leontief. The Future of the World Economy. Oxford Press, 1977.

Clair Wilcox. Economies of the World Today. Harcourt Brace, 1976.

我受这三本书，特别是Clair Wilcox的影响，提出世界上不同的国家其经济运行质量的好坏可以主要根据五项经济指标来综合考察，那就是：

1. 经济组织原则是经济集体主义（社会主义）、经济个人主义（资本主义）、或者混合经济（多种类型）；

2. 经济增长速度，不能只看一年，起码要看一个时期；

3. 经济结构，主要看工业、农业、商业、交通运输以及资源的利用情况等等，最后受Leontief研究成果的影响，认为还要看一国生态环境的状态；

4. 经济收入与分配情况；

5. 对外贸易情况。

我设想利用这些指标对世界主要国家的经济运行和发展质量进行一个比较，这样就可以避免用一两个指标进行片面的衡量，进而避免了主观的政治判断和客观的统计错误。我经过一段时间的酝酿研究，颇有信心地设计了一套 25 个国家的经济运行质量比较方案，自认为比搞一本描述性的《世界经济》讲义更有意义，准备首先在南开大学经济系、所内实行，后来特地找滕维藻教授进行讨论，寻求他的支持。

1979 年秋滕维藻教授正和吴纪先、宋则行、楮葆一、仇启华等专家审稿人在四川成都市附近的名胜都江堰讨论教育部组织的《世界经济》教材，我携带着新编写的《如何衡量世界主要 25 个国家的经济运行质量：一个比较分析方案》，约同蒋哲时、张士元两位去见滕，向他说明这个方案的内容，希望得到他的支持，最好是由他牵头，在南开大学经济系、所内寻求几位同事合作，为南开的"世界经济"问题研究在国内另打响一炮。这件事在我心中已经酝酿了两年多，以前和滕维藻通气也不止一两次，这次兴冲冲地跑上青城山寻求他的支持，自忖合情合理。滕把我的方案拿去看了一晚，竟然对我一口回绝，说他的精力有限，不能参加！

滕维藻教授一盆冷水泼来我万万没有想到。我既没有要求他撤出他正在参加的武汉大学等高校协作的世界经济教材的统稿审稿工作，也不奢望他全程参加我准备组织进行的"世界 25 国经济运行质量比较评价"课题，只不过希望他能起码自始至终参加讨论，使这项难度较大的评价研究趋于合理，就像我近 30 年前开始教课时他参加听课一样。他给我的回答我同样没有料到："我不能参加你所拟议的 25 国经济运行质量评价项目，并不是因为我认为它不值得一试，但我现在确实没有这份时间和精力。我如果答应你，就要做到。我现在参加了《世界经济》教材的讨论和修改，不论是专题或国别部分都有大量问题等待研究，几十个学校的学生等着教材出版，教育部给我的这个责任，'文革'时我想都不敢想，现在（各高校教师）大家表现的热情也是以前万万想不到的，我现在只能尽全力去做，不能分神，另外，我们编写的那本《跨国公司剖析》一书，你知道虽已赶出来了，但就其内容的质量来说，就跨国公司的日益广泛的经营活动来说，估计需要进一步认真研究回答的问题就需要几年时间，所以我和（陈）荫枋只是把《剖析》看成是一个半成品，是规划下一步研究行动计划的中间站，我说的都是实情，你替我想想，哪里还有余力去参加你们的25国运行质量计划呢？"

更令我想不到的是滕维藻教授接着劝我也放弃我那个朝思暮想的方案。他说，仇启华同志正在根据资本论和帝国主义论的理论体系和逻辑框架对当代资本主义进行分析研究，而我已对仇承诺参加了这项理论要求很高、调研工作量也很大的任务，滕说据他看，仅《资本论》二卷中关于社会再生产图式的演绎结合当代资本主义的服务业或第三部类就是一项难度极大的研究，你熊性美准备怎么去完成呢？南开人搞科研协作首先要讲信用，科研战线也不要拉得太长，等到你们当代垄断资本主义这个项目取得了显著的成就，再去做世界各国经济运行质量的评价研究不是更合理吗？

闻君一席话，胜读十年书。滕维藻教授关于科学研究的几个层次的谈话，使我对于"文革"以后如何从事合理有效的科研工作，有了更清醒的认识。其实，他对我不过是反复论述了两项重要原则：第一、在中国现实的条件下，搞科研不能只考虑自己，还是要有一个社会化的观点：取长补短，相互联系，考虑合作。第二、南开人在搞科研合作时仍要注意形象，要重承诺，言而有信。90年代以来，有人讥讽滕老爷子的论调太迂腐，不能适应当前形势，"不多长个心眼儿，每战必输！"噫，这里是讲对"敌人"斗狠斗智，还是谈相互协作从事有效研究的原则，"小少爷"和"老爷子"谈得到一块儿吗？

四

滕维藻教授和许多中国同代学者不同的是,没有一本滕维藻自选的全集或文集。但我认为他的学术造诣是很厚实的，特别是在世界经济领域。在我国研究国际资本流动和跨国公司以及有关中国的对外开放方面，他的某些学术研究成果很具有开拓性。

我认为，滕维藻的具有开拓性的科研成果，主要体现在以下几本书及若干代表性文章中。

第一，1978 年出版的《跨国公司剖析》。从表面上看，这是一本没有专人署名，甚至没说明是编著还是研究成果的出版物，但是从实际内容看，这是我国第一本系统介绍当代跨国公司的专著，而且材料表格相当完备充实，应用了联合国专业机构以及西方跨国公司专著的多方面跟踪资料，而这一切文献又不是仅仅简单地翻译移植，而是在滕维藻、陈荫枋几位专家的合作下经过精心消化筛选而重新组织编写的。有人说，《跨国公司剖析》虽写作及时，但说跨国公司"加深了帝国主义制度的腐朽性、寄生性和垂死性"的论断不完全符合二次大战后资本主义发展的实际趋势。我认为这一批评够深刻。但须知《剖析》是在 20 世纪 70 年代"实践是检验真理的唯一标准"的大讨论尚未展开以前出版的，为了能应付当时国内出版的严苛条件，全书的整体框架（如设有苏修"合股企业"一章）和目录安排以及写作的行文遣词还是十分谨慎的，坦率地说也免不了一些套话。我以为，《剖析》的实质贡献不在于其泛泛的文字说明，而在于其提供的关于跨国公司的历史、现状和发展作用的具体解释，包括了数十个系统的关于跨国公司的统计表格。实际上滕维藻教授不仅广泛吸收了世界上有关专家的研究成果，使《剖析》体现了当代跨国公司的最新动态与作用，而且他本人力求应用马克思主义基本原理，对当代资本主义垄断大公司迅速扩展的原因进行了有新意的分析，在"文革"刚一结束就能推出这样的科研成果，令人瞩目。

第二，以 1980~1981 年在《红旗》杂志上发表的《战后资本主义生产集中和垄断的新发展》及《跨国公司的发展及其在世界经济中的作用》两篇文章为代表，对当代资本主义的垄断和竞争进行研判。因为从 20 世纪 70 年代中期开始，滕在个人的研究项目上，主要围绕着跨国公司的经营发展和中国的引进外国直接投资在稳步推进,但这一组课题项目牵涉到一个基础理论问题,就是当代资本主义条件下的竞争和垄断,及其同国际大公司的关系。这里,一个理论方面绕不过去的坎儿,就是传统帝国主义论中生产集中和垄断的发展将导致整个帝国主义的腐朽性、寄生性以及垂死性的论断。其实我们在 1974 年接触联合国秘书处编的《世界发展中的多国公司》,以及 Raymond Vernon 和 John Dunning 等人的专著时,当时已经认识到二次大战后科学技术的发展导致了生产力的迅速提高以及生产关系的调整变化,其中也包括资本主义各国竞争和垄断关系的变化,这些问题在《跨国公司剖析》中"战后跨国公司急剧发展的原因"一节(第42~54 页)中,虽已做了适当说明,但未能充分展开。现在在《红旗》杂志两篇文章中,滕维藻教授则按照三个层次依次加以说明。

1. 战后资本主义国家资本聚集和集中过程进一步加速,"过剩"资本日益加大,实际上使竞争和垄断的各种形式都在国民经济的各个部门同时深入发展;

2. 由垄断资本主义走向国家垄断资本主义是二战后资本主义一个新发展,从而要求我们理论工作者对当代世界经济形势以及列宁的帝国主义垂死性论断进行一些实事求是的分析和评价,对资本主义国家经济的迅速增长不能视而不见;

3. 战后科技革命促进生产力迅速发展,要求生产和资本进一步国际化,据此用大量资料论证跨国公司在全球范围的迅猛扩展。

我认为,滕维藻教授从二次战后整个西方世界的实际情况出发,结合他对于国际大公司复杂的竞争和垄断的分析思考,扬弃或升华了某些传统的帝国主义论的观点,在 80 年代初期有了他本人的基于马克思主义基本原理的对当代资本主义的一系列解释,这就是开拓性。由于我们之间在这方面有不同意见并曾不断交换意见,我才做出上述判断,也许有我的主观成分。

第三,在整个 80 年代,滕维藻教授又回顾了战后资本主义世界及冷战对全球经济形势的影响,结合新形势对跨国公司做了多方面的补充研究：从它们的形成、发展、特征一直深入到跨国公司在某些国家和许多部门的活动中去。例如，在《资本国际化与现代国际垄断组织》一文中，他提出了区分民族托拉斯和康采恩同国际托拉斯和康采恩的主要标准——不是它们的所有制形式和资本的国籍，而是它们在国际经济实际活动中所起的作用。又如 1982~1983 年前后，滕维藻教授所发表的文章和有关演讲中，明确提出跨国公司既是战后国际垄断高度发展的产物，又是现代科学技术高度发展以及资本国际化的必然结果，这两种因素相互作用使得跨国公司在世界资源的配置、技术的传播等方面具有现实或潜在的意义，从而十分明确地指出，跨国公司既有其消极的一面，也有其可以利用的积极一面。

滕维藻教授还强调指出，企业的跨国经营是个历史趋势，而对跨国公司加强国际监督则是建立国际经济新秩序的必然趋势。1982~1986 年期间，他曾担任联合国跨国公司委员会专家顾问，因此他对于跨国公司在世界上的实际活动有相当多的了解。他认为，跨国公司在发达国家和发展中国家拥有不同的权势，从各国的法律范围看有正当行为也有不正当行为，如果要对它们实行国际管理，就必须对跨国公司的行为有一整套衡量的准则。在 20 世纪 80 年代中期，滕维藻教授对于联合国如何设计跨国公司在全球范围内活动的行为准则，提出了一系列原则性意见（这部分谈话或文字记录在国内好像没有公开发表过）。记得他也在南开大学内外有关场合发表过这方面的意见，并讲过一些真实的历史案例，可惜当时没有引起我的专业兴趣记录在案，仅仅当作"故事"听听就过去了。给我印象深刻的是滕表达了他的一种中国学者倾向，他明显同情发展中国家在同跨国公司打交道时所处的显然的劣势：资源受到侵夺，价格利益受到损失，工人权益受到盘剥，因此主张在"跨国公司行为准则"（行动守则）中对此种不平等予以注意，通过法律或文字条款对发展中国家的有形和隐形权益尽可能加以规定保护，在谈吐间对弱者的同情溢于言表。

1990~1991 年期间，南开大学出版了《跨国公司概论》（大学世界经济丛书）和《跨国公司与中国的开放政策》两本专著。从《剖析》到上述两书的出版,这项配套研究成果在中国比较系统地总结了战后国际垄断与竞争以及跨国公司形成的理论和实际问题,前后历时十余年。在这一期间,许多理论观点和实际政策建议主要都是在滕维藻教授的主持下,在南开大学有关的教研室和工作小组内经过反复研究,并和一些国际专家研讨过。美国纽约哥伦比亚大学王念祖教授曾评价说,这两本书的出版主要是依靠滕维藻教授的主导作用(滕维藻教授却很谦虚认真地强调指出:这是南开大学以及国内国际一些同事和专家集体努力的结果)。这是对滕维藻教授的学者风范的评价。如果换一个角度并拉开时间跨度,能不能说从1978年《跨国公司剖析》到1991年《跨国公司概论》等几本有关专著和专论的出版,使这一期间滕维藻所主持推进并悉心从事研究的有关国际投资和跨国公司的学术成果,从填补国内空白发展到缩短了同国外的差距,是一种比强调个人作用和出个人文集更具有社会意义的开拓性成果呢?

第四,滕维藻教授1986年在《吸引外国直接投资:问题与对策》(中文稿载《跨国公司与中国的开放政策》,南开大学出版社1990年版)以及若干其他文章和谈话中所反映的我国对外开放的学术思想和政策主张,比较零散,但从这些想法或思路提出的时间来看,我认为往往颇有新意。在此用另外一种记录方式综合表述出来。

1. 中国应该从世界多方面引进外资,现在各派主张多得很。但从目前一段时期来看,主要应将制造业的国际大公司首先引进来,否则如何能得到我们所需要的技术?先别奢望一流技术,能稳定地引进我国各部门所切实需要的关键技术就不错。这肯定不是港台那些小公司能够提供的。当然,对台湾的电子技术我们也不应忘记或忽略,应切实研究如何引进或购买。

2. 我们总是说 Business 500,最大的 500 或 Financial 500。我想从引进的战略角度,还应该从我国最需要引进的技术部门排队,如机电、石油、汽车、仪表、电子等等,然后到世界大公司 500 去对号入座,到日本、澳大利亚、西欧、美国、加拿大等去找大公司对号入座,看看能否争取几家真正大的到中国来投资或稳定的转让技术。这怎么可能一步到位?我们必须现实一点，提醒商务部作调研摸底工作。

3. 不要幻想 FDI 在中国遍地开花，不现实不可能。我国内地的基础设施、公务员办事效率、工人的生产质量、公共服务管理等，能提供大跨国公司所要求的服务吗？总不能一切的一切都由日本和香港运进来吧。不要顾虑不均衡。十年二十年内在沿海地区能引进一批我们真正需要的国际大公司，真落地生根，天津成不成不敢说，就是成绩。

4. 要把引进 FDI 想得复杂一些，复杂得多，切实保障外商投资企业的经营自主权，包括港台小企业的经营自主权，这是个长期的任务，需要切实的观念转变，不是写文章口头上说说而已。人家看你观念上法律上落实了，才会真正进来。

5. 我们高校能够在（我国）引进 FDI 的实际工作中做什么？眼下除了搞翻译写文章我还真想不出其他的实际门道。不要着急，慢慢来。也许帮商务部培养人才是我们的正道。

（以上五条是我根据滕维藻教授 1985 年 5 月 7 日和我的一次谈话讨论记录。）

又 1987 年深秋南开大学国际经济研究所成立后不久，关于"中国的对外开放和跨国公司的关系"的重大选题，是否要研究中国的买办资本，以及跨国公司是否由之得到超额利润问题，在决策层引起激烈争辩。当时滕维藻教授发表意见说，这一类问题很敏感，不是说敏感问题就不能研究，但是科研选题要考虑现实条件。国际经济所刚刚成立，人员很少，经费短缺，尤其是研究这样的敏感问题要依靠特殊的信息来源、特殊的人脉，我们做不到。所以建议不要开展研究这一类题目。滕发言后热烈的争辩转为鸦雀无声。

我感觉上述两段谈话，尽管是非正式纪录，比公开发表的文章片断或正式谈话更能从某个侧面反映滕维藻教授的真实思想，特摘录于此——熊谨识）

其实，滕维藻教授的学术工作中，还有其他一些是具有开拓性的，如和殷汝祥教授长期合作从事的南开大学"大洋洲区域的地理和经济"研究出版项目，他在 20 世纪 80 年代初还曾短期应邀参加讨论的"我国对外经济贸易发展战略"，等等。再此就不一一回顾讨论了。

总的说，滕维藻教授表现的，是由传统的向中国特色的社会主义不断转型时期的学者，发扬取长补短合作研究为社会多作贡献的学者风范，在学术上强调以马克思主义为指导，强调在继承的基础上去创新，强调理论联系实际。我们虽还没有培养出像 J. Dunning、C. Vitsoes、R. Vernon 那个层次的国际经济学学者，西方也不可能造就像滕维藻这样具备深厚功力和中国时代伦理特征的学者，但我认为，他同样为国际经济学的学术推进和国际交流起了积极作用。

（作者为南开大学国际经济研究所原所长）

往事似在昨天

——怀念滕维藻教授

薛敬孝

滕先生离我们而去已经一年多了，但滕先生的英容笑貌还不时显现在我们眼前，多少往事就像发生在昨天一样，都还历历在目。在迎接南开大学90周年校庆的今天就更是如此，因为滕先生在20世纪80年代曾是南开大学的校长。

滕先生在任校长期间，在很多事情上对我帮助非常之大，其中我记忆最深刻的有两件事。第一件事是关于国际经济系的系名。大约在1984年五六月份，蔡孝箴教授以经济学院副院长兼经济学系系主任的名义找我谈话，讲学院决定将经济学系的世界经济专业和世界经济教研室独立出来成立一个新系，让我负责筹备工作。我当时是经济学系的副主任，虽然我不愿意去筹备新系，但最终蔡先生还是说服了我。在筹备新系过程中，非常重要的一个问题是如何确定办学指导思想。而如何确定系的名称又和办学指导思想有密切关系。如果用世界经济系的名称顺理成章，不会有任何争议。经过筹备组和世界经济教研室的多次讨论，多数教师觉得国际经济系的名称更好一些，它容易突出国际贸易、国际金融、国际投资、国际经济法这些应用型经济的理论与实务，同时也兼顾了世界经济理论和国别经济的传统内容。但是在当时，为世界经济专业取名为国际经济系，是与传统提法大相径庭的。然而我们的这一想法却得到了学院的认可，也得到了滕校长的肯定。其实，这也正好吻合滕校长指导教育改革的思路。滕先生的肯定非常重要，因为他不仅是校长，还是我国世界经济学科的开拓者之一，也是我校世界经济学科的主要创立者。于是在1985年1月8日学校正式下达文件，批准成立国际经济系，这是我国高校第一个国际经济系。但是在当时的条件下，国际经济系的名称遭到不少同行的质疑。1985年8月中国世界经济学会第二届年会在上海华山饭店召开，滕先生继续被选为副会长。会议期间，由我校、复旦大学、中国人民大学发起成立了学会之下的教学委员会，讨论和世界经济学科教学有关的事务。在第一次会议上，我介绍了我校成立国际经济系的思路和经过，滕维藻教授、陶继侃教授对国内同行的不同意见帮助我给予了恰当的回答。有滕先生的大力支持，我校在世界经济的教学改革中走在了国内同行的前边。

第二件事是关于我的工作问题。大约是在1984年初，学校为了加强师资队伍建设决定成立师资处。一天，学校有关部门领导同志突然找我谈话，讲校党委常委会已研究决定让我去做处长。但是我的想法是不愿意坐办公室，也不愿意脱离学术工作。我在1983年3月从日本学习回国时，带回12箱书籍和资料，虽然是装橘子用的小纸箱，但是数量也是很可观，这也是我留学两年积累的心血。我本意是好在教学和科研上多做些工作。因此，我到处去找有关领导说明我的个人愿望。但因为这是常委会已经决定了的事，不好挽回。开始，我还不好意思去找滕校长，后来实在没有办法了，只好拜托滕校长给解围了。我感谢滕校长帮了大忙，学校终于同意我的个人意见，未去师资处。虽然后来长时间兼做了一些院系行政工作，但一直是"双肩挑"，没有脱离教学与科研，基本上实现了我的个人愿望。

滕先生是位教育家，但他首先是一位著名的经济学家。作为学者，他知识渊博、好学爱读、刻苦钻研、善于明辨、思维敏捷、追求真知，是我们学习的好榜样。

滕先生在20世纪70年代中期便开始进行跨国公司问题研究，他领导的学术团队是我国最早涉足该领域的学者群体，其中滕先生和陈荫枋先生主编的《跨国公司概论》在1995年获国家教委首届人文社会科学优秀成果一等奖。在人民大会堂授奖仪式上，国家教委特别安排了滕先生接受李岚清副总理颁发的奖状。滕先生还曾受聘为联合国跨国公司委员会高级顾问。在腾先生的带领下，南开的跨国公司研究成绩斐然，闻名于国内外。

滕先生的研究领域很广，不仅对经济学娴熟，对其他社会科学也知之甚多，甚至对自然科学也有相当了解。这可能是与他多年从事教务长、校长等领导职务有关。例如，1988 年 9 月，在南京参加了中国世界经济学会年会之后，滕先生、熊性美教授与我受南京大学商学院之邀，在南京大学访问了 3 天。其间，南京大学商学院组织了一次学术座谈会。满满一教室的学生，没有主题，漫无边际地提问题，纸条雪片似的传来，滕先生唱主角，对各种问题对答如流，显示出大家风范。

在我和滕先生接触中，我感到他非常好学。其表现有二：一是他爱看书，他经常向我介绍并推荐新书，他说不看书就跟不上学术发展，他还批评一些不爱看书的人；二是他虚心听取同行的观点，在 80 年代末 90 年代初我经常和他一起参加学术会议，每次学术讨论会滕先生都要认真记录，不管是知名专家，还是年轻学者的发言，他都认真记录，会后还经常仔细研究记录的内容，并经常发表评论。

多年来，在学术研究中滕先生对我指导和帮助之处也非常多。"文革"之后，著名经济学家于光远先生组织了一个"当代资本主义问题"的编书组，由时任中国社科院世界经济研究所副所长的仇启华教授具体组织研究工作，滕维藻教授也被邀请参加。1978 年大约是夏天，滕先生被调回学校参加学校的领导工作，他就推荐我去参加编书组。我在 1978 年 9 月被借调到世经所，成为我世界经济研究征途中的一个重要转折点。还有，我在 1988 年下半年和几位学生组织了一个中国经济发展战略的研究小组，滕先生对我们小组的研究给予了很多学术指导，滕先生还和我们一些发表了学术论文。此外，在我主编的几本著作中，滕先生还给写了序言，对我们的研究给予了肯定。

我在南开大学学习和工作了半个世纪有余，我遇到了很多好老师，受到了很多好老师的教导，得到了很多好老师的恩惠，其中滕先生就是一位非常令人敬佩的好老师。

（作者为南开大学经济学院原院长）

与滕先生几次交往中的受益

薛荣久

从上世纪 70 年代初期到 80 年代后期,我与滕维藻先生有过几次短暂的交往,但受益颇多。

开始交往时,从辈分上说,他是我的前辈,大我近 20 岁;从职称上说,他已是成名的教授,我是个助教;从所属院校上说,南开大学是全国的名牌学府,北京外贸学院是个部属院校;就学术造诣而言,他已有许多成就,我刚刚开始研究。而这段时期,正是国家从大乱转为大治,从封闭走向对外开放,研究内容和方法从僵化到活跃进而"逆反"的时代;也是我因"文革"荒废青春年华,被迫中断教学与研究,需要"恶补"以应对经贸教育和研究急速转变和发展的时代。在这个关键时期,与滕先生的几次短暂交往,为我进入壮年,确立"研国内外经贸风云,撰有特色育才文章"的教研人生,起到点拨和充实的作用。

第一次交往是在许乃炯的办公室内。我在北京外贸学院攻读本科和研究生时,许乃炯是我们对外经济贸易系的系主任。他口才好,知识渊博,讲授的中国对外贸易课,成为我们最喜欢的一门课;他用英文为外籍老师讲授马列主义; 1957 年他与饶毓苏教授代表中国,参加在捷克布拉格举行的"对外贸易国民经济盈利性"国际学术会议;他经常在当时的《大公报》上发表文章;他还与一些知名的国际问题研究者如孟用潜、阳汉升等谋划国际问题研究所《世界经济概论》的撰写。在攻读研究生时,因同住在旧鼓楼大街小石桥一号院内,我经常向他请教一些国际热点问题。总之,我把他当成学习和效仿的偶像。60 年代初,他调入外贸部行情研究所从事研究工作。1971 年，我国恢复在联合国的合法席位，国际活动空前加多。为此，外贸部成立"国际组"，应对国际组织和国际会议，把他从"五七干校"调回北京，到"国际组"担任二处的处长，负责国际组织和国际经济问题的研究。1973 年，该处承担我国参加第六届联合国"贸易与发展会议"的部分研究和准备工作。当时，处于"文革"后期，"四人帮"当道，该处人手不足，研究力量很差。为了完成承担的任务，他就动议外贸部从北京大学、中国人民大学、北京师范大学和刚复校的北京外贸学院借调 8 位教师到他处参与研究工作，其中包括姚曾荫教授和我。8 人之中，姚先生年岁最大，资历最老，其余教师有的是副教授，有的是讲师，我是助教。

许乃炯当时提出的研究课题有联合国贸易与发展会议（UNCTAD），关税与贸易总协定（GATT），世界知识产权组织（WIPO）等。我们 8 人主要是研究关税与贸易总协定和国际经济关系。有一次，许说联合国贸易与发展会议跨国公司研究中心来了一本研究成果，书名是《跨国公司初评》。他认为，跨国公司问题很值得研究，该书内容丰富，需要有深厚研究基础的人组织梯队专门进行研究，要我们推荐人选。姚曾荫教授就推荐了滕维藻教授，许说跟他的想法不谋而合。

姚曾荫教授早年从美国留学回国后，在中华经济研究院从事研究工作，28 岁就成为教授，从事世界经济和国际贸易的研究，在国际贸易学界很有名气。我们读研究生时，他为我们讲授国际贸易专题，经常参与北京经济学会组织的研讨会。我 1964 年研究生毕业后留校，分配到国际贸易教研室任教，姚先生就是该室的主任。我留校不久，1965 年开始，他带领我们为中国参加亚非会议准备材料，就一些国际经济贸易课题展开研究。姚先生推荐和看得上的教授当然不是一般的教授。

不久，滕维藻教授来到许的办公室，与我们见面。他穿着有些陈旧的中山装，已过壮年，头顶微秃，有些苍老，平易近人，说正在沙滩《红旗》杂志社"避闲"，搞些研究。许说明请他来的意愿，希望他能组织南开大学一些老师对《跨国公司初评》进行研究，提出看法。他听后，迅速地浏览该书，然后说这是个很值得研究的新问题，表示马上回去和陈荫坊教授商量组织人手，开始研究。许又向他提供了有关的材料。经过滕先生的组织和开创性的研究，南开大学开国内跨国公司研究之先河，相继出版了《跨国公司剖析》和《跨国公司概论》，成为我国最早研究跨国公司理论的基地。

首次见面，滕先生浏览英文读物的速度、对国际新事物的敏锐和勇于开拓新研究领域的气魄给我留下深刻的印象。

第二次交往是在我研究生指导老师袁贤能教授的家里。1960 年我本科毕业时，北京外贸学院领导要我作为毕业分配，留校攻读姚曾荫教授领头的国际贸易研究生，专业方向是"资产阶级国际贸易理论批判"，指导老师是袁贤能教授。在袁老师的指导下，我比较系统完整地学习了从中世纪到 20 世纪 30 年代的国际贸易理论，他还牺牲星期天休息时间，为我补习专业英语，修改我从英文翻译的中文教材，还把他过去的著述成果给我学习，又精心地指导我研究生毕业论文的撰写。我与袁老师结下了深厚的师生情谊。1964 年我第一个从研究生班毕业。学校要我留在国际贸易教研室任教，我与袁老师从师生变成同事。因为他资历老，不要每天坐班，我们平时很少见面。但每逢重要节日，我总要到他家里看望。

1978 年的"五一"节，我去看望袁老师。在他家里，不期遇到滕先生，我们相互一惊。经过滕先生介绍，我才知道，1946 年滕先生在南开大学经济研究所从事教学与研究工作时，袁老师就已是该所的知名教授，带着年轻的滕先生进行教学与研究，结下了深厚的忘年共事情谊。袁老师向滕先生介绍我的情况，说我是建国以后他培养的第一个研究生，很勤奋刻苦，毕业论文《凯恩斯主义国际贸易理论批判》开拓了国内这个领域的研究，得到答辩委员会的好评。毕业留校后，又与他一起参与姚曾荫教授承担的亚非会议的研究课题，夸我是后起之秀。在交谈中，滕先生说，这些年，教学停顿，研究荒废，百业待兴，语重心长地嘱咐我加倍努力，协助姚曾荫教授恢复国际贸易的研究和教学。他心情振奋地告诉我们，国家政策要发生重大的变化，希望我们年青人珍惜来之不易的转变，作好迎接即将到来的教育与研究发展的准备，如果有机会，争取到国外看看，开开眼界。最后，他告诉袁老师，上面领导要他回校，进行教育整顿和开始办学，今后来北京的机会可能少了，要袁老师和家人多保重。袁老师为滕先生"临困受命"而高兴，感到国家有希望，大乱之后必将大治，勉励他承担重任，重振南开大学，但年岁不饶人，应多注意身体，不要太劳累。

这次不期而遇的见面，我看到滕先生青春再现，危难受命，甘冒风险复兴南开大学、勇于承担重任的魄力。

第三次交往是在对外经济贸易大学（原北京外贸学院）的会议室内。上世纪80年代初，滕先生担任南开大学校长后，又荣任国家教委大学世界经济丛书编审委员会主任。80年代中期，姚曾荫教授被国务院学位委员会授予国内第一位国际贸易博士生导师，并请他主编《国际贸易概论》。姚先生积一生潜心研究的心血，全力投入这本书的编著。他从国际贸易教研室物色了几位老师参与这本书的编著，他编写大纲，与参加编著的老师进行研讨，亲自撰写和修改书稿，经过两年，编出初稿。打印后，请滕先生为首的国家教委大学世界经济丛书编审委员会审查。1987年春天，他们到校审查初稿，其中的委员有滕先生、宋则行、范家骧、陶大庸等。他们都是当时国内研究世界经济方面的知名教授，审查会议开了一天。我们非常关注滕先生的审查发言。在他的发言中，从几个方面肯定了姚先生主编的《国际贸易概论》初稿。第一，整本书的编著坚持了马克思主义的研究方法，如抽象法、历史与逻辑统一、生产与流通的辩证关系等。第二，按历史与逻辑统一的原则，有机地梳理了国际贸易的有关理论、学说和政策。第三，融含和概括了国际贸易的最新发展情况。他认为，这些特点应成为国内研究世界经济和国际贸易的主导方法。他和其他委员也提出一些中肯的修改建议。滕先生他们的发言使我们与会者受到很大的启示。在他们发言的基础上，姚先生对《国际贸易概论》初稿做了修改和补充，于1987年由人民出版社出版。该书获得1988年的国家社会科学著作大奖。

参与《国际贸易概论》的编写活动和聆听审查委员会各位委员的评论发言，对我进行国际贸易研究和教材编著产生了巨大而深远的影响。该书编著的主导思想和坚持的方法论也成为我进行国际贸易研究和教材编著的思想基础，坚定了我的研究理念和研究方法。

第四次交往是在滕先生的家里。1987 年后，国家教委社会科学研究与艺术教育司要我与南开大学钱荣坤教授共同主编财经类专业核心课程《国际贸易与国际金融》教材，经过我们研究和提议，把该教材分为《国际贸易》和《国际金融》。于是，我主编《国际贸易》，钱老主编《国际金融》。1989 年 4 月，国家教委社会科学研究与艺术教育司在南开大学举行核心课程教学大纲审定会议。

当时，南开大学与北京的大学一样，出现学潮，学生以各种方式表达他们对国家大事的关心。南开大学校园里，贴有许多大字报、小字报，还有一些标语。晚饭后，一些同学集合队伍，呼着口号到校外游行。

通常，国家教委举行的会议开始，所在院校的校长要致辞讲话。审定会议开始当天致辞的不是滕校长，我向参会的南开大学老师询问原因。他告，1986 年后，滕先生因年事已高，辞去校长职务，专心学术研究和培养研究生。现在很少参与公开活动，一般不接待来访的客人。我托他转告滕先生，我想去看看他。第二天开会时，那个老师告我，滕先生欢迎我当晚到他家见面。晚饭后，我到他位于南开大学东门附近的家里。家里的陈设非常简朴，书籍、报刊、杂志很多。他问了我们开会的内容，我主编的《国际贸易》与姚先生主编的《国际贸易概论》的区别。我送了他一份我编写的《国际贸易》教学大纲，他鼓励我主编好这本教材，说教材对人才培养的影响力大于专著。在编著中，要坚持姚先生主编《国际贸易概论》的方法。他以告诫的口吻说，在社会科学研究中，切记不要从一个极端走向另一个极端，要求真务实，着眼于中国的经济贸易的发展与建设。

我问他对时局的看法。他说，学生爱国心情应该支持，有些偏激言辞和举动可以理解，政府和学校应该加以引导，不要强行压制，使矛盾激化，不然，会留下难以消除的后遗症。言谈中，他流露出同情、忧心、无奈又无能为力的心态。他说，他的身份和地位，最好"避嫌"，所以减少公开活动，不给有关方面造成困难。白天他不外出，晚上 12 点过后，夜深人静时，穿上风雨衣，到校园里走走，看看小字报、大字报和标语。

这次见面，我看到一个关心国家大事，为中国教育事业献身、勇于开拓学科研究，又历经政治运动磨练的老年知识分子内心的苦楚和前瞻思考。

（作者为对外经济贸易大学教授）

滕维藻教授杰出的一生

张岩贵

滕维藻教授是浙江大学和西南联合大学培养出来的老一辈经济学家，也是新中国成绩卓著的教育家。

他长期在南开大学执教并担任领导工作，是继张伯苓、何廉、杨石先、臧伯平之后的南开大学第五任校长。

他是我国世界经济（即国际经济）学科的著名学者，是我国早期研究宏观经济结构和工业化道路的倡导人和先行者，也是我国国际企业（跨国公司）领域研究工作的开拓者。

他在我国学位制度建立后长期担任国务院学科评议组成员和经济组召集人之一，是第一批世界经济博士研究生导师，曾多年任南开大学顾问，原高教部委托编辑的《世界经济大学丛书》的主编，《世界经济百科全书》的副主编，全国世界经济学会副会长，全国美国经济学会会长和名誉会长，联合国跨国公司委员会专家顾问。

滕维藻在经济学界、教育学界久负盛名，登上了人生的闪光顶点。那么，他在生命轨迹又是如何的呢？

滕维藻 1917 年 1 月出生于江苏阜宁。1937 年考入浙江大学农业化学系，一年后转入农业经济系。那时他抱着救国救民的强烈愿望，醉心于将来的乡村建设，梦想学习一些本领，能够解农民于倒悬。当时抗日战争烽火燃遍祖国大地，他一边学习，一边作为浙大学生领袖积极参加抗日救亡的学生运动。滕先生当时曾被反动当局拘捕，后经浙大校长竺可桢、副校长苏步青营救而回校。当时苏步青同当局拍案力争释放学生。滕先生感恩于苏的情义，致使二人至80年代仍保持师生情义与联系。大学毕业后，滕维藻本来要去美国宾夕法尼亚大学攻读博士学位，当他怀揣留学通知书去了南京要同教育部联系时，一个朋友对滕说："教育部正要找寻你这个学生领袖呢。教育部的黑名单上有你的名字，你不能申请出国。"滕于是打消了出国留学念头。

滕维藻在浙大农经系上学时，先后在梁庆梅、吴文晖、陈豪楚等教授的指导下，在经济学和农业经济学方面打下了扎实的基础。1942年9月凭借自己的才智，考取了西南联大研究院南开经济研究所攻读研究生。滕在当时研究所注重的作文招生考试中得第一名。该所是一所有优良学术传统并有丰富的研究生培养经验的研究机构，所招收的研究生大部分是名大学经济系的拔尖毕业生，师资阵容强，课程安排紧凑。在张伯苓校长主张"学术报国"的激励和何廉所长的严格要求下，他在经济思想史、当代经济理论、经济史和经济学的数学分析等方面刻苦钻研，每天学习时间均在10小时以上，还积极参加国内外的学术讨论，严格认真地写作论文，圆满地完成了学业。在国内学术讨论方面，滕作为一个20多岁的研究生敢于在当时的《大公报》上向史学权威钱穆的"农业国防论"挑战，尔后的中国社会经济发展也证明真理在滕一方。

滕维藻毕业后，到长期资助他读书的上海商业储蓄银行做研究工作，发表了不少文章，受到国内学术界的注目。银行的物质待遇远较学校为好，那位很有抱负和远见的银行老板陈光甫先生又很重视他。但是，滕维藻还是毅然放弃了培养他当银行家的前程，回到南开经济研究所当方显廷先生的助手，帮助他培养研究生，过着清简朴的生活。从此，滕维藻开始了在南开大学从事教学和研究的漫长生涯。

南开经济研究所的创办人何廉、方显廷教授素以提倡中国走工业化道路见称。滕维藻在他们的影响下，在写作毕业论文的基础上，逐步形成了自己的宏观经济增长中工农业关系的理论观点，并以"经济变动与经济进步中的工业与农业"为主题内容，在1944年至1945年间的《财政评论》、《中农月刊》、《新经济》等杂志上和《大公报》上发表了十几篇论文。其中，至今仍有较高学术价值的论文，诸如《英国的圈地运动与工业革命——农业影响工业化的历史检验之一》、《19世纪欧洲大陆的农民解放与工业化——农业影响工业化的历史检验之二》、《苏联计划经济中农业对于工业化的作用——农业影响工业化的历史检验之三》、《工业化与农业——与钱宾四先生商榷》、《战后工业化的资本需要与内资的供应》等篇章。在经济发展研究领域，50年前他所发表的这些篇章含着深远的理论意义和政策应用意义。战后初期，无论是在美国还是在中国的华人经济学者，都不乏对经济发展的核心课题之一——农业国的工业化进行研究并取得令世人瞩目的成绩的人（在美国，有张培刚用英文出版的《农业与工业化》，1949年）。但是，就当时能紧扣中国经济应如何发展这一现实课题的学术论文这一角度看，罕见超过滕氏文章者。

很久以前，滕维藻就对世界经济的研究感兴趣。他认为，应当把对世界经济的研究和对中国社会主义的经济建设的研究结合起来。20世纪60年代初，滕维藻在一次国务院召开的国际问题研究规划会议上，提出"研究中国经济必须了解世界经济"和"研究世界经济必须结合中国经济"的看法，受到前辈学者钱俊瑞等的支持和肯定。在周恩来总理的筹划和批准下，由滕维藻负责在南开大学成立了一批国际问题研究机构，其中包括在我国一直是空白点的澳大利亚经济研究室，并和他的两位同事合作，完成了一部关于澳大利亚经济的著作。

1974年春，滕维藻和他的同事们受命开展关于跨国公司这一新领域的研究。经过两年的努力，出版了一本近30万字的专著《跨国公司剖析》，填补了我国在这个世界经济重要研究领域的空白。此后，他所指导的研究机构和他本人继续出版了一批关于跨国公司和跨国经营（国际商务）的专著、译著和学术论文，其中包括一些英文著述，受到国内外的重视。南开大学也因此成为国内最早研究跨国公司理论的基地。他所主编的《跨国公司概论》一书部分地总结了他们研究跨国公司的学术成果，并获国家教委1978～1994年间社科著作一等奖。

1982年联合国跨国公司委员会遴选滕维藻为专家顾问（Expert

adviser），前后连任两届共 5 年之久。这是我国首次有人担任此职。滕维藻多次在会议上站在发展中国家发展经济、捍卫主权的立场上发言；对跨国公司行为守则的制订发表了自己的独立见解。1986 年他参加联邦德国专家德里斯彻等人起草建议文本的工作，被联合国跨国公司委员会誉为"可资以达成协议的基础"而深表赞赏和感谢。滕维藻还多次在联合国讲坛上发言，介绍我国的改革开放政策，并受聘为该会在北京召开的讨论利用外资问题圆桌会议的特别顾问，为会议起草了主旨文件。

新中国成立后，滕维藻除了担任教学、科研工作以外，还为南开大学以至全国高等教育事业的建设和改革作出了贡献。他先后担任过南开大学的教务长、副校长和校长。尤其是"文化大革命"结束后，10 年主持校政期间，在上级领导的重视和各有关方面的支持下，他和他的同事们勤奋工作，以洞烛机先的战略眼光，将南开由一所原来只有 10 个系、16 个专业的大学办成为至 1991 年拥有 22 个系、40 余个专业，至 2009 年初拥有 22 个学院（或同级的系）、73 个本科专业、214 个硕士点、118 个博士点的文、理、工、艺术兼备，理论科学、技术科学和管理科学齐兴的综合性大学，学校的地位蒸蒸日上。滕维藻始终强调：办好社会主义大学必须注意创造良好的政治环境和学术环境；不是口头上而是真正地落实知识分子政策和"双百"方针；办大学必须保证质量第一；保证基础课程要求的规范化，专业课要培养学生博学、多闻、审问、慎思、明辨、笃行的能力；对教师要十分尊重，做到求才若渴，有计划地培养和提高青年教师队伍的素质；对青年学生的政治思想要严格要求，学习上要因材施教，培养他们的独立工作能力，生活上要生动活泼，学会自己管理自己；充分发挥干部、职工尤其是老同志在办学中的作用；广泛开展国际学术交流，建立校际联系，把南开大学办成世界闻名的一流大学。

滕维藻多年来参与我国教育改革的全过程，热心探索办好社会主义大学的途径。他先后发表了许多文章，总结了正反两方面的经验教训。作为一个科研、教学任务繁重的学者，他同时又忘我地为高教事业呕心沥血，作出了巨大贡献。

滕维藻的人生哲学是：一个人对社会要多贡献，少索取。他一生自守清贫，生活俭朴。从 50 年代工资定级后不仅多年不动，而且自请降级 20 余年。他自从选择教师职业后，始终不悔。虽经风风雨雨，但他对祖国的教育事业的信心坚定不移，辛勤耕耘；年逾古稀之后，仍宝刀不老，壮心未已。在 90 年代后期他仍作为《走向国际市场》丛书的主编和著者，潜心研究一系列国内外经济问题，丛书的 8 本著作于 1996 年到 1998 年由贵州人民出版社出版，获普遍好评。

笔者认为，原南开大学党委书记洪国起和校长侯自新于 1996 年的《致滕维藻先生信》最能概括滕先生对南开大学的贡献，兹摘录如下：

滕维藻先生：

值此先生执教 52 周年之际，我们代表南开 2 万名师生员工并以我们个人的名义谨向您表示热烈的祝贺和崇高的敬意！

您的名字是与南开紧密联系在一起的。54 年前，您就学于重庆沙坪坝的南开经济研究所，燃糠自照，困知勉行。在中国面临两种前途、两种命运决战之际，您作为青年教师毅然投身爱国民主运动，揭露《中美商约》的反动实质，演讲"新币制之前途"，抨击国民党反动统治，与广大进步学生并肩战斗；您被推选为南开大学安全委员会委员，与广大师生坚守朝夕与共的南开园，开展护校斗争，迎接天津解放。南开获得新生后，面临着革故鼎新的艰巨任务，您出任学校教学科研领导职务，与杨石先校长、吴大任先生等一道，对南开新的教育制度的贯彻执行做出不懈的努力。"文革"期间，您虽受到严重迫害，但坚信党的领导和社会主义光辉前程，对南开的事业仍初衷不改。"文革"结束后，在"拨乱反正"时期和改革开放以后，特别是"六五"期间，您以花甲之年，代理党委书记，担任校长之职，对学校的学科建设，特别是南开文理并重、比翼齐飞的学科特色的形成和发展做出贡献，使南开大学逐步由一所文理大学变成一所包括人文社会科学、自然科学、管理科学、技术科学及艺术等多学科的综合性大学，为学校"七五"、"八五"乃至以后的发展奠定了良好的基础。80 年代中期，您虽然主动要求从领导岗位退下来，但老骥伏枥，壮心不已，仍以振兴南开的使命感和以校为家的责任感，热情关心学校的建设和发展，关心支持新的党政领导班子的工作，团结广大知识分子，对促进学校的凝聚和团结发挥了积极作用。

几十年来，您热爱南开，情注南开，献身南开，教书育人，桃李满园，您是广大师生爱戴和尊敬的教育家。

几十年来，您始终坚持以马克思主义毛泽东思想和邓小平同志建设有中国特色社会主义理论指导学术研究，成为我国名重当代的经济学家，堪称又红又专的楷模。您对政治经济学、国际经济和社会主义建设的重大现实理论问题，做了大量的开拓性的研究工作，在您身上体现了理论联系实际的良好学风和为人师表的高尚情操。您的学术贡献和高尚品德为学术界所称颂。

风风雨雨，沧海桑田。如今的南开大学已成为学科齐全、师资雄厚、学术水平高的重点综合性大学，这是几代南开人自强不息、艰苦创业的结果，而您正是社会主义建设时期南开蓬勃发展的功绩卓著的代表之一。南开感谢您！您无私忘我的敬业精神和奉献精神，为后续者树立了典范，永远是南开人学习的榜样！

（作者为南开大学国际经济研究所教授）

滕维藻教授

张岩贵

滕维藻，1917 年出生于江苏阜宁。他是浙江大学（本科时期）和西南联合大学（研究生时期）培养出来的老一辈著名经济学家，也是新中国成绩卓著、具有创新精神的教育家。他长期在南开大学执教并担任领导工作，是继著名教育家张伯苓、何廉、杨石先及臧伯平之后的南开大学第五任校长。

57 年以前，滕维藻就学于重庆沙坪坝的南开经济研究所，燃糠自照，困知勉行。毕业后留南开大学任教。在中国面临两种前途、两种命运决战之际，他作为青年教师毅然投身爱国民主运动，揭露《中美商约》的殖民地实质，演讲"新币制之前途"，抨击国民党专制统治，与广大进步师生坚守南开园，朝夕与共，开展护校斗争。南开获得新生后，面临着革故鼎新的艰巨任务，他出任学校教学科研领导职务，与吴大任先生等一道，协助杨石先校长为南开贯彻执行新的教育制度做出了不懈的努力。

"文革"期间，他虽然受到严重迫害，但坚信党的领导和社会主义光辉前程，对南开的教育事业仍一往情深，初衷不改。"文革"结束后，雨过天晴，本正源清，滕维藻意气风发，宝刀未老，迎来了使他可以一展雄图的知识分子的旖旎春光，在 1981 至 1986 年间，他以花甲之年，担起校长重任，同时代理党委书记，为新南开的复兴和崛起做出有口皆碑的巨大贡献。

一、拨乱反正

美好的时期并不会自动降临，"文革"帷幕刚刚落下之时，南开校园残破凋敝，人心涣散，教师队伍和组织处于半瘫痪状况。1979 年，根据中央指示精神，南开大学成立了拨乱反正办公室，在市委工作组的领导之下，滕维藻担任办公室主任，胡国定教授担任副主任，当时"四人帮"虽然早已被粉碎，但在重灾区的南开园首先必须进行拨乱反正，在政治上对"文革"中强加在教师头上的诬陷不实之词予以澄清，在思想上对四人帮的"两个估计"予以彻底批判和纠正。在组织上要对十年动乱中的受迫害的教师和干部予以平反、摘帽和落实工作岗位。首先要做的是为"文革"中的被迫害致死的人平反昭雪，对 21 个非正常死亡的人进行深入细致的调查，批判极"左"思潮，做好死者家属的善后工作，这一举措在整个校园内树立了正气，人们奔走相告，欢迎南开校园新局面的诞生。对一些教师和干部在"文革"中被强加的所谓"特务"、"反动权威"、"海外关系"等等，根据党的政策，弄清情况，做出适当结论，报经上级批准，予以"解放"，使他们感到欢欣鼓舞，愉快地投入新的工作岗位，在对行政机构和各级干部进行初步安排之后，经过十年动乱的南开大学，终于走上正轨。

二、学科建设

滕维藻于 1981 年就任南开大学校长伊始，面对百废待兴、改革发展的新形势，他认真大胆贯彻党的知识分子政策和"双百"方针，及时把学校的工作重点转移到以教学科研为中心的轨道上。经过十年摧残，当时南开大学的规模很小，学科残缺不全。必须顺应形势的要求，使学校有一定发展，当时他提出"加强基础，着重提高，发挥优势，补充短线"的办学方针。他所提出的不但要办好理科，而且要办好文科，使文、理科能"平衡发展，比翼双飞"的指导思想颇具超前性，完全符合后来由国家教委颁发的有关文件精神。

在自然科学方面，他积极倡导、支持和带领领导班子作出决策，使新兴学科和专业，如计算机、电子学、分子生物学、环境科学等学科得以建立和发展，为了改造原有的生物系，滕维藻得知加拿大蒙特利尔大学在这方面很有经验，便亲自访问了该大学的詹生校长，签订了支援我校发展分子生物学学科的协议，由双方派出教授互访，为我校分子生物学的发展打下了很好的基础，从而为分子生物学专业及研究所率先在国内成立创造了条件。

在社会科学方面，在滕维藻的主持和决策下，原先没有的学科和专业，如社会学最先办起来了，原先有而后来被撤销的学科和专业，如法学，也很快恢复起来了。当时西方学术界注意到中国社会学在复兴，而复兴的基地就在南开。费孝通先生很感谢滕维藻给他提出的复兴社会学的建议，而且效果确实相当好，当时，南开大学聘请了国内社会学界一些专家和学者，招收和培养了多届社会学研究生。这些研究生毕业后，大多已成为我国各大学中社会学学科的学术带头人。南开大学原来没有艺术类学科，后来滕维藻请来一些名家在国内综合大学中率先办起了中国画专业。再如，财经学科设立了比较完整的经济学院和三个研究所，南开大学旅游学系也是国内综合性大学办得最早的一个系，至今仍在国内居领先地位。1980 年，南开大学设立了管理学系，这是国内综合大学第一个设立的管理学系。而当时管理学在中国还很陌生，还有不少学者不承认这是一门独立学科。这些例子表明，滕维藻的办学思想具有创造性和预见性。这是由于有着多年的教学、科研领导工作经验的滕维藻深谙现代教育事业的脉搏跳动和学科发展趋势的经验和能力。所以，在其他同类学校尚未行动时，他却已经取得先机，运筹帷幄，速作决策，扩充学科，提高了南开教育科研水准，从而在国内外同行中起了表率作用。

在滕维藻与全校教职员工的共同努力下，南开大学由原来的 9 个系、16 个专业发展为 22 个系、50 多个专业。一些有特点的交叉学科诸如人口经济学、数量经济学、计算机科学、分子生物学、环境化学、环境生物学等等，从无到有，并得到长足的发展。滕维藻大力发展研究生教育的思想也付诸实践。他很早就提出了增加研究生招生专业,扩充硕士点、博士点,提高办学层次的主张。至今,南开大学已经有了 40 余个博士点、80 多个硕士点。学校的规模、层次、结构、质量诸方面都发生了根本性变化,跃迁为名副其实、规模较大的综合性大学。

三、培养和延揽人才

这一成就与滕维藻在 1981 至 1986 年间主持南开大学工作密不可分。滕维藻在培养人才方面的业绩颇具特色。他培养人才的思想与他的学术研究都具有一个特点,即强调求实,强调将学术研究和人才培养二者相结合,强调将学术研究和人才培养与中国经济建设的实践相结合。例如,他历来主张研究社会主义经济必须熟悉世界经济,而研究世界经济的目的最终还在于研究社会主义经济。1964 年,在周恩来总理指示召开的国际问题研究工作会议上,滕维藻写了一份反映上述看法的建议给大会,受到钱俊瑞同志和主持会议的周扬同志、张彦同志的赞赏,将他的建议全文印发全国,这次会议取得了圆满的成功,在全国建立了一批至今仍在发挥重大影响的国际问题研究机构。同时会议还制定了研究规划,提出了“动静结合”(即把动态、政策问题的研究与理论研究、基本研究结合起来)的方针,这对推动高校人才的培养和国内有关国际问题的研究,产生了深远的影响。这说明学科、专业和研究方向的开拓与发展,需要一批研究成果的支持,而高水平成果的出现便意味着高水平人才和师资队伍的形成,又如滕维藻和他的同事们对跨国公司的研究,起因是 1973 年中央领导同志要出国参加重要国际会议,急需了解有关跨国公司的情况,滕维藻与他的同事为此组成临时研究小组,适时提供了最新资料;后来又在校内设立跨国公司研究室,经过 25 年的不间断的努力,今日南开大学形成了一支著述颇丰、蜚声学界的研究跨国公司和国际投资的学术梯队。以国内外著名学术带头人为龙头,新研究机构和系科组织的增加与学术带头人的遴选以及通过研究生制度培养高素质人才和师资三者的一体整合,是滕维藻培养人才的另一思路。

滕维藻求才若渴。他延聘世界银行资深经济学家杨叔进、美国著名交通经济学家桑恒康、世界级数学大师陈省身来南开分别创办南开大学国际经济研究所、交通经济研究所和数学研究所，这在十年前就已为兄弟院校所称道。如今这些研究所的师资力量、学术水平和研究成果均臻国内一流。其中最突出的是数学研究所，该所在数学大师陈省身和数学家胡国定的带领下，已成国内外数学研究和交流的一个重要中心。

在教学上，滕维藻悉心探索人才培养规律，他鼓励文理结合，发展交叉学科，试行学分制，因材施教，允许学生辅修、转系及转校学习。这些方面的改革举措，在国内高教界居于领先地位，使南开培养出了一批出色的人才。

突破封闭办学模式，与国外联合培养研究生，这是滕维藻主持学校工作时实行的培养人才的另一重要措施，是南开大学开展研究生教育的重要的尝试，并已取得良好的效果。

1983年3月，滕维藻奉教委之命，率团访问加拿大。经过谈判，南开大学与加拿大约克大学、麦克玛斯特大学和拉瓦尔大学签订协议书，在我国南开大学联合培养工商管理硕士（MBA）。同年9月招收第一届研究生32名，至1986年夏有31名毕业，得到南开的硕士学位。1985年5月，在有中加两国政府的教育部门官员和双方有关专家参加的上海国际会议上，南开与加方合作培养工商管理硕士的经验，被称为"南开—约克模式"。1986年滕维藻辞去校长之职，担任学校顾问以后，这一模式又进一步发展为中外双方合作培养博士生。"七五"期间，南开大学先后向国外派出合作培养的博士生43名，主要派往美国、加拿大、日本、德国等国家。

四、人格的力量

滕维藻多年来积极参与我国教育改革，热心探索建设有中国特色的社会主义高等教育体系的途径。在我国学位制度建立之后，他曾长期担任国务院学位委员会学科评议组成员，多年担任经济组的召集人之一。他还在教育领域发表许多文章，总结正反两方面的经验教训，提出改革建议。尤其对我国社会科学学科教育事业和学位制度的建设，付出了大量的心血。可以肯定地说，滕维藻不仅在学术和教育改革上为南开、为国家作出了多方面的贡献，而且作为一个共产党员他还在道德上言教身传，为南开人树立了样板。从1997年起，由于年事已高，他已不再担任学校顾问，但对学校事业发展和学科建设仍然倾注热忱，乐此不疲。他的人生哲学是：一个人对社会要多奉献，少索取。他是这样说的，也是这样做的。近50年来，作为一个科研教学任务繁重的教师，作为一个思想敏锐、视野开阔、富于创新精神的学者，他投入大量时间忘我为南开的教育事业的发展呕心沥血，体现了一个中华民族的优秀学者的无私奉献精神。他平易近人，与人为善，团结同志，不计名利，一心为公，任劳任怨，人格上的力量远远大于权力的力量。据一位与他有多年接触的著名教授回忆，在他担任学校行政领导职务时的中层干部们，虽然物质条件逊于现在，工作比今日辛苦，但心情舒畅，工作干劲很大。

一事当前，他首先想到的是他人，是学校，是教育事业，是人才，是国家。这样的事例在他的教育生涯中不胜枚举。在70年代前半期，他力排障碍，批准一位家庭有"历史问题"的青年知识分子出国进修。在80年代，一位同志被要求完全脱离教学科研干行政领导工作，在征求滕维藻的意见时，他说，"还是双肩挑吧。"该同志于是将科研与行政双肩挑，从而"终生受益"。总而言之，滕维藻虚怀若谷的态度，诚恳敬业、勇于任事、乐于负责的精神，那种"岂曰无衣，与子同袍"般的关照，那种薄冰在前、我自信步的勇士气概，使他的同事与部下都乐于同他一起为教育事业而奋斗。

在他的人格力量和行政艺术的推动下，滕维藻发展教育事业的思路始终在南开园得以坚持。他强调办好大学必须注意创造良好的政治环境和学术环境，保证基础课程的规范化，要培养学生博学、多闻、审问、慎思、明辨、笃行的能力；对教师要十分尊重，求才若渴，培养和提高青年教师队伍的素质；对青年学生的政治思想要严格要求，学习上要因材施教，培养他们的独立工作能力，生活上要生动活泼，学会自己管理自己；充分发挥干部、职工尤其是老同志在办学中的作用；广泛开展国际学术交流，建立校际联系，把南开大学办成世界闻名的一流大学。

风风雨雨，沧海桑田。如今的南开大学已成为学科齐全、师资雄厚、学术水平较高的国家重点综合性大学，这是几代南开人自强不息、艰苦创业的结果，而滕维藻教授正是社会主义建设时期南开蓬勃发展的功绩卓著的代表之一，滕维藻教授在南开大学教育事业上的明辨笃行，成果累累，他的名字将永远与南开紧密联系在一起。

选自《南开人物志·第二辑》

（作者为南开大学国际经济研究所教授）

二、滕维藻文稿选编

马克思的资本循环原理与当代国际直接投资[①]

滕维藻

编者按语：

本文最早发表在《南开经济研究所季刊》1988 年第二期和第三期（连载）。论文反映了腾维藻教授对跨国公司和国际直接投资理论的创新性探索。在 20 世纪 80 年代末，这是继 C. Palloix 之后用马克思的资本循环原理研究跨国公司和国际直接投资理论文章发表（1975 年和 1977 年）之后的一篇重要论文。近 30 年来，由于经济学主流思潮是新自由主义，马克思《资本论》和资本循环原理似有日趋淡化的苗头，然而世界著名学者英国的彼得·迪肯却不作如是观，他在其影响深远的巨著《全球性特变——重塑 21 世纪的全球经济地图》中将马克思的理论推崇备至，他在该书中文版第 170 页指出："在宏观层次解释经济活动国际化的一个最有用的方法是以资本循环作为分析基础。"他还指出："用资本循环方法研究经济活动国际化的最大特点在于，其强调了金融、生产和商品贸易的整体相互连接性。"近年的金融海啸令资本主义学说又面临重大的危机，也让西方社会再次掀起"马克思热潮"。在这种语境下，重读滕维藻先生的著述的意义远远超越了一般学术研究范围。他提出的资本循环型式及其内部结构等概念均对国际直接投资理论作出创新。

[①] 1988 年初次在内部刊物发表时，本文作者署名是"滕维藻、张岩贵"二人。这次发表在这里，第二作者张岩贵在行文上稍有修正。但在学术观点上仍保持与原文一致。

一、导言

（一）企业的对外直接投资——战后国际经济学的新课题

第二次世界大战以后，世界经济发生了多方面的深刻变化。资本主义国家私人企业对外直接投资从 20 世纪五六十年代起大量出现，尤其是西方跨国公司的异军突起，为举世所瞩目[①]。这无疑是战后世界经济中重要的深刻变化之一。

在跨国公司和一切生产性企业对外经营的影响下，战后国际直接投资出现一系列前所未有的新特点：

1. 发达国家的对外直接投资具有相互渗透的现象。企业对外直接投资有三分之二左右是在发达资本主义国家之间进行的。

2. 在 20 世纪七八十年代，发达国家在第三世界的直接投资的地理分布极不平衡。发达资本主义国家的企业把在第三世界的投资额的一半投放在人均国民收入一千美元以上的发展中国家。越是资本稀缺的欠发达国家，资本越是很少流入。

3. 相互投资的国家之间在同一行业内出现在对方国家中相互设厂的新现象。例如，美的通用汽车公司和福特公司在西德直接设厂生产，西德的大众汽车公司又在美国直接投资。

4. 在 20 世纪 70 年代，跨国经营的企业在发达国家的直接投资重点在资本密集或技术密集型制造业，而对发展中国家的投资重点部门则是采掘业和劳动密集型制造业；

5. 20 世纪 70 年代以来，发展中国家的企业对外直接投资也在与年俱增。

---

① 本文所提及的"跨国公司"，主要指资本主义国家的垄断企业，以本国为基地，在其他国家和地区设立分支机构或子公司，从事国际化生产和经营活动的国际垄断组织，除了这些跨国公司以外，发达资本主义国家尚有为数众多的非垄断企业进行对外直接投资。鉴于此，本文在许多场合用企业或跨国经营的企业统称包括跨国公司在内的一切进行对外直接投资的企业。由于本文论述的对象是工业方面的生产企业故跨国公司就变为特指工业跨国公司，跨国经营企业就用以特指跨国经营的工业生产企业。

总之，战后国际直接投资特点除了各国之间的差异以外，还呈现其上述普遍的共同特征。可以说，一个进行对外直接投资的企业同时在三个经济空间里活动：国内，母公司在其中活动；作为东道国的国外，子公司或分公司在其中活动；国际，子公司、分公司之间，母子公司之间的经济交往以及跨国经营企业与其他部门的经济交往在其中进行。由于企业对外直接投资的出现和发展，生产性企业的活动范围出现质的飞跃；它不再是19 世纪那种其生产过程与世界经济只有贸易联系的相对孤立的经济实体，而是在三个经济空间里使微观和宏观经济领域之间发生直接的相互渗透的经济实体。

如何认识上述国际投资的诸多特征的产生原因？战后企业的**国际投资**有何规律可循？这些都是摆在马克思主义国际经济理论领域的**新课题**。在我国经济对外开放的今天，探讨现代国际直接投资的理论问题就更有战略上的现实意义。

（二）产业资本循环原理的适用性

要寻找国际直接投资的规律，光用垄断资本对外扩张的说法或者国际经济联系的一体化趋势的说法是不够的。本文试用马克思在《资本论》中所阐明的产业资本循环和周转的原理[①]，探讨现代条件下企业的国际直接投资。

撇开生产关系来说，国际直接投资是一种广义的生产。马克思曾指出生产发生与发展的一般规律和特殊规律。他指出，"说到生产，总是指在一定社会发展阶段的生产……""可是生产的一切时代有某些共同标志、共同规定。生产一般是一个抽象，但是只要它真正把共同点提出来，定下来，免得我们重复，它就是一个合理的抽象"[②]。显然，马克思这一关于社会生产一般和特殊的论述对本文的研究具有方法论上的启示。据此，本

---

① 国内学者一般都把马克思关于资本循环的理论和关于资本周转的理论分开来叙述，鉴于资本周转是产业资本周而复始不断重复的循环，故本文为简便计，将此二理论所包含的原理统称为产业资本循环原理。

② 引自《马克思恩格斯全集》第 12 卷，第 735 页。

144

文研究的总思路是:资本主义国家的企业对外直接投资具有社会化大生产的一般性的一面,其中跨国公司亦如此。跨国公司的国际直接投资这一经济现象既有垄断资本对外扩张的特殊性(撇开生产关系来说,这就是一种社会生产特殊);又有现代条件下企业对外直接投资的一般性 (同样,可以说这就是一种社会生产一般) 将产业资本循环原理用于这种对外直接投资的一般性的分析,以此为基础,探讨跨国公司为主体的现代国际直接投资。须知,作为国际直接投资一般适用的种种规定之所以要抽象出来,"也正是为了不致因见到统一就忘记本质的差别"。而"忘记这种差别、正是那些证明社会关系永存与和谐的现代经济学家的全部智慧所在"[1]。

总而言之,以自由资本主义时期为背景的产业资本循环原理对当代资本主义仍然适用,首先是因为《资本论》提出的资本循环的特点包含着一切社会化大生产经济的社会生产一般。

面对复杂的国际直接投资现象,为何选择产业资本循环这一角度作为探讨理论的中心课题呢?答案还需从产业资本循环原理的出处《资本论》第二卷开始。众所周知,《资本论》第二卷研究的并不是单纯的资本流通过程,而是资本的生产过程和流通过程的统一,故第二卷所研究的对象之一是运动中的单个产业资本。而现代国际直接投资的主体跨国公司的业务活动恰好就是运动中的单个产业资本[2]。事实上,跨国公司的直接投资活动,在舍弃了"跨国性"这一特征以后,探讨范围正好落在《资本论》第二卷的第一篇"单个资本形态变化及其循环"和第二篇"单个资本的周转"的论域中。另外,以单个产业资本循环为中心课题,势必涉及资本循环中的价值增殖过程,这与《资本论》第一卷所述原理有关。以单个产业资本循环为中心课题可旁通社会再生产过程对企业国际直接投资的影响,这就涉及《资本论》第三卷的原理。由此可见,以资本循环作为探讨的中心课题,便于直接或间接地应用《资本论》原理来指导本文。

---

[1] 引自《马克思恩格斯全集》第12卷,第735页,马克思是在叙述生产一般与生产特殊时说的。
[2] 鉴于现代产业资本的部门繁多和劳动过程的多样性,本文只以工业生产企业(工业制造部门和矿业部门)为对象,就单个产业资本的国际循环加以展开。

二、产业资本循环的三类型式

（一）自由资本主义时期资本循环的两类型式

如所周知，马克思的《资本论》中的产业资本循环运动必须要经过三个阶段：购买阶段、生产阶段和售卖阶段。资本在循环运动的三个阶段中，分别处在两个不同的领域：流通领域（第一和第三阶段）和生产领域（第二阶段）。正常条件下的资本循环运动经过这三阶段，资本的价值不仅保存下来，而且得到增殖。与此同时，资本的循环就有三种不同形态：货币资本的循环、生产资本的循环和商品资本的循环。马克思所述的产业资本循环的全部过程用以下著名的公式表示：

$$G\text{—}W \left\langle \begin{array}{c} A \\ \\ Pm \end{array} \right. \cdots P \cdots W'\text{—}G'$$

其中 $G\text{—}W$ 为购买阶段，$W\cdots P\cdots W'$ 为生产阶段，$W'\text{—}G'$ 为出卖阶段。

依照《资本论》的逻辑，上述经典公式还不是马克思作为写作对象的自由资本主义时期所有单个产业资本循环运动的具体表现形式，而是舍象了资本循环过程中的国别因素以后的一种合理抽象。所以是合理的抽象，是因为马克思把单个产业资本运动所藉以进行的整个社会经济环境作为没有国别因素限制的经济体系，这符合资本运动的本性。而且舍弃国别因素可以更简明地叙述一切单个产业资本运动的特性。但是，当我们要考察某一单个资本在现实经济环境中运动的具体表现时，就需要考虑国别因素对该单个产业资本循环过程的影响了。

如若考虑国别因素，就可把自由资本主义时期的资本循环的具体形式——本文称之为资本循环的型式——分为两类。[①]

第一类是流通阶段和生产阶段全部在本国范围内进行的产业资本循环，简称为第一类循环型式。这种资本运动形式与经典资本循环公式最接近。我们用足码 D 表示资本循环中的有关各成分（如生产资料、劳动力、货币，等等）是在本国购买、或生产、或销售、或交换的。于是，第一类循环型式可用下列公式表示：

$$G_D \text{——} W_D \Big\langle \begin{array}{c} A_D \\[4pt] \cdots \ P_D \ \cdots \ W_D' \ \text{——} \ G_D' \\[4pt] Pm_D \end{array}$$

该公式中的符号和字母所代表的意义，除足码 D 上面已有解释，其余皆与经典的产业资本循环公式一样。

第一类资本循环的具体型式在自由资本主义时期是最有可能存在的。因为当时单个产业资本的积累规模远比垄断资本主义时期为小，产业资本的生产和流通显然在国内较易得以实现。

然而，在自由资本主义时期，还存在第二类资本循环型式，即生产阶段在本国范围内进行，而流通阶段涉及在国外进行的单个产业资本循环型式。

一些产业资本从诞生之日起，其运动空间就不限于国内范围。马克思指出："世界贸易和世界市场在 16 世纪揭开了资本的近代生活史。"[①]此处资本的含义并不等同于产业资本，但实际上产业资本包括在其中。1948年《共产党宣言》写道："不断扩大产品销路的需要，驱使资产阶段奔走

---

① "资本循环型式"是本文提出的概念，以便分析现代企业国际投资的一般性和特殊性，由于它只是引进地理范围观念以后的资本循环型式，并没有引进马克思所舍弃的其他有关的重要因素，它与现实环境中产业资本运动相比较，仍然有一定的抽象性，这种一定程度的抽象显然也是理论分析所必需的，但资本循环型式与没有地理范围限制的资本循环型式（即众所周知的用产业的资本环式表述出来的资本运动形式）的概念相比较，则是比较具体的资本循环型式。

① 见《马克思恩格斯选集》第 1 卷，人民出版社 1972 年版，第 254 页。

于全球各地。它们必须到处落户，到处创业，到处建立联系。"[②]举例说，英国 19 世纪前半期，纺织业重地兰开郡的棉纺织企业须从国外（例如从美国和印度）购买棉花，而企业的棉织品又大多运销国外。因此涉及对外贸易和对外金融等领域的单个产业资本循环的具体型式可以在第一类资本循环公式的基础上加以展开：

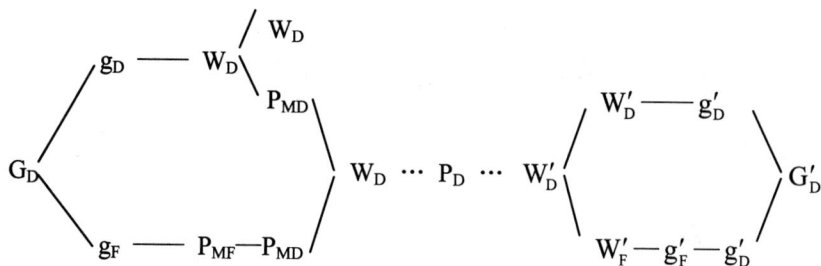

$$G_D \left\{ \begin{matrix} g_D - W_D \left\langle \begin{matrix} W_D \\ P_{MD} \end{matrix} \right. \\ g_F - P_{MF} - P_{MD} \end{matrix} \right\} W_D \cdots P_D \cdots W_D' \left\{ \begin{matrix} W_D' - g_D' \\ W_F' - g_F' - g_D' \end{matrix} \right\} G_D'$$

在这第二类公式中，足码 D 同样也是表示有关职能资本以本国的（或者已从国外运到本国，如果是货币，则表示外币兑换成本币）生产资料、劳动力、产品或货币等形式出现；足码 F 则表示有关职能资本以国外的（或者已从本国运到国外，如果是货币，则表示本国货币已兑换成外币）生产资料产品或货币等形式出现在资本循环运动中。该公式中的本国货币（G_D 或 g_D）和外国货币（g_F）之间的斜的连结表示兑换，兼表示总量与分量的关系，其余的斜连线则只表示总量与分量的关系。其他未一一提到的字母或符号所代表的意思与马克思主义的经典公式一样。在此第二类公式中，舍弃了资本家也从国外雇佣劳动力这一当时是次要的因素。

（二）垄断资本主义时期资本循环的一类新型式

事实表明，到了帝国主义阶段，即使垄断高度发展的国家，也仍然存在着上述两类资本循环的具体型式。而且，在垄断资本主义时期，以第二类型式进行循环的单个产业资本的数目比垄断前资本主义时期远远为多。数量增加是因为随着垄断资本主义的发展，单个资本的积累规模越来越大；也因为社会生产力的提高（包括企业经营能力的提高）和国际分工的

---

① 见《资本论》第 1 卷，人民出版社 1975 年版，第 167 页。

深入发展。并且，正因为有第一类、第二类型式作基础，第三类型式——垄断时期产业资本循环的一类新形式才有可能出现。第三类型式是不但流通阶段，而且还有生产阶段的运动都涉及国外的单个产业资本循环的型式，它比前两类更复杂。这第三类型式又可分为两种。一种是企业形成跨国生产水平一体化场合下的资本循环。这种资本循环型式可表述如下：

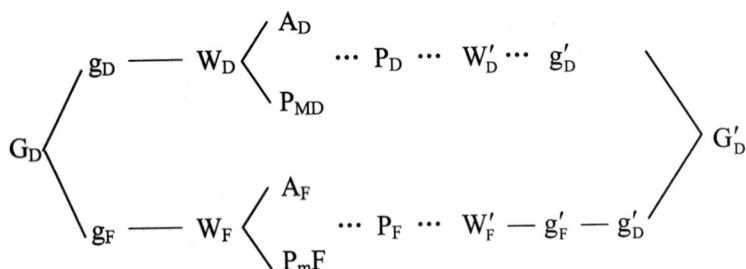

$$
G_D \Big\langle
\begin{array}{l}
g_D \text{——} W_D \Big\langle \begin{array}{l} A_D \\ P_{MD} \end{array} \cdots P_D \cdots W'_D \cdots g'_D \\[2em]
g_F \text{——} W_F \Big\langle \begin{array}{l} A_F \\ P_{mF} \end{array} \cdots P_F \cdots W'_F \text{——} g'_F \text{——} g'_D
\end{array}
\Big\rangle G'_D
$$

另一种是企业形成跨国生产垂直一体化场合下的资本循环。这种资本循环型式表述如下：

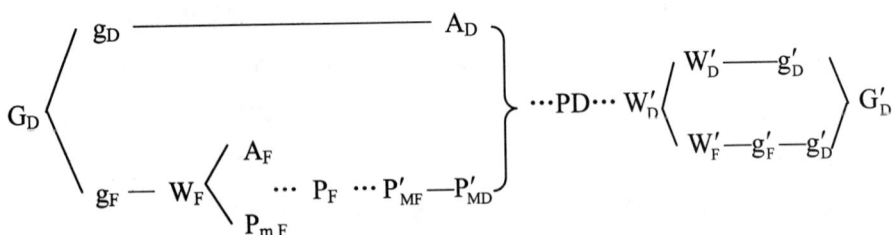

$$
G_D \Big\langle
\begin{array}{l}
g_D \text{——————} A_D \\[1.5em]
g_F \text{——} W_F \Big\langle \begin{array}{l} A_F \\ P_{mF} \end{array} \cdots P_F \cdots P'_{MF} \text{——} P'_{MD}
\end{array}
\Big\rangle \cdots PD \cdots W'_D \Big\langle \begin{array}{l} W'_D \text{——} g'_D \\ W'_F \text{——} g'_F \text{——} g'_D \end{array} \Big\rangle G'_D
$$

其中的 P'_{MF} 表明经过国外工人的生产，在国外购得的生产资料已增值，并且，P'_{MF} 的价值中也包括国外劳动力的价值。这一公式是表示产业资本在购买阶段（购买原料、中间产品等等）变国外购买生产资料和劳动力为企业自身的国外进行原料和中间产品的生产、加工，等等。

诚然，由于企业生产的水平一体化和垂直一体化的形式多种多样，生产阶段也往往不止上面图式中的两种表现，还可以描述出其他许多种也是属于第三类型式的产业资本循环的表现形式。例如，跨国的水平一体化和垂直一体化结合在一起的产业资本循环型式，在三国和三国以上国家的经济空间进行循环的水平（或垂直）一体化的产业循环型式。

（三）资本循环的质、量规定与资本循环型式

马克思的产业资本循环原理告诉我们，每一单个产业资本的循环运动，既是生产过程和流通过程的统一，又是三个职能资本循环的统一。产业资本只有把资本同时分割为货币资本、生产资本、商品资本三种形态，而每一资本形态又都必须依次通过循环的三个阶段，资本运动才能不间断地进行下去。这就是产业资本各职能形式之间的继起性和并存性。这种继起性和并存性就是运动中的产业资本的质的规定。因为继起性和并存性决定了产业资本是循环中的产业资本，否则，单个产业资本就不复存在了。显然，这种质的规定性是根本的质的规定，是从研究资本运动这一需要出发所抉择的产业资本主要的质。

同时运动中的产业资本还存在着量的规定，《资本论》指出，资本循环起点的货币资本量（G）小于循环终点的货币资本量（G'）。这就是产业资本在量上的规定。鉴于一事物在量上的规定往往是多方面的，其中有的量的规定是与事物的质上的规定统一的，另一些量上的规定则可能与事物在质上的规定没有密切的联系。可以说，上述产业资本循环在量上的规定，是属于那种与循环中的资本的质相统一的、最重要的量的规定。这是因为，产业资本质的规定——即各职能资本形态之间在时间上的继起性和空间上的并存性本身只有在上述 $G'>G$ 这样的数量界限内才能保持。

马克思是在把叙述重点放在社会总资本再生产过程中 C、V、m 三者相互关系的场合，涉及循环中的产业资本在量方面的规定。就这样的目的来看，$G'>G$ 这种量的规定，可以说是够用的。不过，当我们试图将资本循环原理应用到垄断时期企业的国际直接投资领域时，还必须根据特定需要对这一量的规定作更确切的描述。

一个产业部门（或称一个行业）是由多个独立的企业实体构成的，这些企业即代表单个产业资本，进行着以追逐利润为目的的资本循环和周转运动（显然，为便于作理论分析，这里需要假定该产业部门的任一企业都未实行产品生产跨行业的多样化）。如若在某些因素的作用下，某企业的利润率长期低于其所属产业部门的平均利润率，那么，在部门间平均利润

率规律的作用下,该企业将把资本转移到其他产业部门以求取得平均利润率。在自由资本主义时期,平均利润率规律的存在和发生作用是比较显著的。笔者认为,在垄断资本主义时期,由于垄断因素的大量出现,中短期内平均利润率规律的作用颇弱;而长期内,由于垄断并没有完全消灭竞争,该规律仍然起一些的作用,但这些作用比一般马克思主义学者所预期的作用还要小。

根据上面的分析,可将循环中资本量的规定精确地描述为 $\dfrac{G'-G}{G} \geqslant \bar{P}$,$(G' > G)$,$\bar{P}$ 指企业所属产业部门平均利润率。这就是垄断时代资本循环主要的量的规定。从逻辑上来说,这个规定建立在经典的资本循环最重要的量的规定 $G' > G$ 的基础上。

在叙述资本循环的质、量规定与资本循环型式的联系之际,还必须叙述另一个概念:单个产业资本循环的各类型式的内部结构。所谓资本循环型式的内部结构,主要是指资本循环的三个阶段中,作为投入的各项给供量之间的比例、各个产品品种之间的比例、各产品的销售量之间的比例、海外持股的比例、在各地和各国之间的产品销售比例、在各地和各国之间的投资比例、以及其他各种有关循环的比例,例如货币资本、生产资本和商品资本三者在量上的比例,等等。所有这些比例都根据某一特定货币单位来衡量。这种内部结构的具体内容很多,从第一类循环型式到第三类循环型式,型式内部结构的具体内容越来越多。循环型式内部结构的具体内容可例举如次:企业产品的内销与外销的比例;企业各类有形、无形投入物的国内外采购比例;企业国内生产量与国外生产量的比例;企业在国外各地或在若干东道国的直接投资量之间的比例;国内与国外融通、筹措资金量的比例;在若干国外金融、资本市场的融通、筹措资金量的比例;在海外某子企业的持股比例(若全部持股,实质上为海外分公司,虽然法律上可能并非分公司;若与东道国共同持股,则为合营企业)。

资本循环型式的各种内部结构,从上面的例子可以看出,有的与资本的价值增殖过程直接相关联,有的与使用价值的消耗或生产直接相关联。

因此循环型式内部结构的不同，会影响 G、G′ 和 $\overline{P}$，因而对资本循环质、量规定的适应能力大小也就不同。又因为循环型式内部结构在量上的变化，才可能导致三类循环型式之间的相互转换即转型。三类资本循环型式之间的内部结构不同，因此，不同类型的资本循环型式对具体某一单个资本循环所需的质、量规定的适应能力大小也就因型式而异。垄断资本主义时期科技在进步，产业资本的竞争在继续，因此，资本循环的质、量规定有可能且有必要促使相应的循环型式及其内部结构采取最适应现实的形态（包括型式和型式内部结构），以便在国内外市场竞争中取胜。

　　质、量规定性维持或改变资本循环型式及其内部结构的场合，都要通过资本增殖率或利润率（或者利润）起作用。量的决定性直接通过利润率起作用，质的规定性则间接地通过利润率对维持或改变资本循环型式及其内部结构起作用。举例说，企业决策者改变资本循环型式，或者维持原有循环型式，如改变型式的某种内部结构可以预先阻止利润大幅度下降，或者，可以提高利润［此种场合，就是意味着产业资本改变循环型式（或型式内部结构）所需的边际成本不低于改变循环型式（或型式内部结构）所得的边际收益］，则该单个产业资本的循环型式或其内部结构必然发生变化。可见，能从许多现存跨国工业公司和其他进行跨国经营的工业公司活动中，抽象出各类循环型式的转换规律以及型式内部结构的变化规律。例如，一个供、产、销全部在国内进行的企业，如果向国外销售产品可使企业的利润增加，或者资本增殖率提高，那么，企业的产品当然会变全部内销为既内销又外销；如果进口一部分原材料比全部在国内采购原材料合算，企业就会从国外进口部分原材料。于是，资本循环的第一类型式就会转换为第二类循环型式，一个有相当比例的产品运销国外的生产企业，如若向某外国（设为 A 国）增加销售量比在另一外国（设为 B 国）增加销售量更有前途，则向 A、B 两国的销售比例就会发生变更。这就是资本循环第二类型式不变的前提下，而只是改变循环型式内部的一种结构，从而使利润保持不变（或提高，或者减轻利润的下降幅度），最终有利于资本循环的量的规定。

　　上面所述乃是，资本循环的量的规定性直接通过利润率对循环型式及其内部结构起作用,而资本循环质的规定则间接地通过利润率对循环型式及其内部结构起作用。例如,一个采用第二类循环型式的产业资本,如果确认只有在国外某地设厂生产,才能维持产品市场的原有份额,那么,该企业就会减少甚至撤销国内的生产,至少把原来在国内生产然后出口的那部分产品迁移到国外某地生产。换言之,为确保资本循环中三种职能形态的继起性,从而间接地保持最低限度的增殖率,该单个资本循环由第二类转换为第三类。这里所指的确保继起性,是指确保货币资本继起于商品资本之后。

同理,一个采取第三类循环型式的产业资本,若国外直接投资环境严峻,生产成本昂贵起来,以至撤回投资在国内生产所需耗费明显小于撤回投资后国内利润的增加,这样,直接地是为确保资本循环中三种职能形态的并存性,间接地是为了保持资本循环的量的规定,第三类循环型式就转换为第二类或第一类。这里所指的并存性,具体是指确保生产资本与货币资本和商品资本的并列。

无数实例表明循环型式发生转换,也同时伴有型式内部结构的改变。

资本循环的质、量规定在实际情况下往往首先对循环型式内部结构产生使之改变的压力,使结构出现变动,当结构变动幅度达到或估计将达到一定限度时,就出现循环型式的转换。

三、资本循环的质、量规定及其总耗费和总收益因素

那末,单个产业资本循环的质、量规定是如何在社会经济条件和企业内部因素发生变化下使各类资本循环式相互转换变化或者在维持型式的前提下改变其内部结构?这种资本循环式的维持和变更的原动力在于上述精确的规定,即 $\dfrac{G'-G}{G}$ 必须大于或等于该资本所属产业部门的平均利润率。在现代市场经济条件下,尤其在资本主义经济条件下,单个企业的利润率无时无刻不在波动,这种波动在较长时间内只要不低于量的规定的界限,那么,资本循环型式就维持原型不变,但在原型式内部改变结构,甚至只改变表现形式上的细节特征。如果在较长时间内利润率越过量的规

定下限,则会影响到原有循环型式下资本循环时的三种职能形态的并存性和继起性,为保持质的规定,资本循环就转换为另一类的 $\dfrac{G'-G}{G}$ 比率较高的循环型式,如果客观上有可能的话。如果任何循环形式下,其质的规定性都不能保持,则该单个产业资本的循环遂告停止,该企业本身生命终止。终止可以表现为该企业的破产,也可以表现为自行停业或被其他企业兼并,可见,虽然企业有多重目标,但其最基本或最重要的经营目标还是利润率或者利润。由于资本的循环运动也是价值的运动[①],资本家投入的全部预付资本的价值量(本文理论分析上称之为总耗费,即资本循环的始点所表述的 G)越小(相对于总收入而言),而销售商品后的全部价值量(本文理论分析上称之为总收益,即资本一次循环的终点所表示的 G')越大(相对于总耗费而言),则资本循环中的价值增殖率越高,也即企业的利润率越高。因此,每类型式的资本循环,其总耗费的各种因素和总收益的各种因素的变化,影响着具体某类型式资本循环的质、量规定。总耗费的各种因素和总收益的各种因素的变化,影响着具体某类型式资本循环的质、量规定。总耗费和总收益的有关因素影响资本运动中价值量的变化从而影响企业的利润和利润率,进而影响资本循环的质,最后使各类资本循环型式相互转化或者在维持原有型式的条件下改变其内部结构,也可能决定某单一产业资本循环的停止。

众所周知,马克思曾分析过原料、燃料(棉花、煤炭)的价值量变动对原资本循环的影响,分析过原料、辅助材料价值变化对新投入资本的影响;并谈到价值降低和提高对生产的影响。可见,正因为资本循环运动中的这种价值的独立性,资本循环型式的总耗费和总收益往往处于不断的变更状况中。

[①] 马克思说:"价值的这种独立化在资本中表现得更加明显,资本在某种意义上,可以称为处于运动过程中的价值,——这样一来,因为价值只是在货币中独立地存在,——又可以称为处于运动过程中的货币,这种货币经历一系列过程,在其中保存下来,从自身出发并以加大的量回到自身。"见《马克思恩格斯全集》第 26 卷,第 147 页。

（一）资本循环的耗费和收益因素

各类型式的资本循环及其内部结构之间所以能维持下去，就是由于以货币表示的收益大于耗费，即 $G'>G$ 且 $\dfrac{G'-G}{G} \geqslant \bar{P}$，那么，资本循环的耗费和收益到底是由哪些主要因素构成的呢？让我们首先回顾一下马克思的有关论述。马克思在产业资本循环的阐述中详尽地分析了生产性流通费用和非生产性流通费用；在分析资本周转时阐述了资本生产时间和流通时间、劳动期间和非劳动期间的长短对资本周转的影响。马克思所述时间长短的耗费，在等量预付资本得到等量利润的条件下，就是对企业产品所含社会必要劳动时间的占用，即价值的占用。可见，这些时间耗费也就是资本循环所必需的耗费因素。生产性流通费用和非生产性流通费用显然也属于资本循环的耗费因素。资本家购买生产资料和劳动力的费用，当然也属于资本循环的耗费因素。

至于资本循环的收益因素，我们可以把它们分为两类因素，一是剩余价值的增加这方面的因素，二是产品全部价值的实现比率方面的因素[①]，剩余价值的生产增加量是单个资本在循环中得以增殖的根本基础，只有商品的全部价值都实现了，剩余价值才能在量上不打折扣地转为利润，从而使资本循环的量、质规定得到保证。

耗费因素分为八种。

1. 金融耗费因素。这是指企业为筹措用以生产或再生产所需资金而付出的费用和代价。这种筹措资金所费的费用就是资本循环的金融耗费因素之一。此外，即使企业在投资时全部使用内部资金，也有一个如何选择本企业内部资金的投放途径问题，即到底是用资金进行本企业的生产，还是投向其他生产部门与非生产部门，也就是机会成本问题。这种因素主要

---

① 产品全部价值的实现比率，是指产品全部价值在市场上得以实现的数额与产品价值的比例。例如，企业产品个别价值为一万美元，因社会平均价值是九千美元，结果卖出去的数额为九千美元，则比例为 0.9。如果个别价值低于社会平均价值（例如设社会平均价值一万二千元），则产品卖出去得金额一万二千，则比例为 1.2，企业得到超额利润二千元。

包括利率、汇率两项。

2．购入劳动手段的耗费因素，诸如购买机器厂房等固定设备的费用。

3．购入劳动对象的耗费因素，诸如购买原材料、燃料动力等费用。

4．购买或开发技术的耗费因素。

5．购买劳动力的耗费因素。

6．企业的运输、储备耗费因素，这包括生产资料（特别是原材料）的运输、储备费用方面的因素，也包括商品销售前的运输、储备耗费因素。

7．销售耗费因素。即销售商品所付出的费用。这主要指企业本身除销售人员工薪福利支出以外的商品销售支出和耗损。包括支付税收、关税和环保费用。

8．管理耗费因素，指除组织管理人员的工薪、福利支出以外的管理费用，这些费用由企业的协调供产销活动所引起。

上面提到的资本循环收益的两种因素，虽然不能相应于八种耗费因素一一细述，但是在一定程度上还是可以细分为若干项因素。关于第一种收益因素，即剩余价值生产方面的收益因素，可以分作四项收益因素：（1）与相对剩余价值生产的增加有关的廉价原料因素；（2）廉价熟练劳动力因素；（3）技术改进（包括革新、创新）因素；（4）加强管理因素。第二种收益因素，即全部价值的实现比例方面的收益因素，可以分为四项因素（承以上序数）；（5）提高产品销售量方面的因素；（6）增加市场份额方面的因素；（7）占有或维持潜在的或原有的销售市场方面的因素，如果该原有市场是国外市场，这方面的因素之一有企业在国外设厂生产以替代出口这样的因素，根据原英国里丁大学邓宁教授等人所述术语可以称之为替代进口收益因素；以上七项都属于保持或提高利润率方面的收益因素。（8）其他额外的收益因素。例如，政府对企业的财政补贴、商品涨价，加速折旧，母国货币的长期坚挺，等等。

（二）耗费和收益因素与资本循环型式

如上述所述，资本循环的耗费和收益因素的净效应，既是资本循环的质和量的基础，又直接决定循环型式类型及其内部结构。而我们分析企业决定对外直接投资和跨国经营活动,也就是分析单个产业资本循环型式如何由第一类和第二类向第三类转换,以及第三类循环型式内部结构的变化。因此,对资本循环的耗费和收益因素及其净效应的分析,就是对国际直接投资和跨国经营的分析。当然,由于直接投资是企业的长期行为,因此,研究资本循环型式的变更以及循环型式内部结构的变化,大体上也应该以长期分析方法为基础。资本循环型式的变更以及型式内部结构的变化,大体上也应该以长期分析方法为基础。资本循环型式的变更以及型式内部结构的重大变动在企业扩大再生产或缩小再生产时最容易发生。直接投资作为长期决策,也只能是企业在前若干期循环中剩余价值积累和对后若干期循环中的剩余价值量的预测这两方面的综合反映。因此,耗费和收益因素与资本循环型式(包括某类型式的内部结构)两者的关系是动态的。

从上述这种动态关系的前提出发,我们就可以把握资本循环型式与资本循环的耗费、收益因素的下列联系:在三类资本循环型式中,在哪一类型式下,资本运动耗费和收益因素的净效应最大,资本就采取哪一类型式以维持或变更循环运动。[①]如果用字母 C 代表总耗费,用 C_1,C_2,C_3,C_4,C_5,C_6,C_7,C_8 依序代表上文所述八种耗费因素所致的耗费量;以字母 B 代表总收益,用 B_1,B_2,B_3,B_4,B_5,B_6,B_7,B_8 依序代表上文所述八项收益因素所致的收益量;并以(Ⅰ),(Ⅱ),(Ⅲ)分别表示第一、第二、第三类资本循环型式。那么资本循环型式与耗费收益因素的关系可以表述如下:

若(Ⅲ) C+B> (Ⅱ)C+B,并且(Ⅲ)C+B >(Ⅰ)C+B,则资本循环采取第三类型式。这种关系也可以详细地表述如下:若

$$(\text{Ⅲ}) \sum_{i=1}^{8} C_i + B_i > (\text{Ⅱ}) \sum_{i=1}^{8} C_i + B_i$$

① 同样,在每类循环型式内部,在哪一种内部结构下,资本运动耗费和收益因开绿灯的净效应最大,资本就采取哪一种内部结构。因篇幅关系,此处主要讲耗费、收益与资本循环型式的数量关系。

且　　　　　　　$$（III）\sum_{i=1}^{8}C_i+B_i>（I）\sum_{i=1}^{8}C_i+B_i,$$

$$[（III）\sum_{i=1}^{8}C_i+B_i\geqslant \overline{P}（平均利润）>0]$$

则资本循环采取第三类型式。

同样，若

$$（II）\sum_{i=1}^{8}C_i+B_i>（III）\sum_{i=1}^{8}C_i+B_i$$

且　　　　　　　$$（II）\sum_{i=1}^{8}C_i+B_i>（I）\sum_{i=1}^{8}C_i+B_i,$$

$$[（II）\sum_{i=1}^{8}C_i+B_i\geqslant \overline{P}>0]$$

则资本循环采取第二类型式。

依法类推，资本循环采取第一类型式的耗费收益因素的条件是：若

$$（I）\sum_{i=1}^{8}C_i+B_i>（II）\sum_{i=1}^{8}C_i+B_i$$

且　　　　　　　$$（I）\sum_{i=1}^{8}C_i+B_i>（III）\sum_{i=1}^{8}C_i+B_i。$$

$$[（I）\sum_{i=1}^{8}C_i+B_i\geqslant \overline{P}>0]$$

上述各式中，C 为负数，B 为正数。

每类循环型式的内部结构与资本循环的耗费、收益因素还存在下面这样的关系：即使当资本循环跟其总耗费、收益的净效应相适应，采取维持某类具体型式的场合，资本循环型式的内部结构也可能由于某些耗费、收益因素的作用而发生变更。这只需稍加说明就可以明了。例如，在某一单个产业资本采用第二类循环型式进行增殖运动的情况下，该单个资本的组织实体——企业——向甲、乙两国分别输出其相当于生产值总量 $\frac{1}{4}$ 的产

品给甲、乙两国的进口商。后来由于甲国对有关产品的市场需求短期内增加一倍，而乙国由于某种原因（例如同类产品的竞争），该企业产品在乙国市场销售量预计将不断下降。鉴于这种收益因素（第六种收益因素，即 B_6）的变更，而其它因素没有变动，企业改变向甲、乙两国出口的原计划，只向甲国出口。此时向甲国进口商运送的产品量为企业生产总值的二分之一。如此，第二类循环型式并没有改变，只是型式的内部结构之一——企业向若干国家出口销售量的比例发生变化，其变动的原因在于第六种收益因素的变动。又如一个采用第三类循环型式的产业资本的组织实体——企业原在甲、乙、丙三个东道国直接投资，设有生产性子企业，在甲、乙、丙三个东道国的投资型式是举办该企业独资持股的分公司。后来由于丙国的外资政策措施有变化，只允许外商举办与东道国分享股权的合营企业，在丙国的分公司固定资产的半数必须以股权的形式低价出让给丙国政府或丙国某民族企业，这就是本文所指的第二种耗费因素的作用发生变化。于是，这一跨国经营的企业仍在甲、乙两国举办全部持股的分公司，而在丙国承认现实，接受举办合营企业的东道国规定。当然，在其他因素条件不变的情况下，有一个丁国愿意接受外国独资企业，则上述企业就会将其分公司从丙国撤出而迁入丁国。（在其他因素不变的前提下，这就意味着在丁国举办独资企业所得的利润或其他好处等于在丙国举办分公司的利润或好处，而大于在丙国办合营企业所致的利润或其他好处。）

如若说到耗费、收益因素对第三类型式的内部结构产生有利于增加投资比例方面的变更，则应该是指企业在国外某地的直接投资额的增加或新投资。说耗费、收益因素对第二类、第三类型式的内部结构有利于增加对外贸易比例方面的变化，也相应地是指对某一国外市场的出口或从市场的进口额的增加，而对该国市场的直接投资（如果有的话）相对地减少或完全撤出投资。同样，说耗费、收益因素对某类循环型式的内部结构产生有利于增加国内直接投资比例的变动，也是指国外某地贸易的减少（或中断）或国外某地投资的减少（或撤出投资）而在国内某地投资的增加。

必须注意，通过上述资本循环型式存在条件的关系式，或者，通过讨论关于耗费、收益因素与资本循环型式内部结构变动的联系，来分析企业在国内外的生产、贸易和投资活动的时候，耗费收益因素与资本循环型式及其内部结构的关系是以这样的条件为前提：产业资本循环的组织主体——工业生产企业——的主要产品只有一种，或者，企业产品是多样化的，有若干种主要产品，但各种主要产品的各主要耗费和收益因素作用的大小基础本相同，因而可以将若干种产品视为一类产品进行分析。如果一企业产品中，若干种主要产品各自的主要耗费和收益因素作用大小相差较远，则上述关系式也适用，但应该把产品逐种分开，分析每种产品各自的耗费和收益因素的净效应对资本循环型式及其内部结的决定性影响，然后将各产品的耗费和收益因素对循环型式及其内部结构的影响复合在一起，就可以得出这个企业的资本运动与企业的总耗费、收益因素的关系。

四、循环型式存在条件的简化表述和市场参与方式的选择

（一）简化表述的需要和可能

上文对资本循环型式存在条件关系式的表述，涉及所有耗费、收益因素，这是必要的。但在不少场合，我们还应该根据具体条件，对存在条件加以简化表述，以便于分析一个企业对国外市场参与方式的选择。

根据国外学者的调查，除了许多种耗费、收益因素一起决定企业对外直接投资决策的情况以外，的确还存在几种或一种关键的耗费、收益因素基本上可决定一个企业的对外直接投资决策的情况。[①]此外，事实还表明，几种或一种关键因素同样有可能决定除对外直接投资以外的其他某种对国外市场的参与方式。一个企业的其他参与方式主要有：（1）产品出口以及与此有关的国外售前、售后服务；（2）输出技术的许可证贸易。这两类方式与对外直接投资一起，被称为企业参与国外市场的三类主要方式。用本文的概念来表述就是，现实中有几种或一种资本循环的耗费、收益因素对资本循环型式及其内部结构产生决定性影响。

现实中可能出现几种甚至一种耗费、收益因素决定企业的国外市场参

---

① 详见 J. H. 邓宁：《国际生产的决定因素》，载《哈佛经济文汇》第 25 卷，第 3 号，1973 年，第 296~297 页。

160

与方式的抉择，原因何在？

其根本原因是各种耗费和收益因素（甚至是一种因素中的某项耗费、收益因素)与产品使用价值的生产和销售有疏密不等的联系和大小不同的作用。既然资本循环过程是价值增殖过程与使用价值的生产和销售过程的统一，那么，在产品使用价值的生产和销售过程中地位不一样的各种耗费和收益因素，对价值的增殖和实现所起的作用大小也就不一样，作用的方式就有直接与间接之分，耗费量的增加有是否可转嫁给产品购买者之别，同一产品的耗费量增加速度与收益量增加速度在同一时期内有快慢之差。由于这些原因，就出现少数几种甚或一种耗费（或收益）因素很大程度上决定资本循环的特殊场合。

在少数几种或一种因素在很大程度上决定着资本循环型式的特殊场合，其它各种因素的作用较小，可以视为零而予以舍弃；或者，其它各种因素基本上不变，即在不等式的左项和右项中数值相等或近似，可略去不计，从而为上文所述资本循环型式存在条件的简化表达式创造客观基础。于是，企业可能由于资本循环的耗费因素或收益因素中的一种或若干种而决定其对国外市场的参与方式。下面先叙述主要由一种关键因素所起的对参与方式的决定性影响。

（二）耗费因素对国外市场参与方式的影响

下面列出三种因素：

1. 原料方面的耗费因素。此即属于上文所述购入劳动对象的耗费因素，第三种耗费因素，根据上述的符号规定，可以将这种耗费量记为 C_3。在其他情况基本不变，或各类循环型式下的其他因素作用大小相近的情况下，第三类资本循环型式及其内部结构的变动的一种情况——变国内生产出口为国外生产——的存在条件就可以用下列关系式表示：

（Ⅲ）$C_3 <$（Ⅱ）C_3 且（Ⅲ）$C_3 <$（Ⅰ）C_3

这一关系式可用来说明那些在国外矿业部门进行投资的跨国企业的经营目标。

2. 劳动力因素。即上文所述购买劳动力的耗费因素（即第五种耗费因素，C_5）。在其他收益因素和耗费因素基本不变或各类循环型式下其他因素的作用大小相近的情况下，第三类资本循环型式及其内部结构变动的一种情况——国内生产量相对或绝对下降，国外生产量相对地或绝对地上升——的存在条件就可以用下列关系式表示：

（Ⅲ）$C_5<$（Ⅱ）C_5 且（Ⅲ）$C_5<$（Ⅰ）C_5

这一关系式可用来解释那些在东南亚等地开办电子产品加工装配工厂的美日跨国公司的投资原因：要利用国外廉价的劳动力。

由于购买劳动力的耗费因素可分为三部分，如前所述，可将组织管理人员、产品研究与开发人员以及直接生产工人的工薪、福利支出分别细分为 C_{5-1}、C_{5-2}、C_{5-3}，那么上述关系式若用以解释美日公司在东南亚开办电子产品装配工厂的原因，则可以更细致地表示如下：

（Ⅲ）$C_{5-3}<$（Ⅱ）C_{5-3} 且（Ⅲ）$C_{5-3}<$（Ⅰ）C_{5-3}

一些欧洲、美国公司互相在对方国家设厂，其中有一些公司就是为了利用东道国的管理、技术人员的高超水平，虽然工资高，但是第五种耗费相对的较低。此种场合的出现和存在，符合下列关系式：

（Ⅲ）$C_{5-1}+C_{5-2}<$（Ⅱ）$C_{5-1}+C_{5-2}$ 且（Ⅲ）$C_{5-1}+C_{5-2}<$（Ⅰ）$C_{5-1}+C_{5-2}$

3. 金融耗费因素。根据上述符号可以记为 C_1。在其他收益和耗费因素不变或它们在各类循环型式下作用大小相近的情况下，那么，第三类资本循环型式及其结构向增加对外投资比例的方向变动的条件就可以用下列关系式表示：

（Ⅲ）$C_1<$（Ⅱ）C_1 且（Ⅲ）$C_1<$（Ⅰ）C_1

此关系式可以解释20世纪60年代日本和联邦德国某些企业的对外投资（长期内日元和西德马克是坚挺通货），更可以解释为何与银行资本融合在一起的工业垄断资本（金融资本支配的西方大垄断公司）其资金规模越大，就越有可能向对外投资领域扩张（可以得到较低廉的货币，其金融方面的耗费量远比其他非垄断资本公司为低）。

上述各式的分析方法同样可应用于其他参与方式的选择。例如，如果（Ⅱ）$C_1<$（Ⅰ）C_1 且（Ⅱ）$C_1<$（Ⅲ）C_1，则企业撤回国外的生产资

本，以国内生产、部分产品出口的方式参与国外市场。

（三）收益因素对国外市场参与方式的影响

也举三项因素：

1. 技术创新方面的收益因素。即可以 B_3 表示。在当代企业中，技术等无形投入的价值量日益增加，技术知识（以专利、商标或技术诀窍的形式出现，也可以凝结在生产设备中）的收益因素对产业资本循环型式及其结构的影响也日益加强，在一定的场合，使技术收益因素成为某一产业资本循环的决定性因素。于是，就出现第三类资本循环型式及其结构向增加对外投资比例的变动的存在条件：

（Ⅲ） $B_3 >$ （Ⅱ） B_3 且（Ⅲ） $B_3 >$ （Ⅰ） B_3

当然，若（Ⅱ） $B_3 >$ （Ⅲ） B_3 且（Ⅱ） $B_3 >$ （Ⅰ） B_3，则恢复或维持第二类资本循环型式，或者循环型式的结构发生变动，即在某一外国的直接投资撤出，改为以许可证贸易参与海外市场。

若（Ⅰ） $B_3 >$ （Ⅲ） B_3 且（Ⅰ） $B_3 >$ （Ⅱ） B_3 则恢复或维持第一类资本循环型式，或者循环型式的内部结构发生变更，即撤回在某一外国的直接投资和结束许可证等形式的技术贸易。这样的分析和结论显然也可以应用到其他类似的场合。这种关于技术收益因素的分析，适用于那些以生产技术密集型产品为主要经营内容的发达资本主义国家的企业。

2. 提高产品销售量的因素和增加市场份额方面的因素。根据上述符号标法，可把这些因素的收益量记为 B_5 和 B_6。在其他收益和耗费因素不变或它们在各类循环型式作用大小相近的情况下，第三类资本循环型式及其结构向增加对外投资比例的方向变动的条件就可以用下列关系式表示：

（Ⅲ） $B_5 + B_6 >$ （Ⅱ） $B_5 + B_6$ 且（Ⅲ） $B_5 + B_6 >$ （Ⅰ） $B_5 + B_6$

这种关系式表明，战后国际市场的激烈竞争为何驱使资本主义国家的企业特别是大公司和垄断资本集团除了在国内扩大生产、刺激出口以外，还冒着国际贸易、金融和直接投资的风险去国外设厂生产和兼并工厂的根本动因所在。

3. 占有或维持潜在或原有销售市场方面的因素。根据上述符号标法，可以把这种因素所致的收益量记为 B_7。正如上面所述，这种因素之一就是企业在国外市场所在国设厂生产以替代产品向该国的出口，来保证占有或维持该一国外市场。加拿大就曾提高制成品进口关税来吸引美国企业改出口为向加拿大直接设厂生产。在这种因素的作用下，如果其他因素不变，那么，第三类资本循环型式及型式内部结构向提高对外投资比例这一方向变动的存在条件可以表示如下：

（Ⅲ）$B_7 >$（Ⅱ）B_7 且（Ⅲ）$B_7 >$（Ⅰ）B_7

（四）若干种因素起决定性作用情况下的简化表述和因素的舍弃

除了上述六种特殊场合之外，更多的是八种耗费和收益因素中的若干项在一定的条件下对单个产业资本的生产和再生产起决定性的作用。我们完全可以根据同样的表达方法列出若干种耗费和收益因素的净效应对资本循环型式及其各种内部结构的影响。

本文的分析原则，除了用上面各种关系式表达外，还可用下列方式表达：

如果 j 的净效应最大，即 $\max\left[(j)\sum_{i=1}^{8}C_i + B_i\right]$，则 j 为最佳的资本循环型式（包括最佳的型式内部结构）。

其中，C 为负数，j=第一、二、三类循环型式。或者，j 表示在第一、二、三类循环型式下，企业在国内投资、对外贸易、对外直接投资在比例方面的显著变动。

显然，如果是三种收益因素起作用，比方说，第一、二、三种收益因素起作用，则上面的 $\max\left[(j)\sum_{i=1}^{8}C_i + B_i\right]$ 就简化为 $\max\left[(j)\sum_{i=1}^{3}B_i\right]$。

在实际中，到底哪些因素可以略去不计，可采用两个方法：一是确定资本循环中有关耗费因素与收益因素可用数值表示的自变量，然后估算这些自变量在资本循环净收益（量）这一函数中的数量关系（例如，以参数大小表示之），再然后决定舍弃哪些在各类型式下会互相抵消的因素，或者数量上微不足道的因素。另一办法是根据探讨具体问题的需要，略去那些与该具体问题明显地相距甚远的因素。例如,如若我们要探讨日元升值、美元贬值对日本跨国公司对外直接投资的影响,那么就可以以金融耗费因素、购入劳动手段、劳动对象、劳动力的耗费因素和第二种收益因素中的第 4 项因素即全部价值的实现比例方面的最后一项收益因素即 B_8 为主要自变量(即以 C_1、C_2、C_3、C_5、B_8 为主要自变量),并舍弃其他因素。

五、资本循环与跨国公司的国际直接投资

(一)跨国公司国际直接投资的一般性

至此为止的论述,是舍弃现代国际经济关系中的重要力量,即发达资本主义各国的垄断组织——跨国公司的特殊性质这一企业差别因素以后做出的。[①]也就是说,只是把跨国公司作为跟一般资本主义企业无重大差别的公司来对待。如若将跨国公司的特殊性引进本文的理论框架,那么,是否会使这个框架变得不适应对现实的国际直接投资等现象进行分析呢?

我们认为,这并不会使这个分析框架变得不现实;跨国公司的直接投资及其贸易、金融、母国国内的生产等活动的经济分析能纳进这一分析框架中;国际化垄断企业只能够使八种耗费因素或收益因素所起作用(如对企业经营决策的作用)的大小发生变化。本节将详细讨论这个问题。只有明确了这些问题以后,本文所述的分析框架才可能与现实经济保持较密切的联系。因为现代国际直接投资额的重要部分,是由那些规模巨大的国际化垄断公司的对外投资构成的。

事实上,国际化垄断企业对外直接投资的特点,基本上决定着战后总的国际直接投资的特点。这是因为跨国公司掌握主要资本主义国家私人对

---

① 以上分析主要是从价值增殖过程来看企业的耗费和收益因素的,但鉴于单个资本的价值增殖过程的另一面是使用价值的生产过程,我们可以把那些耗费、收益因素分为四类——国别因素、产业部门因素、企业差别因素和产品差别因素。如果我们具体分析某一企业的对外贸易和对外直接投资,那么就需要从国别、部门、企业、产品四方面来检查各种耗费因素和收益因素,在资本循环过程中的作用大小。这一部分即讨论企业差别因素中的一项——垄断性企业与非垄断性企业相比,究竟对国际直接投资产生怎样的影响。

外直接投资总额的四分之三，资本、技术密集程度高的工业部门，几乎全被这些大型跨国公司所控制。因此，如若战后国际直接投资诸主要特点符合资本循环原理的分析，那就可以证明跨国公司的国际直接投资活动同样可以纳入资本循环原理的分析框架。

现在以本文导言中所述战后国际直接投资的前四个特点为对象，以本文提出的理论框架加以分析，检验资本耗费和收益因素净效应决定资本循环型式及其结构这一理论框架是否适用于对此四个特点的原因探讨。若适用于对此四个特点的原因探讨，也就说明国际化垄断企业的对外直接投资及其他有关活动的分析符合本文所述的理论框架。

第一特点，关于战后发达国家直接投资的互相渗透。由于发达国家相互之间的私人生产性直接投资大多在制造业部门，故下列耗费、收益因素很重要：（1）购入劳动手段的耗费因素。发达国家容易买到适用的先进设备等固定资产，发达国家的经济政策和投资环境相对比发展中国家稳定，即上述第二种耗费因素所致的耗费量，一般要比发展中国家低。（2）购入劳动对象的耗费因素，例如购买材料、部件、动力等的耗费。任何一家制造业的公司都免不了要购买公司外部的材料、部件等，以便降低生产成本。这种耗费因素（即上述的第三种耗费因素）所致的单位产品耗费量也是发达国家比发展中国家低。（3）发达国家市场容量大，易于使企业产品的价值实现比率保持最高水平，即上述的第五、六、七、八种收益因素易于在发达国家发挥作用，而制造业成品的销售竞争很激烈，故第五、六、七、八种收益因素对于制造业很重要。加上制造业产品更新换代快，在现代生产技术发展和市场激烈竞争的条件下，发达资本主义国家的垄断资本集团为获取高额利润或稳定保持尽可能大的企业收益，必然会充分利用发达国家所具有的特点——现代通讯发达、市场信息收集和处理的网络功能发达，再加之垄断企业考虑到向其他发达国家的企业转让比之于向发展中国家转让技术更难以保持技术垄断地位，并考虑到，如果在本国生产然后将产品运销其他发达国家会妨碍企业对其他发达国家（产品销售市场的所在国）通讯和市场信息收集、处理优势的利用，这也就意味着会增加上述第四种耗费因素所致的耗费量。

在以上因素的综合作用下，一家美国的垄断公司就较愿向西欧进行直接投资，西欧一家垄断公司也就较愿向美国进行直接投资。在这些垄断公司进行国内生产、出口贸易（包括出口技术）和对外直接投资等市场参与形式的选择时，抛开产品差别因素和发达国家之间的国家差别因素以及一些产业部门差别因素，那么，发达国家垄断资本就可能使资本循环的型式及其内部结构的变化在如下关系式范围内进行：

$$max[（III）\sum C_i + B_i]$$

其中，$C_i = C_2$、C_3，$B_i = B_5$、B_6、B_7、B_8。[①]

当然，在考虑到产品差别因素，国家差别因素和产业部门的一切因素时，一家垄断资本也可能使其资本循环型式向第一类或第二类循环型式及其内部结构变换。这也就是战后发达国家在企业国内生产、国际贸易和国际直接投资三方面都有发展的微观经济领域的原因。

第二特点，即发达国家在第三世界的投资分布极不平衡，发展中国家的国民收入越高，垄断资本越愿在那里投资；资本极少流往最缺资本的低收入发展中国家。很显然，由于收入高的发展中国家一般说来，其经济发展水平与发达国家较接近，上面所述 C_2、C_3、B_5、B_6、B_7、B_8 等因素也同样对国际化垄断企业的资本循环起显著的作用。另外，沿着刚才的推理过程走下去，我们可以得出结论：第二个特点也符合以资本循环原理为基础的分析框架。

第三个特点，相互直接投资的国家之间在同一产业部门内部出现互相设厂的现象。例如，同样是洗涤剂制造商，英国的龙尼利佛·N. V.公司与美国的宝洁公司，前者在美国开设利佛兄弟公司，后者在英国开设子公司。这与战后以来发达国家制造业和其他工业部门的同类产品销售市场细分化有密切的关系。在销售市场细分化的条件下，各大垄断企业为了保持

[①] 在这种各国之间宏观经济的粗线条比较方式下，各类循环型式下的其余各种因素基本上可以视为相互抵消，故可以将这些因素从关系式中略去。这一推导方法同样适用于对以后三个特点的讨论。

同类产品的差别，以便占领或维持其在外国的某一相应的细分市场（此即上述的资本循环第七种收益因素起了决定性作用），就可能决定在国外市场所在国就地设厂生产。这时，垄断企业对资本循环净效应的估计一般是：（Ⅲ）B_7>（Ⅱ）B_7且（Ⅲ）B_7>（Ⅰ）B_7，（在其他的耗费、收益因素相同或不起主要作用的情况下）这显然同样符合以资本循环原理为基础的分析框架。

第四个特点，即跨国垄断企业在发达国家的投资重点是资本、技术密集型制造业，在发展中国家的投资重点部门是采掘和劳动密集型加工工业，但跨国垄断企业在发展中国家制造业的投资总趋势是上升的。这种场合，考虑到发展中国家与发达国家经济水平差异对制造业投资的影响，考虑到第三世界不少国家劳动力众多，自然资源丰富的特点，以及 20 世纪 60 年代以来某些发展中国家（和地区）在经济发展水平和工业化方面的不断进步，那么，就能够应用对以上三个特点的同一推理分析方法得出结论：第四个特点也符合以资本循环原理为基础的分析框架。

既然以跨国公司直接投资为主体的战后国际直接投资的上述四个特点符合资本循环原理下的一般分析框架，那么，这就说明战后跨国公司的兴起及其对外直接投资具有与一般国际直接投资相同的共性，也即跨国公司具有国际直接投资的一般性。

这种国际直接投资的一般性可以概括为：一国企业对外直接投资，是由于该国生产力发展到一定水平和世界经济发展到一定水平以后的产物，是那些具有国际竞争能力的各国企业对生产力日趋国际化所作出的相同的反应。所谓相同的反应，这里指的是一家企业面对着企业的生产需要走向国际化的压力和动力，在企业层次上作出生产关系国际化的反应；这种反应并非垄断企业特有的行为，而是所有具备国际竞争能力的企业都可能作出的相同的行为。既然如此，这种国际直接投资的一般性同样可应用到发展中国家的企业和中国企业身上。

一般的国际直接投资源自资本主义机器大工业诞生之后的国际专业分工。其根本理由有二：其一，机器工业生产就本质上来说，是产品的大规模生产,其所需投入的原材料(包括中间产品的投入)等**种类多、数量大**,没有一个国家能在原材料和中间产品的投入物方面臻于自给自足。由此引起的原材料方面的国际生产,早在一百多年前就相当普遍了。其二,产品大规模生产势必加深各种各类产品的社会生产专业化。对任何一国国内某类产品市场的容纳量而言,这种大规模生产趋向的延续和生产专业化的加深是一对不可克服的矛盾。这是因为大规模生产的规模经济的要求使得专业化产品的国内市场容纳量变得狭小。相反地,各国和各国有关企业在广阔的世界市场联系下,进行生产专业化分工可以克服这对矛盾。于是,在国际价值规律的调节下,在世界市场的竞争(这首先应包括各大垄断公司的竞争)中,专业化跨过国界,出现了生产国际化,从而在单个资本循环诸种耗费、收益因素变动这一层次上导致第三类资本循环型式的大量出现(即企业的国际直接投资的大量出现),并促进了第一类循环型式(国内直接投资或称国内生产)和第二类循环型式(对外商品和技术贸易及其金融)的大量出现。

20 世纪以来,尤其是 40 年代以来,尽管单位产品原料消耗量趋于减少,但是机器工业大规模生产所需的各种原材料和中间产品投入的种类更多了(这主要是由于增加了许多种加工程度较高的中间产品),所需的总量更大了。[1]与此同时,机器工业领域大规模生产的特点在大体上长期存在,产品生产的专业分工处于不断深化的过程中。[2]60 年代以来,机器工业领域大规模生产的特点和专业分工的深化也在发展中国家出现。因此,从 60 年代开始,各国对外直接投资日益成为世界经济中的普遍现象。

对于循环中的单个产业资本来说,现代工业部门大规模生产的特点和专业分工深化的特点,并不意味着价值增殖运动方面的重大变化,而是意味着使用价值生产方面的重大变化和生产技术发展的重要走向。因此,虽

---

[1] 此外,战后以来代用器迅速发展,发达工业国家所需的天然原材料的比例相对地下降了。**显然**这一点同样不影响本文的论据。

[2] "无形产品"的生产分工即劳务的专业分工也处于不断深化的过程中。因此,这里的"产品生产"应该是广义的,包括劳务。

然当代发达资本主义国家工业界的大垄断企业——正如列宁所指出的那样——是工业资本和银行资本的融合，但是，其工业资本增殖的另一面——使用价值生产和技术发展趋势的特点同样是大规模生产和专业分工深化。这样，这些大垄断工业企业就具有对外直接投资的倾向，加之这些垄断企业并不能排除垄断条件下的竞争，这一现实经济环境也就促使工业界垄断企业对外直接投资的倾向十分强烈。①

（二）跨国公司国际直接投资的特殊性

与非垄断企业相比，在一国之内处于支配地位的垄断企业，其对外直接投资的倾向更强烈，并且有其跟一般企业对外直接投资不同的特殊性，当这些垄断企业在国外设立子企业时，就成了跨国公司，于是跨国公司的国际直接投资也就独具其特殊性。这种特殊性的各种表现，同样可以用上述理论分析框架加以分析。

跨国公司国际直接投资特殊性的基础在于，一般对外直接投资的企业基本上仅仅是国际市场供需格局变动的适应者，而进行对外直接投资的国际化垄断企业，不仅是国际市场供需格局变动的适应者，而且首先在不同程度上，是国际市场供需格局的控制者。尤其是那些规模巨大的西方大跨国公司，它们作为整体，在短期内几乎完全控制许多产业部门国际市场的供需格局。在世界经济体系内部，国际化垄断组织的形成，意味着在一定程度上否定了国际市场上"等量资本获取等量利润"的原则，也在某种程度上否定了所有进行国际投资企业的商品价值围绕着商品国际平均价值波动的原则。隶属于金融资本集团的国际化垄断企业——跨国公司即使在

---

① 反之，如果一个工业垄断大托拉斯处于独占性的绝对垄断地位，那么，它也就不需要进行国外直接投资了。这是因为，在典型的场合，作为处于独占性垄断的地位企业，它作为产品投入物（各生产要素）的需求者，是独家买进（不管是从国内还是从国外买进）；边疆作为成品的供给者，是独家卖出（不管是在国内销售还是卖给国外买主）。它的超额垄断利润无疑可以确保，无需凭空去冒国外投资的风险了。因此，可以说，与西方传统经济学所分析的完全纯粹竞争的场合不会出现对外直接投资的结论一样，绝对的企业垄断条件下也不会出现企业的对外直接投资。

长期内，也可以给国际生产供需格局的客观演变打上深刻的烙印。它们的国际直接投资的社会经济影响首先与它们攫取高额垄断利润有联系，当它们把直接投资的触角伸到某些经济落后、市场规模较小的东道国以后，就可能会在经济上控制东道国，甚至在政治上间接地左右东道国政府行使国家主权的能力。于是，这些跨国公司及其子公司就得以在东道国"向整个社会征收贡税"。这一种超级剥削能力，使它们拥有巨大的财富和生产资源，以此在短期内阻止国际生产供需格局向不利于垄断资本的转变，维持或推进有利于垄断资本的国际生产分工。从而实现按照国际化垄断企业的实力来分配利润，保持垄断资本在国际市场上的短期力量平衡。

但在长期内，由于国际各垄断资本集团之间的竞争，由于发达国家对经济生活的直接干预[1]，又由于战后新产品新行业层出不穷，新旧行为的不同垄断企业之间（旧纺织业与塑料制品、人造纤维部门的竞争就是一例）展开激烈的市场争夺战。还由于技术革命使跨国公司进行生产所需的物质生产要素价值的急剧升降，或者使跨国公司在某制成品国际市场上的定价能力陡然消涨，最有高度垄断优势的大跨国公司也是国际市场供需格局的适应者。许多大型跨国公司在最大公司座次排列上的频繁升降变化证明了这一点。

无论跨国公司是作为国际市场供需格局的控制者还是适应者，它们都受八种耗费和收益因素作用的净效应的制约，尤其是受第七种收益因素——占有或维持潜在的（或原有的）销售市场方面的因素的制约。假如第七种收益因素在某大型跨国公司决策者的心目中成为压倒一切的因素，那么，资本循环型式的选择或者其内部结构更改的选择，就服从于（Ⅲ）B_7、（Ⅱ）B_7 和（Ⅰ）B_7 三者之间的大小比较，择最大者而从。

在分析了跨国公司直接投资特殊性以后，现在我们可深入一步，叙述其特殊性的若干种表现。

---

[1] 这种国家垄断资本主义对经济活动的直接干预在不同的国家之间，在不同的部门之间，不同的工业垄断企业之间，产生不同矢量的影响，某些干预措施很有可能限制或削弱某些垄断企业对国际市场的垄断优势。

　　首先,跨国公司依靠其在原材料和零部件采购市场和产品销售市场的垄断优势,可以巧取豪夺高额利润,故往往以最大利润为直接或间接的经营目标。因此,各种收益因素对资本循环型式的选择,特别是对第三类循环型式以及型式内部结构变动的选择有很大的影响。例如,只要维持市场份额的较大部分,其他竞争者特别是非垄断企业,势必处于不利地位。这样,国际化垄断资本就可以用价格竞争或非价格竞争压垮或抑制其他竞争者。以西方工业国家制造业的垄断资本对拉美进行直接投资的动机调查来看,扩大和维持市场份额作为企业首要目标的跨国公司占绝大多数。[1]与此不同,非垄断企业对外投资经营动机的调查统计显示,以扩大和维持市场份额为首要目标的企业的比例就低得多。 试将日本一些进行对外直接投资的中小企业为代表,它们之中,以维持和扩大市场份额为首要目标的比例仅占三分之一。[2]由于维持和扩大市场是诸收益因素的关键,因而可用以代表收益方面的诸种因素。 非垄断企业为何以收益因素方面进行对外投资的比例较低?这是因为,这些企业一般只能取得远远低于本部门垄断企业的利润,收益因素所起作用相对有限,故大多数以降低耗费量为经营的首要目标,以保证本身的资本循环的质、量规定。

　　其次,跨国公司在资本循环诸种耗费因素中更重视金融耗费因素的作用。因为跨国公司与银行资本有着密切的联系,如果没有银行的支持,跨国公司就不可能增强和巩固其在国际竞争中的地位。由于其他各种耗费因素不一定能够由作为国际化垄断企业的跨国公司所垄断,而货币资本则可以依靠该公司所依靠的财团加以利用,以发挥金融“优势”。跨国公司能以最低的代价获得充足的货币货款,以此在竞争中增强和巩固自己的地位。这方面的道理实际上在文献中多有记载。

　　再次,国际化垄断企业为垄断技术这一目的而进行对外直接投资的可

---

[1] 详见迁忠夫:《现代资本输出论》,1982年日文版。

[2] 据日本中小企业厅编的（日本）《中小企业白皮书》,昭和54年版,第149页。其中说到“确保市场和开拓市场”的比例占35%,这近似于本文所述“维持和扩大市场”的意思,故似可借用。

能性远比非垄断企业为大。国际化大垄断企业不但在金融方面有垄断优势，在工业技术上也具有垄断优势。由于一项技术有会老化和必然扩散的规律，因此，跨国公司为有效地垄断本企业的技术，往往在国外市场进行直接投资。因为直接投资与向国外独立的当地企业输出技术这种市场参与形式不同，它可以在势在必行的国际技术转移过程中最大程度地控制技术扩散的步骤，使技术转移的形式和结果能给垄断企业带来最大的产品销售收入。在这方面，特别是关于产业部门技术密集程度与对外直接投资的高度相关，现代国外学者早已作出结论。[①]

最后一种特殊性表现是，同一部门的最大几家跨国公司对外投资决策往往受这些公司之间的寡头垄断竞争态势的影响。这与占领某国外市场、维持或增加投资企业在该国外市场的份额有关。由于行业差别方面的因素作用，制造业部门的大型跨国公司在这一方面尤为突出。跨国公司的"全球战略"，往往与寡头垄断竞争密切相联。为了在"全球战略"上对竞争对手的投资、销售活动作出反应，某一跨国公司在国外某地的直接投资可以完全违背企业的资源有效配置原则。例如，美国凯特皮勒公司与日本小松公司在大型建筑机械贸易上展开竞争。1963 年以来，凯特皮勒公司与一直同小松公司长期竞争而又力量较弱的对手三菱公司搞合营企业。 从实际业务来说，这个合资经营企业仅仅在日本市场开展活动。但从战略上看，它可抑制小松公司的市场份额和资金流通量。日本在大型建筑机械的世界市场销售额占 20% 弱，其中小松就占了 80%，凯特皮勒和三菱的合资经营企业居第二位。正如国外某学者所分析的那样，"其作用是限制小松的盈利，虽然此合资企业只能赚取极少的利润，但对凯特皮勒公司来说却具有很高的战略价值"。[②]

从以上分析可知，跨国公司国际直接投资的特殊性同样可用以资本循环原理为基础的理论框架加以探讨。当然，跨国公司直接投资的特殊性在

---

① 例如，P. J. 巴克来和 M. 卡森合著的《多国公司的未来》就有详细论述。

② 见《美国哈佛商业周刊》1982 年 9 月第 10 期，托马斯·豪特的文章，转引自《国际贸易译丛》1983 年第 3 期译文。

一定程度上决定这种垄断企业在经营管理上也有跟一般的跨国经营工业企业不同的特点,这使得跨国公司投资和其他业务活动的社会经济作用显得更加复杂。

六、结束语

（一）关于本文理论框架的小结和补充

本文尝试着从马克思的产业资本循环原理出发,建立对于当代国际直接投资的新的理论分析框架。在内容上,本文只限于探讨资本主义工业企业,尤其是资本主义发达国家的企业对外投资的根本原因及其某些规律。

理论框架的基本命题是,任一单个产业资本,其循环所需付出的代价（即耗费）和所致利益（即收益）的总和大小决定了资本循环型式及循环型式的内部结构。

产业资本循环是资本主义经济现实中产业资本增殖运动的高度抽象。将这种运动的高度抽象形式加以相对的具体化,就可以把资本循环分为三类型式。此三类型式虽然对于实际运行中的产业资本来说,还带有相当程度的抽象,但毕竟比《资本论》中的产业资本循环要相对地具体一些。第一类循环型式是流通阶段（包括购买阶段和出卖阶段）和生产阶段都在国内范围进行的资本循环型式。第二类循环型式是仅有流通阶段的部分内容在国外进行的资本循环型式。不但流通阶段有部分业务内容,而且生产阶段也有部分业务内容在国外进行的资本循环型式,则是第三类循环型式。第三类循环型式是资本主义进入垄断时期以后才逐渐出现和增加起来的。但仍然与第一类、第二类型式一样,具有社会化商品生产条件下企业投资和经营行为的共性。这是因为,马克思所揭示的产业资本循环本身就具有超越自由资本主义时代的理论指导意义,产业资本循环原理也是对社会化商品生产条件下任一独立企业所拥有的资源在价值上的循环规律的揭示。

与资本循环型式有关的一个问题是每一类循环型式的内部结构问题。从第一类型式到第三类型式的发展进程,同时也是循环型式内部结构从简

174

单到复杂的演变进程。正因为如此，资本循环的耗费、收益因素在影响第一类循环型式的内部结构时，只影响资本运动在本国国内的各种业务内容在价值上的比例，例如在国内的甲地直接投资数额增加，或在乙地的产品销售量的减少，并不涉及对外贸易和投资的变更。①耗费、收益因素影响第二类型式的内部结构变化，则不仅涉及第一类型式下的那种国内不同地方的投资比例和销售比例等等的变更，还涉及企业进出口贸易的流向变化（例如向某一外国的出口值增加，向另一外国的出口值减少，从而使向各国之间的出口值发生变化。或者，国内的原材料或零部件购入值增加，国外的原材料进口值减少，从而使原材料或零部件采购的国内外比值发生变更），包括在国内的产品销售量增加或减少、在国外的产品销售量的减少或增加这样的国内外销售比例变化。至于第三类型式的内部结构变化，则不仅包括第二、第一类型式中可能出现的结构变化，还有第三类型式所具有的独特的结构变化，如企业国内外投资比例、企业国外的投资地理方向、企业国外投资的部门比例等等的更动。可见，从总体的角度看，资本循环的耗费、收益因素对循环型式内部结构的影响、特别是对第三类循环型式内部结构的影响是最纷繁复杂的。当然，如果用上面注解所述的各型式之间的"模糊"分类，那么第一、二类型式也可能实际上有对外投资的变更问题。

　　文中所举的资本循环八种耗费因素和八项收益因素基本上是依照产

---

① 本文上述的循环型式之间，实际上有一条极狭窄的界线：即，只要第一类循环型式中出现一点对外贸易的内容，第一类循环型式就转变为第二类循环型式；第一类循环型式只要有一点对外直接投资的内容出现，就变为第三类型式。如果我们将界线划宽一些，划"模糊"一些，倒可以使经济理论分析更切合实际。例如，我们可以设想，第一类型式中，占资本总额5%以内的对外贸易额可以略而不计，仍然将资本循环归入第一类型式；同样可设想，在第二类型式中，占资本总额5%以内的对外直接投资额可以略而不计，仍然将资本循环归入第二类型式，当对外直接投资额超过5%时，才视第二类型式已转换成第三类型式。当然，百分比不一定是5%，可视具体情况而定。如果用这样的模糊概念，那么，第一类型式也可能有对外贸易和对内贸易的比例问题，第二类型式也就可能有国外投资比例等型式内部结构变化问题。在现实世界，OECD和许多发达国家就有这种是否属于直接投资的界线划分。

业资本循环的购买、生产、出卖阶段各项活动——价值和使用价值的转换和生产有关。试将文中第一、二、三、四、五、六、七、八种耗费因素分别用①、②、③、④、⑤、⑥、⑦、⑧表示，将文中第一、二、三、四、五、六、七、八项收益因素分别用ⓐ、ⓑ、ⓒ、ⓓ、ⓔ、ⓕ、ⓖ、ⓗ表示，则文中所述的各种耗费收益因素与流通、生产阶段有如下图所示的联系：

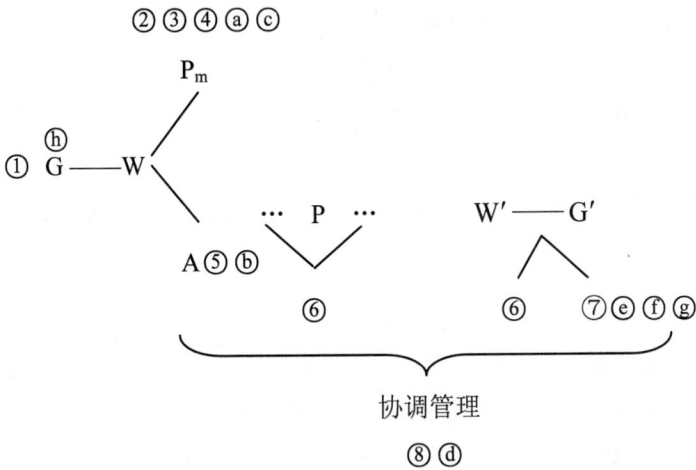

②③④ⓐⓒ

P_m

ⓗ
① G —— W

A⑤ⓑ

··· P ···

⑥

W′ —— G′

⑥   ⑦ⓔⓕⓖ

协调管理
⑧ⓓ

各类循环型式的转换及型式内部结构变化的根本原因是，产业资本在循环的耗费、收益因素的作用下，为保持资本循环质、量规定性而选择耗费、收益因素的净效应最大情况下的型式。

至于国际化垄断资本的对外投资与非垄断资本对外投资的不同特征在于，在短期内，前者是国际市场供需格局的某种程度的控制者，后者基本上是供需格局的适应者。

今后如将这一理论框架加以补充和发展，似可尝试对某一企业、某一行业的对外直接投资以及对外贸易活动和出口许可证等技术贸易进行分析和预测。诚然，决定企业的国际投资行为的因素异常复杂，牵涉面广，只有把企业的国际投资及贸易行动纳入国际社会经济关系的错综的网络才能加以正确的解释和预测，这样做的难度很高。因为迄今为止的各种国际直接投资理论还不可能建立完善的分析体系，还因为关于企业行为的有效的分析概念和方法远未得到充分的发展，而现代企业的国际投资行为却在战后表现出多方面的变化，关于企业行为的资料、数据在国外也很不齐全。不过，为了在分析理论上再走一步，本文的框架就需在以下几方面予以补充或发展：

1. 文中所述的诸种收益和耗费因素还应该从国家差别、部门差别、企业差别、产品差别这四方面加以区分，即分成国别因素、部门因素、企业因素和产品因素等四类。以便把国家的宏观经济政策和一国的经济特征、一国之内的产业部门之间的兴衰变迁、企业规模大小、产品技术密集程度等对各种耗费、收益水平的响影加以较正确、全面的估计。

2. 应该考虑到企业对外直接投资本身的形式不同，对耗费、收益因素的影响。直接投资的形式有独资企业和合营企业之别。建立独资企业的方式又不一样，可以通过兼并东道国的既有企业，也可以通过筹资在东道国创立一个新企业。这样，独资企业和合营企业对母公司的总收益水平就有不同的影响。兼并既有企业和创立新企业，所需的投资额和购买生产资料的耗费即上文所述第二、第三种耗费因素所导致的耗费量就相距较殊。兼并既有的企业，在东道国市场上的竞争压力较轻，创办一个新企业则对东道国市场的竞争压力较大，因为这关系到市场份额的重新分配，对销售收入即上文所述价值实现的比例这方面的诸种收益因素产生影响。

3. 国际化垄断企业和非垄断企业两者的资本规模大小不同，对资本循环的另一种量的规定性——比例性的影响不一。这一量的规定性虽然不像价值增殖率的规定那样关系到产业资本的存亡，但对产业资本的收益水平也产生不可忽视的影响。既然产业资本的循环是连续进行的，那么就存在资本循环的比例性问题——在全部资本中，货币资本、生产资本和商品资本三种形态的资本各占多少的问题。①如所周知，二战后自 60 年代开始，总的趋势是，制成品国际市场的竞争日益白热化。这似反映商品资本在三种形态的比例中所占份额可能显得较高。

4. 单个产业资本循环和社会总资本循环的关系如何？例如，单个企业的资本循环与全行业资本循环的相互作用如何？单个企业的资本循环与有关的其他行业的单个产业资本循环的冲突性或互补作用如何？产业部门之间的资本循环和全社会的资本循环的关系如何？一国与另一国之间的社会总资本循环的关系如何影响单个产业资本循环的型式及其内部结构？研究这一系列问题也需要在方法论上对上述的理论分析框架加以补充。

（二）本文的前提条件对分析方法的影响

本文重要的前提条件有两个：第一个是，产业资本循环原理对垄断资本主义社会的企业和一切社会化大生产条件下的企业都适用。只要实际上这一前提完全正确，就能够对本文的分析框架带来以下四点积极影响：

1. 该理论分析方法可以将一般的企业行为和特殊的企业行为（例如，国际化垄断企业）结合起来，将国际直接投资与国内直接投资、国际贸易视为一个整体进行分析。因此，这种把一般与特殊结合起来的理论分析方法就较容易应用到发展中国家企业的对外投资，乃至应用到社会主义制度下企业的对外投资的理论分析上。

2. 该理论分析方法的出发点是一般的产业资本循环，跟借贷资本和商业资本循环的耗费、收益因素有相近之处，它们都是社会大生产条件下

---

① 关于产业资本循环的比例性问题，还可参考俞明仁著《〈资本论〉讲解》一书，第 39~40 页。各种职能形态资本所占的比例不是任意规定的。"因为单个产业资本代表着一定的量，而这个量又取决于资本家的资金，并且对每个产业部门来说都有一定的最低限量，所以单个产业资本的分割必须按一定的比例数字进行。现有资本的量决定生产过程的规模，而生产过程的规模又决定同生产过程并列执行职能的商品资本和货币资本的量。"（《马克思恩格斯全集》第 24 页，第 119~120 页）值得指出，这个比例性问题，上面叙述的文字只是简单地从资本循环型式内部的一种结构的角度提及。

的共同产物。因此，类似的理论框架可以在根本上适应对跨国商业性企业和跨国银行等金融性企业的分析。在理论分析方法上，马克思关于资本循环原理是最容易应用于对国际直接投资方面的理论，也是在《资本论》中最易应用于当代全球化经济运行的理论方法。对于这一点，我们国内较年轻的学者似乎关注不够。

3. 该理论框架由于既以国际直接投资为一般对象，又以国际直接投资特殊为对象，故易于批判地吸收国外各流派学者的国际直接投资理论，例如以传统的资本移动理论为基础的学说（其中包括阿列伯的通货区现象理论、史蒂文斯的分散资产风险理论）、以国际寡占为对象的狭义跨国公司理论、经营多样化优势理论、内部化理论、工业组织理论、国际生产折中面理论，等等。从上述的论述中可以看出，本文所述理论框架虽然是从微观分析入手，可以比传统的资产过剩理论的宏观方法更直接地探讨企业本身的对外投资，但同样还可能吸收资本过剩理论的逻辑基础：资本总是流向有利可图的地方，还从金融耗费因素（本文所述第一种耗费因素）和某些额外收益因素（本文所述第八种收益因素中包括着金融收益等项因素）方面直接吸收传统的资本过剩理论的营养。

4. 通过对产业资本循环原理的应用，既可以剖析发达资本主义国家利用跨国公司对外投资进行国际经济扩张，又可以对一切企业（包括国际化垄断企业）对外直接投资的社会化大生产一面进行客观的评估，从而为我国对外开放政策增添理论根据。本文所述理论框架包括技术的耗费因素（第四种耗费因素）和技术改进的收益因素（第三项收益因素）在一定条件下可以成为所有企业对外投资决策的关键因素，以引进国外先进技术为重要目标的我国对外开放政策实施者，就可以利用这种因素，使利用外资和引进技术有效地结合起来。

本文第二个重要的前提条件是，影响企业对外直接投资以及其他业务活动的因素都能直接或间接地量化。显然，这一前提在实际运用中难以完全实现。这将对本文的分析框架带来下述的局限性：

局限性之一，该理论方法难以把社会、政治、历史条件以及企业经营管理制度方面的全部因素都考虑进去。这是因为，社会、政治、历史条件以及经营管理制度方面的因素之中，有的可以基本上定量化，以估算它们对资本循环耗费、收益水平的影响，也即它们可以是耗费、收益诸种因素中的若干项；但也有许多因素不能定量化或者并不与资本循环耗费、收益诸因素有直接的联系，但这些因素又可以直接影响企业的国内外投资和贸易活动。这些因素有：企业的所有权与经营权的分离程度、所有权与经营权之间的协调机制、企业的母国和东道国的社会、文化、心理特点、劳动资料和劳动对象的物质特性对管理制度的作用从而对企业生产空间布局的影响（例如简单工具和自动化机器两者的不同特性对企业生产空间布局的影响，从而对企业在国际范围选择分厂的地址产生影响)，等等。

上述诸多因素表明，企业不可能像一部高级精密的经营决策机器那样运行，社会、政治、历史、社会文化、经营体制、信息等方面的限制，使资本循环原理下的耗费——收益分析框架需要社会学和经营学等领域的研究方法和知识的补充。

局限性之二，本文所述的资本循环耗费和收益因素净效应的分析，隐含着以长期投资净效应最大化（即净收益最大化）的假设，这就需企业明确了解其生产函数——成本函数和需求函数，但在现实的企业行为中，确定产品的需求函数相当困难，也难以确定消费函数。此两个函数都是随着市场条件和技术条件的变化而不断地更动的。因此，企业对外投资的决策，在复杂的国际经济环境下，不可能同资本循环原理下的本文分析框架没有偏离。如何使偏离程度缩小，必须借助于微观经济理论分析的新方法，借助于经济社会学领域的某些研究方法。

跨国公司的形成和发展

滕维藻

一、产业资本国际化是跨国公司形成的基础

（一）商品资本国际化的发展与资本主义生产关系国际化的形成

资本主义发达国家产业资本运动过程的国际化，因不同的历史发展阶段而有其不同的重点和特色。产业资本从出现的时候起，就由于其内在的扩张力，力图冲破国界限制，越出一国范围去进行榨取剩余价值的活动，建立了资本主义的世界体系。随着科学技术的进步、社会生产力的发展，以及生产专业化和协作的加强，资本运动过程的国际化越来越成为资本主义国家相互之间经济关系的必然趋势。

在自由资本主义下，国际贸易是世界各国相互经济联系的主要渠道。"世界贸易和世界市场在16世纪揭开了资本的近代生活史。"[①] "不断扩大产品销路的需要，驱使资产阶级奔走于全球各地。他们必须到处落户，到处创业，到处建立联系。"[②]大机器工业使生产规模不断扩大，争取海外市场和采取原料、粮食的需求，使欧洲先进的工业国和亚非拉农业国一齐卷入国际分工和世界市场的洪流，各国的生产通过商品资本的国际运动而结合成世界性社会再生产过程，并使资本主义生产关系逐渐发展和向外渗透而初步形成资本主义生产关系的国际化。

为了说明国际贸易的产生，以李嘉图为代表的古典经济学家提出了比较利益原理。20世纪30年代瑞典经济学家赫克歇尔（Heckscher）和奥林

---

① 《资本论》第1卷，人民出版社1975年版，第167页。

② 《马克思恩格斯选集》第1卷，人民出版社1972年版，第254页。

（Ohlin）提出了更为完善的生产要素禀赋比例理论，说明了各国在生产那些能较密集地利用富裕的生产要素的商品时，必然产生比较优势。通过劳动生产率水平和生产成本的差异，说明国际贸易利得的来源。马克思主义经典作家十分重视运用国际分工和国际市场的作用，阐明商品资本的国际运动。由于各国的资源和自然条件的不同，更重要的是由于经济技术发展水平的差异，在相互经济交往越来越多的条件下，逐渐趋于发挥各自的优势，形成国际范围内的社会分工和交换。即使经济技术水平相近的国家之间，也会因科技发展和生产的多样化，形成日益复杂的国际分工和专业化生产，使发达国家之间、发展中国家相互之间、发达国家与发展中国家之间无论是部门间和部门内的国际贸易，都在迅速发展。商品资本的国际运动，一直是资本主义各阶段的产业资本国际运动的重要形式之一。

（二）货币资本的国际化与资本输出

资本主义发展到垄断资本主义阶段即帝国主义阶段，发达国家资本积累的规模扩大了，形成了大量过剩资本，"帝国主义就是货币资本大量积聚于少数国家"[①]，"他们专靠'剪息票'在掠夺全世界"[②]。列宁所讲的资本输出是有其特定含意的，即指资本主义发展过程中的帝国主义阶段，以货币资本输出为主要形式的资本主义国家，输出的主要方式是借贷资本和股票、证券买卖的间接投资；输出的结果是世界分为极少数打上寄生烙印的高利贷国和绝大多数债务国，在国际范围内再生产出来资本主义生产关系、宗主国和殖民地的关系。基于这种分析，列宁把资本输出列为金融资本统治的帝国主义经济特征之一。

在这里，有几个值得注意的观点，需要加以讨论。

1. 列宁所指出的，资本输出代替商品输出，成为最新资本主义（即帝国主义）的特征。这里的"代替"往往是指在这个阶段，以货币资本的国际运动为产业资本国际运动的主要形式，资本的对外扩张主要通过借贷资本的运动表现出来，但并不意味着，商品资本和生产资本就不重要甚至

① 列宁：《帝国主义是资本主义的最高阶段》，人民出版社 1964 年版，第 90 页。

② 同上，第 9 页。

不起作用了。相反，有种种力量使商品资本克服垄断组织的障碍而扩大国外市场，对资本主义的发展仍然起着重大的作用。

2. 关于"过剩资本"问题。列宁所说的"过剩资本"，是指帝国主义时期大量货币资本集中于少数发达国家的银行和其他金融机构，由于这些国家缺乏有利可图的投资机会，大量货币资本游离于再生产过程之外，不得不把它们作为借贷资本贷放给殖民地和缺乏资本的落后国家，或购买其股票、证券，攫取更高的利息（利润）率。货币资本之所以输出国外，并不是因为它们在国内已经绝对不能起作用，而是因为资本主义在少数国家"已经成熟过度了"，"有利可图的"投资场所已经不够了[①]，也就是说，不能在国内赚取像国外那样高的利息（利润）率。所以这只是相对意义上的过剩资本而不是资本的绝对过剩。

有人提出，资本输出并不总能赚取比国内更高的利润率。但是从许多统计资料来看，输出资本的利息（利润）率通常比国内为高。另外，获得最大利润的投资目标还决定于投资数量——尤其接受投资国家对资本的容量；输出货币资本的主体还要考虑其他因素：例如取得政治上的控制，市场上的垄断，财务上的安全，投资带动商品输出的能力。旧中国向外国政府或银团的多次借款，往往以丧权辱国为条件。至于规定以贷款的全部或一部分采购资本输出国的商品，即列宁所说从一条牛身上剥出两张皮来的情况，也是所在多见。

有人提出，列宁在分析过剩资本产生的具体原因时，所曾举出的两个因素——农业落后于工业和人民群众过着半饥半饱的生活；现在情况已经发生很大变化，很难用来说明过剩资本的产生了。理解列宁的论断要采取唯物的辩证的方法，着重精神实质，而不能以辞害意。列宁例举这两个方面，只是在说明只要资本主义还是资本主义，资本家就不会把积累起来的过剩资本用于发展落后经济部门和改善人民生活条件，因为这样做就会降低资本家的利润。列宁并没有认为农业落后是产生资本过剩的原因。

---

① 列宁：《帝国主义是资本主义的最高阶段》，人民出版社 1964 年版，第 56 页。

我们认为最好按照列宁原意，把过剩资本的概念，严格地用于列宁所分析的历史阶段：货币资本输出的阶段。对于二次大战后直接投资占主导地位条件下，应当按照新的情况，把列宁的理论加以发展。有人在讨论二次大战以后的国际资本运动时，仍然株守列宁在分析过剩资本时所用的概念，对一些新的现象觉得不好解释而感到困惑，反过来怀疑列宁当时理论的正确性，这种观点是难以令人信服的。这些被提到的新现象例如有：

（1）资本输出并不总是投向落后国家和地区。有些发展中国家和落后地区利润率即使很高，但垄断资本对这些国家和地区的投资增长却很缓慢，相对于发达国家之间的相互投资来说，比重逐渐下降。其实，并不是任何经济落后和资本缺乏的国家和地区都对投资者有吸引力，重要的是要看资本在这里能否得到有效的利润，投资环境对它是否有利而定。

从列宁在帝国主义论里所描绘的投资图景可以看出，各先进资本主义国家货币资本输出的流向并不完全相同，当时最大的资本输出国英国主要向北美、大洋洲和拉丁美洲投资，而法国和德国则主要向俄国、北欧和东欧投资，因为这些地区具备使过剩资本获得高额利息和利润的条件。至于战后的直接投资流向和货币资本输出的流向更有很大的不同，以后将另作论述。

（2）垄断企业对外进行投资时，往往并不完全使用从国内输出的自有资本，国外利润的再投资和各种形式的借入资本越来越成为主要资金来源，这似乎并不能证明先进资本主义国家经常存在大量过剩资本。这里需要说明的是，生产资本的国际运动有其产生和发展的特有条件，不能套用列宁当时的具体历史分析。垄断企业进行直接投资，在输出自有资本的同时，有计划地从国际市场筹集部分资本，甚至从东道国筹集资本，在投资进行一段时间以后，运用未分配利润进行再投资，也有的国家（例如 20世纪 60 年代的美国）从国外汇回利润超过从国内输出的资本，这都是跨国公司（直接投资的主体）常用的经营战略。

（3）有人提出，发展中国家也在战后开始输出资本，很难说它也是过剩资本的输出。需要指出的是，在列宁时代，还没有发生经济落后国家和地区向先进资本主义国家进行投资的现象,二次大战后发展中国家对外直接投资需要另作合理的解释。

(三)生产资本的国际运动与直接投资

在上述以货币资本输出为主要特征的历史时期,已经同时存在以对外直接投资为表现形式的生产资本的国际运动,即在国外投入生产资料进行国际生产的直接投资,形成跨国企业。其中有的至今仍为著名的巨型跨国公司,只是这种由投资主体直接控制并进行经营管理的直接投资,在当时并不占主导地位。二次大战后,资本的国际运动进入一个新的历史阶段,即由流通领域发展到生产领域,全部资本增殖过程延伸到国界以外。虽然这时国际贸易、间接资本输出也在继续发展,但生产资本国际化的规模和速度更为突出,成为资本国际运动的主要动向。①

(四)二次大战后生产资本国际化的迅速发展

战后生产资本国际化迅速发展的原因是多方面的。叙述如下:

1. 首先是生产国际化的需要。科学技术的革命性进展使各国生产力有了很大的发展,生产的社会化程度有了迅速的提高,生产的分工和协作扩展到国际范围,形成了国际生产,使跨国企业的生产环节可以在不同的国家和地区分工生产,充分发挥其在资源、技术、人力和市场等方面的优势,以获取国际分工的规模效益。这种国际生产显然需要投资主体直接控制海外生产资本的所有权、组织经营企业才能办到,间接投资已难以适应国际生产的需要。

在国际生产条件下,一国一地的生产只是组成整个生产链条的一个环节。产品的各个组成部分,诸如部件、零件等中间产品通常在不同的分支企业内进行,生产的安排、资金的筹措、技术的转移、人员的调配、销售的管理以及研究与发展的进行,都需要在一个统一的安排之下才能顺利进展,而这只有在投资主体通过输出生产资本及直接控制企业的整体经营才能实现。

---

① 20 世纪 80 年代后,直接投资的发展速度减缓,金融资本的重要性日益加强。

2. 生产资本国际化的发展，往往与各国的经济发展水平有密切的关系。①对外投资净额与人均国民生产总值密切相关。战后有相当长的经济迅速增长阶段，发达国家企业往往利用其拥有的所有权优势，把生产资本输向国外，其后的发展中国家，在摆脱殖民主义的压迫、力求提高经济水平时，输出生产资本也可以发挥其资源丰富和劳动力低廉的优势。另外，经济发展水平高的国家，越有能力支持垄断资本的对外扩张。

3. 战后生产和资本的积聚和集中，使一个行业往往形成少数寡头，垄断生产和市场的格局，高额垄断利润对巨额资本的积聚和集中起了滚雪球般的促进作用，使垄断资本更有实力也更有必要对外进行直接投资。由于国内市场的相对饱和，行业间相互转移资本困难，只有向外输出生产资本才有更大的发展余地。

4. 垄断资本主义的竞争与不平衡发展，促进战后生产资本国际化的迅速发展。垄断并没有消灭竞争，有时使相互之间的竞争更为剧烈。一方面同一个国家的垄断企业相互竞争国际市场，另一方面不同国家的垄断企业尤其同一行业的垄断企业在国际范围内的竞争，更是异常剧烈。战后美国是最大的进行海外投资的国家，美国的跨国企业在西欧、南北美、大洋洲的直接投资占了全世界直接投资的绝大份额，直至20世纪60年代以后，德国、日本的经济恢复和发展，成为仅次于美、英的投资大国，一些发达程度高而国内市场狭小的国家（如荷兰、瑞士、瑞典等）也跟着成为对外直接投资的佼佼者，单向投资成为双向、多向投资，美国反而成为最大的接受外来投资的国家。

以上简要分析了资本主义产业资本的国际运动，在不同的发展阶段中，各种形态的产业资本的作用、重要性和发展趋势，都有很大的不同。但是它们既是交替发展，又是前后继承，同时并进，而非各自孤立的截然

---

① 这是英国著名跨国公司学者邓宁首先强调提出的。见邓宁：《国际生产与多国企业》（J. H. Dunning, *International Production and Multinational Enterprises*, 1981, pp. 115-119）；格雷：《对外直接投资的宏观经济学理论》，载《多国企业新论》（H. Peter Gray, "Macroeconomic Theories of Foreign Direct Investment, An Assessment", *New Theories of the Multinational Enterprises*）。

分割。历史发展告诉我们，产业资本国际化是跨国公司形成的基础。在当前 20 世纪 90 年代，三种形态的国际资本运动，都远比以前任何时期为发展：国际贸易规模很大，国际金融发展迅速，尤其国际投资更成为当前阶段重要特征，跨国公司成为国际直接投资的载体。

二、跨国公司的涵义

在进一步阐述跨国公司的形成理论以前，有必要先来讨论一下跨国公司的涵义。

在西方报刊文献中，最初把跨越国界从事经营活动的企业叫做多国企业的，据说是 1960 年 4 月李连绍（David E. Lilienthal）在卡内基技术学院（Carnegie Institute of Technology）发表的演说及据以发表的论文中首次使用多国公司这个名称，并逐渐为大家所接受。①1974 年联合国经社理事会讨论知名人士小组提供的题为"多国公司对发展和国际关系的影响"的报告时，主要是由于一位拉丁美洲的代表提出：为了避免和安第斯条约国家共同创办和经营的多国联营公司相混淆，建议用跨国公司一词取代多国公司，这个意见被会议接受，此后联合国正式文献中均使用跨国公司一词②，但学术界企业界对两者仍然混用，至今并未统一。此外，国外还有种种名称，如国际公司（international corporation）、国际企业（international business）、全球公司（global corporation）和宇宙公司（cosmocorp）等等。

（一）第一类定义

最简单的定义是一种不言自明的语义学或地理学的定义，跨国公司就是跨越国界、在国外经营业务的企业组织。例如联合国跨国公司问题知名人士小组报告中就说："多国公司就是在它们的基地所在的国家之外，拥有或控制生产或服务设施的企业"，"跨国公司更好地表达了这些公司从事

---

① 李连绍《多国公司》一文，见《管理与公司》一书，1985 年，原文系 M. H. Anshen 与 G. L Buch 所编（1960 年），转引自罗波克与西蒙：《国际商务与多国企业》（S. H. Robock and K. Simmonds, *International Business and Multinational Enterprises*, 1983, p. 4）。

② 联合国跨国公司中心：《再论世界发展中的跨国公司》，商务印书馆 1982 年版，第 218 页。

以本国为基地跨越国界经营这个概念"①。在此以前，联合国秘书处起草的研究报告中认为广义的多国公司"适用于凡是在两个或更多的国家里控制有工厂、矿山、销售机构和其他资产的企业"②。著名的英国跨国公司研究者约翰·H. 邓宁说："国际的或者多国的生产企业的概念……简单地说，就是在一个以上的国家拥有或者控制生产设施（例如工厂、矿山、炼油厂、销售机构、办事处等）的一个企业。"③

那么，从统计学上说，究竟需要有多大的国际化程度或跨国性，才能算作跨国公司呢？欧洲经济共同体 1973 年采用的定义是，跨国公司至少要在两个国家拥有生产设施，而以维农为首的哈佛大学商学院多国企业研究中心在调查美国跨国公司时，则只包括在 6 国以上设有子公司、分公司及其他形式的分支机构的大型跨国企业。④另外一些人则认为最低限度要扩展到 4 国或 5 国，才能算作跨国公司。

按照统计方法，人为地定出划分标准，在实际上会产生一些困难：

1. 困难之一是，对所有制类别不同的各种性质的国家的跨国公司是否要分别考虑。例如发达国家国有企业在国外有分支公司的是否列为跨国公司，发展中国家在国外有少数分支机构的中小型企业是否算作跨国公司（前述哈佛大学多国企业研究中心的标准，实际上便只包括发达国家具有垄断性质的巨型私人跨国企业，和以后才发展起来的发展中国家少数私营海外企业），各方的看法并不一致。至于社会主义国家从事海外经营的国有企业，在性质上和资本主义发达国家的以攫取垄断利润的私营企业更有本质的不同，因而苏东国家长期以来坚持认为不能列为跨国公司。而按联

① 联合国跨国公司中心：《再论世界发展中的跨国公司》，商务印书馆 1982 年版，第 218、217 页。

② 同上。

③ 约翰·邓宁：《多国企业》1971 年，第 16 页，引自联合国秘书处：《世界发展中的多国公司》中译本，附录 II。

④ 按照这个标准，则《幸福》杂志所列美国 500 家大制造业公司中，只有 187 家符合跨国公司的标准。见维农：《国家主权陷于困境》，1971 年。

188

合国的定义，则不管它是私营企业、国营企业、合作企业还是混合企业，只要它从事海外经营，都应覆盖在跨国公司定义之内。

2. 另一困难是，划分国际化的标准不同，所包括的企业范围也就不同。如果按罗尔夫的定义[①]，则通常名列世界跨国公司前列的美国通用汽车公司，就不能列入他所定义的跨国公司范围，这是令人难以接受的。何况用以衡量跨国公司国外业务比重的标准很多（销售额、资产、股权、产值、利润、雇佣人数等），相互顺序并不一致，按这项标准可以列入跨国公司名录的，按另一项标准则不能列入，这是很难处理的。

（二）第二类定义

第二类定义是从所有权的法律基础来限定跨国公司的属性。即从跨国公司的股权拥有、管理权控制或公司所依据的法律基础，作为划分企业是否为跨国公司的标准。直接投资是跨国公司形成的基础，直接投资的目的在于取得企业的经营管理的直接控制，以获取投资利润。按照美国商务部的定义，拥有 10%以上的股权即可视为直接投资，而国际货币基金组织则认为："一个紧密集合的集体，在所投资的企业内拥有 25%或更多的投票权，可以视作控制所有权的合理标准。"[②]加拿大甚至把持有 50%或更多的投票股份才视为"存在控制"，而只是享有控制权益的投资才被列为直接投资。[③]一般说，跨国公司规模越大，则控制所需的股权比重越小。

如上所述，在所有权标准这一问题上存在着不同的意见，发达国家和发展中国家认为跨国公司定义的覆盖面应当尽量扩大，包括各种类型国家的海外企业（这可以用经济合作与发展组织通过的"多国企业，国民待遇，

---

① 认为一个"国际公司"可以定义为：拥有 25%或者更多一些的国外业务份额的一个公司。见罗尔夫：《多国公司展望》，引自联合国跨国公司中心：《世界发展中的多国公司》，1970 年，第 17 页。

② 《货币基金手册》（*Balance of Payments Manual*）1961、1966 年。见《再论世界发展中的跨国公司》中译本，第 378 页。

③ 《货币基金手册》（*Balance of Payments Manual*）1961、1966 年。见《再论世界发展中的跨国公司》中译本，第 381 页。

国际投资鼓励与抑制的指导方针"作为代表①）而社会主义国家学者和一些激进派学者则认为，跨国公司只不过是垄断资本直接投资的产物。

梅森劳基（J. Maisonrouge）在他列举的跨国公司的四个标准中，第三个标准是"管理必须是多国性的"，第四个标准是"股票所有权必须是多国性的"②。有的学者如金德伯格甚至以根本并不存在的所谓"无国籍性"作为多国公司的特征，说什么"国际公司并不特别忠于哪一个国家，也没有一个国家使它感觉特别亲近"，它只权衡利益与损失，在各个国家安排业务。③跨国公司的股权确有某些分散和日趋相互渗透的现象。股票持有的分散，是跨国企业母公司以其股票在外国交易所挂牌出售的结果。例如1975年销售额在10亿美元以上的220家美国公司中，有80家在国外交易所挂牌。④不过总的说来，出售到国外或者外国持有的股票仅占很小的百分比。由两国以上分享所有权和控制的跨国公司，如英荷垄断资本所控制的英荷皇家壳牌石油公司、尤尼莱佛公司、比德合营的矮克发·格维特公司，为数究属不多，20世纪70年代西欧大企业的跨国合并浪潮也并没有达到使跨国公司成为多国籍甚至无国籍的程度，股票持有和经营管理也没有达到真正的"国际化"，大跨国公司主要还是分别为少数经济发达国家所拥有，管理权也仍操纵在以这些国家为基地的跨国公司总部之手。有时候，所有权的"国际化"，实际上是美国资本控制外国资本的途径之一。⑤

（三）第三类定义

第三类定义是从经营管理上的特点来确定跨国公司的特征。从经营学

---

① Organization for Economic Cooperation Development, *Guildlines for Mltinational Enterprises, National Treatment, International Investment Incentivesand Disincentives*，其中第8节，规定多国企业"通常包括所有权属于私人的，国营的，或公私合营的公司及其他实体"。

② 梅森劳基：《国务院有关多国公司的会议记录》，1969年2月14日。

③ 金德伯格：《美国的国外企业》，1969年。

④ 《再论世界发展中的跨国公司》中译本，第222~223页。

⑤ 保罗·斯威齐等：《美国资本主义的动向》，1972年，第一部分。

的角度看，跨国公司应定义为跨越国界的多单位或多工厂企业。[①]在组织形式和经营管理上，无论同类产品的水平一体化经营、不同生产阶段的垂直一体化经营以及产品多样化的混合经营，都由于跨国经营而在许多方面产生不同于国内公司的许多特点。跨国公司在海外从事包括各种生产要素和生产活动的全过程，而且它的活动又是在总公司的组织安排下，按照一体化乃至全球战略的要求，在总公司与子公司之间、子公司与子公司之间统一进行的，因而和单纯从事国内经营或主要从事国内经营、仅仅进行出口商品、出售技术、借贷资金等单项或少数经营的国内公司有很大的不同，而且和资本主义早期的海外贸易公司、列宁所论述过的国际垄断组织——国际卡特尔相区别。

随着跨国经营业务规模的扩大、交通运输和电信技术的发展，从实践中逐步总结出来的国际经营的应变能力和专门知识的增长，跨国公司越来越由分散经营政策转向世界范围的一体化经营。生产上的国际化和经营上的一体化和集中化（总公司成为管理神经中枢，子公司必须服从整体利益）遂成为跨国公司的重要特征。至于集中控制的程度，则依经营活动的种类、产品、地区结构、母国和东道国的法律规定及历史传统，而各有不同的表现。跨国公司选择内部化的经营管理形式，当然是出于经营学上的各种成本——效益的权衡，用内部交易代替公开市场以降低成本，便利交易，成为跨国经营的一种优势，在这种意义上说，跨国公司是公司发展史的一个新阶段。

（四）第四类定义

1. 最后一类定义是采取诸因素的综合分析。这一类可以哈佛大学多国企业研究中心的维农教授为代表。他认为"一个多国企业就是一个控制着一大群在不同国家的公司的母公司。各个自成一群的公司，对人力和财力资源实行统筹使用，并根据一个共同战略要领行事。规模也是重要的，这样，每一群的销售额在 1 亿美元以下者，很少是值得注意的。此外，每

---

① 凯夫斯：《多国公司与经营分析》(Richard E. Caves, *Multinational Enterprises and Economic Analysis*, 1982)，第 1 页。

群公司在他们本国以外活动的性质也有关系，单纯的出口商，即使在国外设有很好的销售附属机构的出口商，也不易引起更多注意。至于单纯地出让技术专利权的公司则同样很少被提到。最后，这些企业一般有相当广泛的地区分布，一个母公司仅仅和本国基地以外的一个国家或者两个国家有股权关系，也往往不被列入各国多国企业名单之内。"①维农在这个定义里说明了跨国公司的规模、地区分布、活动范围和经营策略等因素，他所注意的主要是那些规模大、分布广、国际化程度高、影响大的垄断性跨国企业，按照这种严格的定义，再加上为统计方便而规定的一些数字限制，当时（1968 年）美国的跨国公司只有 187 家，这可算是一种狭义的定义。在论述中他对这些巨型跨国企业的垄断资本主义本质，当然没有注意。

2. 另一个综合性定义源于联合国，现在国际会议上正被广泛地引用。1973 年联合国经社理事会在提出的一份报告《世界发展中的多国公司》中，使用最广泛的概念，即凡是在两个或更多国家里控制有工厂、矿山、销售机构和其他资产的所有企业，不管是私营或是国营、股份公司或合作经营，都包括在内。在 1983 年联合国跨国公司中心发表的第三次调查《世界发展中的跨国公司》里，认为"跨国公司的定义应指这样一种企业：（1）包括设在两个或两个以上国家的实体，不管这些实体的法律形式和领域如何；（2）在一个决策体系中进行经营，能通过一个或几个决策中心采取一致对策和共同战略；（3）各实体通过股权或其他方式形成的联系，使其中的一个或几个实体有可能对别的实体施加重大影响,特别是同其他实体分享知识资源和分担责任"。这个定义除了保留以前定义的主要内容以外，更加强调跨国公司内部一体化的经营策略，因而也更加体现了它的深度。其覆盖面也同样是很广泛的，不过较前更加严格。

各类定义源于对跨国公司的形成原因、性质和特征看法不同，也与其所强调的着重点不同有关。本文研究对象主要是发达资本主义国家的跨国企业，尤其是那些规模较大、分支机构较多、行为比较典型的制造业跨国

---

① 维农：《国家主权陷于困境》，1971 年，第一章。

企业。这种跨国企业是在资本主义发展到高级阶段即垄断阶段的产物，是在科技迅速进步、国际分工加深、生产社会化发展到国际规模的条件下，垄断企业为了对外进行经济扩张，挟其资金、技术、管理与组织等方面的优势，通过对外直接投资，到海外国家和地区设立分支机构或控制子公司，形成生产、销售、研究与发展的网状组织，采取集中与分散相结合的全球战略，从事国际生产和其他业务经营的一种国际化产业组织。

从这个综合性定义中可以看出：当代发达资本主义国家的跨国公司不是"古已有之"，不能把它和5000年前美索不达米亚商人组织的贸易公司相提并论，和殖民初期英国、荷兰的东印度公司也有本质的区别。它和列宁论述过的帝国主义时期国际托拉斯、国际卡特尔等垄断组织也不相同。二次大战后发展起来的现代跨国公司和早期阶段的跨国公司，在全球战略和内部一体化方面，又已有了新的发展。

三、跨国公司的形成

传统的国际资本流动理论从流通方面的利率差别说明资本的国际流动的原因，过剩资本和利润最大化也都能以解释有直接投资的新现象（例如对外投资汇回利润大于资本的输出额，直接投资主要表现为发达国家之间的双向流动等）。跨国公司是直接投资的主体，但又是直接投资的产物，因此，作者在第一节分析生产资本的国际化时，也就是说明跨国公司的由来。[①]现在再从垄断资本主义的宏观和微观方面，比较具体地分析跨国公司的形成。

在研究跨国公司的形成时，既要重视科学技术革新促进生产力的发展、促进国家分工和生产关系的国际化，各国经济联系大大加强，而且这种联系越来越走向生产领域，形成跨国企业；另一方面又要重视社会经济的历史发展阶段的特点，即从经济制度、社会背景的总体出发，观察产业资本流动国际化的具体内容、组织形式和营运特点。前者是跨国公司形成

---

① 但是，我们并不能把跨国公司和直接投资等同起来，前者的活动范围并非仅限于直接投资；有些直接投资的主体并不是跨国公司。但为统计方便，用直接投资数字来代表或反映跨国公司活动的变化趋势，还是可以的。

的物质基础（共性），后者是区别不同社会经济制度、不同历史发展阶段跨国公司形成原因的个别特征（差异性）。这可以说是跨国公司形成理论的两重性。

（一）从宏观方面看跨国公司的形成

1. 发展水平与跨国公司的形成。一国经济发展水平越高，因兼并或其他原因使资本积累数额多、集中程度高，形成若干大型垄断企业，就越使它们具备对外直接投资的必要性和可能性。国际之间经济增长速度的不平衡和垄断性企业相互间的剧烈竞争，促进跨国公司的形成和发展。同样，重新配置生产要素（通过直接投资），取得本国稀缺或难于利用的生产要素，也是促进跨国公司发展的一个原因。

2. 资本化比率与美国公司对外投资。有人提出所谓资本化比率理论（Capitalization rate theory）来说明 20 世纪 50~60 年代美国对外（尤其对西欧）直接投资的迅速发展与该历史阶段美元坚挺以及货币升水的存在，有很大关系。[①]不过，这种理论对发达国家间的双向投资难以作出合理的诠释。跨国公司拥有的货币资产资本化比率高更因为它具有所有权优势，拥有强大的筹集资金的力量，因之不能算是一个具有普遍意义的健全合理的理论。

3. 区域经济集团与跨国公司的发展。实行经济一体化、成立区域性排他性经济集团，是战后国际经济发展的一个相当普遍趋势。这种经济集团在贸易和市场方面采用或明或暗的保护主义政策，其他国家为了保持和发展自己的销售市场，便采取在一体化集团内直接投资的方法，打破贸易壁垒，因而推动了跨国公司的发展。最显著的例子是，1958 年罗马条约签订后，美国对西欧共同市场国家的直接投资出现突飞猛进的发展，美国跨国公司的分支机构，如雨后春笋般出现于西欧大陆。近两年美国、日本的跨国企业为了应付 1992 年欧洲大市场的建立，也出现向西欧国家扩大

---

① Robert Z. Aliber, "A Theory of Foreign Direct Investment", 见 Charles P. Kindleberger, *The International Corporation*, 1986, p.28；Neil Hood and Stephen Young, The Economics of Multinational Enterprises 1979, p.51。

直接投资的现象。

（二）从微观方面看跨国公司的形成

从微观理论方面看，传统的投资理论①过于空泛，难以说明战后直接投资的新现象。因此需要从货币金融以外的其他因素尤其生产方面的因素，对跨国公司的投资行为作出现实的合理的解释。首先要说明跨国企业由于拥有哪些优势，才使它们值得到国外进行直接投资（而不采取出口或转让技术专利的方法），足以抵消在东道国经营子公司的不利因素，并能和东道国当地公司和其他跨国公司子公司竞争而取得优势，还要能说明各个国家各类产业的公司对外进行直接投资的类型（向何处何部门投资）这就需要用综合的微观因素才能得到满意的解释。

1. 母公司拥有的优势。母公司所拥有的能在企业网络内部转移的特有垄断优势，例如高超的技术、雄厚的资金、利用资源的能量与技巧、产品多样化、销售诀窍和管理技巧、商标、排他的或相对有利的接近生产要素或产品市场的渠道等，足以克服和东道国本地企业竞争的不利因素（如不熟习市场、享受不到国民待遇、被没收或征用的风险等），防止东道国企业的模仿，获取规模经济，控制东道国市场，使直接投资成为企业对外扩张的最有利途径（比之在国内扩大生产并出口或单纯出售技术）。

2. 寡占反应与跨国公司对外投资。在寡头竞争（即一个行业只为少数几家大企业所控制，它们往往势均力敌、旗鼓相当，谁也不容易吃掉谁）条件下，一家寡头企业到海外进行跨国经营，其他寡头企业为了自己免于处于劣势，往往也迅速跟去建立子公司，致使跨国公司国外子公司常表现

---

① 例如最先由 MacDougall（1960 年）提出，后由 Kemp（1961、1964 年）加以发展的资本流动理论，假定在完全竞争条件下，资本将向报酬率（决定于资本的边际生产力）高（由于资本稀缺）的国家流动，使两国资本报酬率平均化。他们的目的主要在研究资本流动对母国和东道国的影响。

为成批地出现①，有人说这是跨国公司的防御战略使然。

以上这种分析可能更适合于美国式的跨国公司：规模较大、资本技术密集，寡头竞争较为常见；面对日本式早期跨国公司（规模小、资本主要向发展中国家输出、成熟的技术，在发展中东道国形成具有优势的劳力密集型企业）的情况较有差异，不过近年来日本对外直接投资也在转变为规模大、技术新、向美国等发达国家投资，形成资本、技术集约型的国外企业和美国的跨国公司较前近似了。

跨国公司母公司拥有的优势，也包括母公司控制和利用东道国有利条件的"经营优势"在内（这些有利条件诸如劳力低廉、原料丰富、地价便宜、交通方便、政治稳定，东道国为了吸引外资而采取的种种优惠政策）。母国为了鼓励对外直接投资而实行的种种措施，如订立投资保护协定、实行所得税的减免或延期征收、进出口税收优惠等，在实际上成为促进跨国企业形成的重要因素。

3. 产品周期与跨国公司对外投资。垄断或寡头企业一般总是拥有新技术、新产品的企业，但是这种技术或产品的优势，是不可能由它长期稳固地保持的，垄断企业在产品生命周期的各个阶段，需要采取不同的政策，才能保持利润最大化。产品在发达国家企业中处于技术创新阶段，这种新产品还只是刚刚诞生，公司的最佳决策就是在本国生产以供应当地的市场需要，另以部分产品出口外销到其他发达国家。等到产品到了成熟阶段，一方面生产规模扩大，一方面出口数量大增，有可能出现仿制现象，垄断企业为了保持并扩大新产品市场，最好的方法就是到国外主要是发达国家创办分公司或子公司，就地供应国外市场需要，降低生产成本，阻止仿制者出现。由于生产规模扩大或生产成本大幅度降低，企业才更能适应产品消费者对产品需求的价格弹性和需求的所得弹性。到了产品已经标准化的阶段，生产技术已经人所共知，企业势将面临海外当地企业的竞争，成本

---

① 第九章将会述及，这是尼古博克（E. T. Knickerbocker）首先提出来的，他认为工业的寡占程度越高，成批性（bunched in time）越大。这里的所谓第九章，指《跨国公司概论》第九章——编选者注。

和价格成为主要问题,于是垄断企业便要把生产过程的某些环节或全过程扩充到发展中国家,以产品返销母国或销往其他发达国家。这种解释很能说明美国到西欧以及后来到发展中国家设立分、子公司网络的情况,对西方发达国家产业"空心化"现象,也可以予以部分的说明。但对那些不是出口替代的产品,专门为海外设计的产品的生命周期演变以及跨国公司形成的说明,则受到一定的限制。20世纪70年代以来国际经济情况的变化,美国经济、技术的优势地位已经有所减弱,其垄断或寡头竞争企业的决策行为也发生某些变化(例如为了抢占市场,同时在国内国外推出同一产品,在国外建立同时从事研究与发展和生产活动的子公司等),对产品生命周期和区位理论与跨国公司形成理论的关系,有待进一步的研究。

4. 市场不完全与跨国公司的形成。由于市场的不完全,引起企业交易成本的增加,和发挥、利用企业拥有的科技优势的困难,使企业倾向于控制市场使之"内部化",在向世界市场扩张时采取对外直接投资形式,进行国际生产,形成跨国公司。

所谓"市场不完全"是一个广泛的概念。既包括市场本身的缺陷,如国与国之间的运输成本高及其引起的时滞、东道国欠发达的市场结构等,更包括各国政府推行的各式各样管制、干预措施,如贸易保护措施、进出口限额、保护专利立法等。在这种情况下,垄断性厂商为了自身利益,寻求更有效地转移生产要素和利用市场的机会,在海外建立企业分支机构,使市场内部化。尤其是要在企业内部方便地利用企业特有的科技投入,有效地组织产品的生产和分配。

跨国公司的发展,从某种意义上说,不过是企业组织急剧变化的一种反映。而企业组织的变化又是由于现代企业经营活动中,研究与发展、销售技术、资金措集和管理等都必须经过中间产品的流动,特别是科技知识、信息等对整个生产的调节作用。内部化正是为了增强对生产控制和计划的能力,通过外部市场不可能有的差别定价来充分开拓市场的能力,避开政府的各种干预措施。这种分析不难说明美国式跨国公司形成和发展的特点,即跨国公司一般都是拥有先进技术优势的大企业;愿意拥有全部股权;

大多数直接投资产生在美国那样的发达国家；发达国家之间由于易于提高科技利用效率而形成双向资本流动。

（三）其他类型跨国公司的形成及其特点

1. 发展中国家的跨国公司。以上讲的跨国公司的形成主要是指发达国家的跨国公司。但是除此之外，还有其他类型的跨国公司存在。首先是发展中国家的跨国公司，它们的出现远远迟于发达国家的跨国公司，但其形成原因则和后者有许多明显的相似之处，即由于某些发展中国家经济迅速发展，资本积聚和集中增强，国际分工与协作加深，进行对外直接投资的必要性和现实性已经具备，跨国公司的浪潮在一些新兴工业化国家（地区）勃然兴起。发展中国家跨国公司的形成，具体地说，更多地是由于在本国市场狭小的条件下，难以容纳更多的产品，生产设备不能充分利用，规模经济难以取得；出口市场因外国保护政策而不能保持和扩大；由于竞争剧烈而亟须降低产品成本、引入先进技术等等。发展中国家跨国公司一般来说规模较小（但也有一些是带有垄断性的规模很大，名列《幸福》杂志美国以外 500 家制造业大公司的行列）、投资对象多在邻近发展中国家和地区、投资于制造业的比重较大、技术水平不高、产品多数来自劳动密集型企业、组织形式多为合营企业等特点，一般都可以从发展中国家跨国公司形成时的社会经济状况得到解释。

发展中国家尤其新兴工业化国家的经济情况在不断地变化，因而其跨国公司的形成和发展条件也在不断地变化，再加上这些发展中母国和东道国的政策多变，情况错综复杂，需要总结不同情况、提出不同的理论，通用的适用于一切情况的理论也许是不可能的，至少是困难的。

2. 苏东的跨国企业。苏联、东欧社会主义国家的跨国企业，虽然性质上和发达国家、发展中国家的跨国公司有本质的差别，但是如果按联合国采用的定义来看，它们也是跨越国界进行直接投资，拥有和控制股权，由其国外分支机构独资公司或合营公司从事经营活动，因而也可以计入广义的跨国公司范畴。

苏东跨国公司虽然起源很早，但由于长期实行对外封闭政策，现有的跨国企业主要是 20 世纪 60 年代尤其 70 年代以后才建立的，这些跨国企业为数较少，投资额 1983 年只占全世界直接投资总额的 0.2%[①]，对国内经济的影响也可以说是微乎其微。

苏东跨国公司的经营活动领域和资本主义国家跨国公司有很大的不同，由此可以看出，它们形成的原因和后者既有共性，又有差别。所谓共性是指苏东国家战后经济恢复和发展过程中，由于生产力的迅速发展促进国际分工，要求利用对外经济联系，加速科学技术进步，促进本国的经济发展，适应经济生活国际化的客观要求。这种要求经过学术界的理论论证，终于使苏共领导在东西方对立形势有所缓和的国际条件下，逐步认识到放弃两个平行市场的理论，从 60 年代起采取与资本主义国家加强联系的政策。东欧国家也希望广泛参加国际分工，摆脱经互会的羁绊，实现经营独立自主。总之这是经济生活国际化的普遍趋势或者说客观规律的要求。

苏东跨国企业形成的特殊性（与资本主义跨国公司相对照的差别性），在于它们开始对外直接投资时追求的一些目标，和后者存在着一些程度上的不同：

（1）首先是为通过建立独资或合营的跨国企业，在西欧市场上推销苏东产品，换取硬通货。以苏联而论，它在经互会范围内的贸易是用卢布结算，和发展中国家贸易，苏联因为要采购稀缺资源，很难获得多大的顺差，而且还要用援助的方式支出外汇，带有政治目的地支援发展中国家。在对发达国家的贸易方面，苏联亟愿改变落后的出口结构，减少资源和初级产品的出口，利用它在技术上拥有相当优势的重工业产品和军工产品，例如动力设备、机床、汽车、农业机械等，通过建立贸易公司，从事销售、维修及其他售后服务的活动。这类从事贸易为主的跨国企业，是苏联和东欧国家跨国公司的主要部分，这是和发达国家、发展中国家的跨国公司的形成很不同的一个特点。

---

① 联合国跨国公司中心：《通报》（P. J. UNCTC, The Reporter）1985 年春季号，第 7 页。1983 年世界对外直接投资总额为 6250 亿美元，苏东国外企业的直接投资约 10 亿美元。这一年的苏东国外企业共 720 家。

（2）其次苏东扩大对外经济联系、建立跨国企业的目的，是通过银行、保险、海运等第三产业方面的海外企业，筹集建设资金尤其外汇资金。苏联、波兰、匈牙利、捷克等国家很早就在西欧设有银行，20世纪60年代以后，更有较快的发展，苏联资格最老的两家海外银行莫斯科人民银行和北欧商业银行，至今已发展成为分支机构遍布欧洲各金融中心，如伦敦、巴黎、法兰克福、苏黎世等地，资产庞大，吸收巨额存款，贷放给苏联本国企业和东欧国家企业的大银行。它们还抛售黄金，吸购"欧洲美元"，参加银团贷款，并通过发行债券，为本国大企业筹集外汇资金。莫斯科人民银行也在亚洲金融重心贝鲁特及新加坡等地设立分行，支持本国对发展中国家直接投资和商品销售活动。苏联在国外设立的跨国保险公司除为本国对外贸易服务以外，也竭力扩大业务范围，增加外汇收入。苏联和一些发展中国家如菲律宾成立苏菲合营海运公司，租用苏联船舶，以低于西方航运公司的运价，力图取代其在航运业中的垄断地位。

（3）为了攫取苏东国家稀缺的自然资源而在国外建立合营企业。例如苏联在蒙古成立有色金属联合公司，全部资本由苏联提供，从事铜钼矿的采矿和选矿，但不搞冶炼，使蒙古永远处于原料基地的地位。该公司还在蒙古攫取金矿和萤石矿。20世纪70年代中，罗马尼亚和波兰在发展中国家都建立了开发矿业的合营企业。苏联还在许多国家建立了合营渔业的开发。

（4）苏东国家建立海外合营企业，目标也在于吸取发达国家的先进技术和管理经验。无论是贸易公司的维修、装配业务，还是制造业合营企业的生产活动，都是苏东国家取得先进技术、管理经验和培训人才的好机会。

社会主义国家类型的跨国公司的形成，看起来是由党和国家对开放政策的认识加深而采取的决策，是在国家统一领导下追求上述各项目标的结果，有时候还是出于政治上和发达资本主义强国斗争的需要。但是我们不应忘记，和其他类型的跨国企业一样，从根本上说来，都是由于技术革命、生产力发达、国际分工加深而要求经济活动国际化这一客观规律作用的结果，是不以人的意志为转移的。

四、跨国公司的特征

不同经济制度国家、不同的发展历史阶段、不同部门以及不同类型[①]的跨国公司，情况千差万别，但发达国家的现代跨国公司，尤其那些对世界经济有重大影响的大型制造业跨国公司，也具有明显的共同特征。本节试以它们为重点加以概括。

（一）规模

大型制造业跨国公司是全世界跨国公司的主体，它们在国内国外处于寡头竞争的地位，在经营活动中它们挟其先进技术、多样化产品、雄厚资金和有经验的管理人才、较高的商业信誉、广泛使用的广告和遍布全球的分支机构的优势，销售额达到惊人的规模，有人说，跨国公司之所以强大，一是来源于它的财雄势大，一是来自经营中的灵活性。公司规模大利于取得规模经济、降低产品成本，而经营中的灵活性则使这些巨型跨国企业长袖善舞，在资金低廉的地方融通资金，用最节省和方便的方法吸取和转让技术，在最便宜最便利的地方采购各种投入，在最有利的市场上销售产品，在税率最低的地方纳税，从而取得尽可能多的利润。大型公司还有一个极为重要的优势，就是它可以拨出大量资金，在国内和海外从事研究与发展活动，不断提供新产品。大跨国公司还利用它的分支机构网，收集各地政治经济情报，供公司领导作决策参考。

根据联合国跨国公司中心发表的报告，1985 年全世界对外直接投资总额约为 6500 亿美元，跨国公司母公司约 20000 家，分支机构达 100000 家以上。[②]其中 50 家大型跨国公司即占上述直接投资总额的半数。最大的 600 家工业跨国公司，占全世界市场经济国家产值的 1/5 到 1/4。最大的

---

① 同是发达国家的跨国公司，也会因追求的主要目标不同而分为不同类型的跨国公司。例如罗波克教授把跨国分为市场导向、资源导向及生效率导向三种类型（见 Ste sen Robock, *International Business and Multinational Enterprises*, 1977, p. 20）。

② 联合国跨国公司心：《世界发展中的跨国公司：趋势与前景》（四论）（UNCTC, *Transnational Corporationsin World Development, Trends and Propect* [4th survey], 1988）。

56 家跨国公司销售额在百亿到千亿美元之间。当然不能认为跨国公司越大越好,事实上多数跨国公司是中等规模的,典型的销售额在 10 亿美元以下。至于来自发展中国家跨国公司的海外企业,虽说已有 33 家销售额在 10 亿美元以上,但多数公司的规模都比较小。

巨型跨国公司(例如埃克森石油公司、通用汽车公司)的销售额往往超过某些作为经济实体的民族国家的产值(如奥地利、丹麦、希腊等)。这些庞然大物对国际事务或东道国的内部事务往往会有很大的潜在影响,甚或公然搞颠覆活动。从人所共知的 ITT 在智利的卷入、洛克希德的行贿丑闻、大石油公司七姐妹的种种非法活动,可以看出公司规模和权势的关系。

根据联合国最新发表的统计数字,1985 年有 600 家工农业跨国公司的销售额在 10 亿美元以上,其产值相当于发达国家与发展中国家总产值的 1/5。600 家中更大型的 74 家销售额占一半,尤其在石油、化学、机械、汽车等行业集中程度更高。这些公司从家数看,来自 8 个发达市场经济国家者占 90%,其中 45% 来自美国。另外一些西欧较小国家,其跨国公司的对外直接投资较之国内市场大的发达国家来说,在决定是否对外进行直接投资远为重要。可见规模有绝对与相对两种概念。至于跨国企业规模大小与对外直接投资的倾向性或跨国化程度的关系,是一个值得争论的问题。①

(二)股权控制格局

1. 跨国公司与多国公司。这是可以互相换用和代替的两个名词,但从投资主体对股权控制情况看,两者又是有区别的。跨国公司并不是什么"无国籍"的"世界公民",其股权主要仍为一国垄断财团所拥有。目前国际上起重要作用的大型跨国公司,虽然有些通过在国际市场上出售股票而分散了部分股票给更多的投资人,但大部分股权仍然控制在一国的某些垄断集团之手,部分股权的扩散并不会根本改变企业的所有权关系。至于

① 联合国跨国公司心:《世界发展中的跨国公司:趋势与前景》(四论)(UNCTC, *Transnational Corporationsin World Development, Trends and Propect* [4th survey], 1988)。

严格意义上的多国公司，则是指资本为两国或两国以上的垄断资本集团所共同拥有和控制，形成了私人垄断资本的国际联合所有制。名列前茅的多国公司，目前为数不多。20 世纪 60 年代西欧发达国家为了抵制美国而推动的大企业的跨国合并，出现了在橡胶、汽车、摄影器材等领域里的多国垄断企业，也并未改变上述基本情况。绝大多数企业还是以一国资本为主的跨国企业。

2. 跨国公司与国际卡特尔。跨国公司和列宁所论述的国际垄断组织——国际卡特尔[①]不同。列宁认为："随着资本输出的增加，随着最大垄断同盟的国外联系和殖民地联系以及势力巩固的极力扩张，自然就使得这些同盟之间达成全世界的协定，形成卡特尔。"这种国际卡特尔是各国垄断资本集团的国际联合，目的是瓜分世界市场，垄断市场价格，避免在势均力敌、互不相让的情况下，造成两败俱伤的局面，实行暂时的妥协而形成列宁称之为超级垄断的组织。与国际卡特尔不同，跨国公司是一个或多个国家的企业到国际上从事国际生产，形成跨国企业的网状组织。

二次大战以后，按其在国际经济上的作用和重要性来说，跨国公司代替国际卡特尔成为国际垄断组织的主要形式。其原因主要是由于战后国际上发生了引人注目的变化：①美国垄断资本的实力大大膨胀，比欧洲国家居于显著优势地位，在多数情况下，没有必要去搞国际垄断同盟；②经过战争的破坏和削弱，战前的国际卡特尔已难于恢复，加之西欧共同市场和美国分别有法律限制垄断，卡特尔公开活动有困难；③跨国公司可以采取其他隐蔽的手法，同样在某些方面起到国际卡特尔的作用；④跨国公司经营多样化及管理体制上的复杂性，使国际卡特尔的简单办法不再能适应形势。当然，这并不意味着它在国际经济中再也不起作用了，石油输出国组织就是一个显例。

3. 跨国公司的股权控制，从全额控股偏好转向灵活政策。按照跨国公司的本性和经营管理方面的需要（特别是控制技术转移、保持竞争优势

---

① 列宁：《帝国主义是资本主义的最高阶段》，《列宁选集》第 2 卷，人民出版社 1972 年版，第 788 页。

的需要），总公司当然乐意拥有全部股权（即控股 95%以上）或拥有多数股权（50%以上），以便对国外子公司进行有效的控制。据联合国 1973 年发表的统计，美国国外子公司的 85%以上，英国国外子公司的 75%以上，都属于全部拥有和多数拥有。日本的情况则有所不同，其在发展中国家的子公司有 35%为少数拥有。股权拥有的国别差异，与跨国公司所在的部门、地区以及控制的方法不同有很大关系。日本跨国公司的国外业务过去比较偏重于在东南亚及其他亚太地区，劳动密集型及资源开发型产业比重较大，企业规模较小，股权少数拥有并不太影响跨国公司对子公司的控制。发展中国家对主权、资源等的斗争，迫使跨国公司不得不采取合营或其他形式，企业以此改善与东道国的关系，淡化亚太国家对日本经济掠夺的记忆和警惕。

20 世纪 70 年代以来跨国公司在发展中东道国的股权格局，比过去更为灵活多样，尤其合营企业的比重明显增多。据联合国统计，391 家跨国公司在发展中国家建立的 1276 家制造业子公司中，以美国为基地的 180 家跨国公司的子公司采取对等拥有和少数拥有形式的，1951 年以前仅占 16.8%，1960 年至 1965 年期间增至 35.1%，1971 年至 1975 年期间增至 38.5%，135 家欧洲跨国公司的情况与此类似，且增加更快。[①]由于发展中东道国谈判地位的增强，发达国家的跨国公司不得不在压力下逐渐接受合营或同意签订逐步减少股权比重的协定。后来发达国家跨国公司也看到合营对它们也有有利的一面（更为安全、融资便利、销售增加等），而且还可利用技术、购销渠道、全球战略等手段达到继续控制的目的。

最近十几年来，跨国公司在追求增长过程中，越来越多地使用一种在 OECD 之间使用多年的办法，即使用不受股权限制的跨国协定，也就是非股权安排。非股权安排形式多种多样，从比较简单的专利权许可证、经营合同、产品分成合同、技术支援合同、代销合同直到复杂的经济合作和生产合作、提供或出租工厂、承包加工等，跨国公司不参加直接投资或不再

---

① 联合国跨国公司中心：《再论世界发展中的跨国公司》中译本，商务印书馆 1982 年版，第 279 页。

保留股权，而以发包商、代理商、经销商等身份分取产品或收益。跨国公司的财务风险大大减少，而收益却更有保证，成为跨国公司在发展中国家或社会主义国家扩张、渗透的重要手段，因而近年来得到迅速的发展。

（三）技术内部化偏好

跨国公司靠技术优势起家，这种优势又是它们赖以不断增长的关键，是争夺市场、攫取利润的王牌。

跨国公司的一个特点是研究与发展密集。维农对美国 500 家大制造业公司的调查资料，证明跨国公司的科技投资远远超过其他一般制造业公司。公司规模越大，科技投入也就越多。科学家、工程师占劳动力的比重，跨国公司都高于其他公司。这是因为跨国公司面临的竞争对手更多，竞争更剧烈。为了保持和扩大自己的市场份额，需要在形成国际生产以后保持技术垄断的优势。典型的现代跨国公司——美国的制造业跨国公司不仅依赖其雄厚的资力，更重要的是依靠自己的技术优势，集中经营那些技术水平高超的产业，如电子计算机、微电子、激光、汽车、拖拉机、石油工业、制药和化学品、仪器仪表等生产技术发展最快的部门。为了保持技术领先地位，跨国公司要从销售收入中拨出大量资金，从事研究与发展工作，并在全世界范围内有组织地安排科研机构，把主要的全能的研究机构保持在国内，使研究成果牢牢掌握在总公司手中，首先在公司内部使用，推迟扩散到国外，以保持自己的领先地位。

市场的不完全性，无论是来自市场本身固有缺陷还是来自政府人为的管理、干预措施形成的障碍，都使跨国公司为了自身利益，在通过外部市场公开出售技术商品的同时，更偏爱通过内部市场把不愿或不能公开登记出售的技术、技能（诀窍）和先进的管理经验，在公司内部实行有偿转让。

科技内部化的好处，一是可以避开外部市场的阻碍和高成本，有利地发挥科技优势的作用；二是保护这种科技优势使其不致过早地受到国外厂商的仿效；三是增加总公司的控制、计划能力，迅速对市场作出反应，在企业内部合理地安排产品的生产和分配。

科技成果（及其他中间产品）国际转移的内部化在大型跨国公司中是

更为普遍的；拥有先进技术优势；愿意拥有全部股权；偏好技术的内部化。这些特点在很大程度上足以说明，现代跨国公司的直接投资的主要流向是在发达国家之间的双向交流。因为只有发达国家的跨国公司才能提供巨额研究与发展投资，只有发达国家才便于相互利用对方科技成果（经济技术发展水平接近）；发达国家所得水平接近，市场广阔，消费结构近似，部门内部分工，在它们相互之间交叉设厂更易于实现。

（四）全球战略和内部一体化

联合国 1983 年第三次调查报告中提出的跨国公司的定义，强调跨国公司分布广泛的各单位，要在一个统一的决策体系下经营，采取一致对策和共同战略，母公司和子公司之间保持分享权益关系，是很正确的，符合二次大战后日益发展的现代跨国公司的特色。这种全球战略与内部一体化确实是现代跨国公司与二次大战以前跨国公司或其他国际经济组织相区别的特征之一。

所谓全球战略是指现代跨国公司从事国际生产和国际经营时，有一个以追逐世界市场为目标的战略，它所追求的是在全球范围内的最大限度的利润，而不仅考虑某一子公司的盈亏得失。为了全局考虑，抢先占领某一市场，总公司可以安排某个子公司以一时性亏损为代价，达到全公司的目的。总公司评价子公司实绩的标准，主要看它对全公司的总体贡献，而不一定是它本身赚取利润的多少。即使是一个规模不大、分支机构较少的跨国公司，它也得考虑全球的状况，警惕地注视着少数竞争对手的行为和动向。

反映整个跨国公司追求的全球战略，是它的计划。这种计划已经不是简单地对未来市场不利条件和有利条件的预测，而是经过周密策划后有组织的行动。罗波克和西蒙教授认为全球战略就是"垄断企业在做出重要营业决定时据以考虑全球性的机会、抉择以及未来全球性效果的计划"。[1]

为了实现跨国公司的全球目标，就需要实行内部一体化。各地子公司

---

[1] 罗波克与西蒙：《国际商务与多国企业》，1983 年，第 404 页。

的重大决策，都要在总公司的统一指挥下，按集中与分散相结合的原则，实行有计划的安排。至于集中与分散的程度，则视业务性质、产品结构、地区分布、风险大小以及各国历史形成的惯例而有不同的要求，子公司在一定的范围内可以自由行事。现代化的交通和通讯设备为公司内部化提供了物质保证。否则在国际经济瞬息万变的情况下，把分散在各地的子公司网组织成一个整体，灵活地应付复杂的形势是难以想象的。何况跨国公司面临的竞争对手又是同行业的其他国家的寡头企业，物价、汇率、利率、股市多变，东道国政策多变，跨国公司没有周密的一体化战略部署，也是很难适应的。在公司内部，则要求各级组织彼此密切配合，服从整体利益，互通情报，交流经验，共担风险，分享盈亏，要真正做到天衣无缝也是很不容易的。

跨国公司力量来源之一是它的灵活性。所谓灵活性，就是指跨国公司利用其遍布全球的分支机构，应付环境的变化，把投资、生产从一厂转移另一厂，将出口、采购从一处转到另一处，把资金从一国调到另一国，将研究与发展的重点和地区作相应的转移，以及不断改变产品系列构成，操纵转移价格，从事外汇投机买卖，将利润调集到避税港实现等等，总之是从全球范围内对子公司的经营进行一体化的部署。这是现代跨国公司的重要特征。国际企业管理已成为一门重要的实用科学而受到举世广泛的重视。

五、跨国公司的发展

（一）早期（1914 年以前）跨国公司的兴起

1. 跨国公司的前驱

跨国公司的前驱，可以追溯到 19 世纪 60~70 年代。资本输出是帝国主义形成和发展时期的重要经济特征，但在第一次世界大战以前，资本输出主要是英、法、德、美等列强的间接投资，尤其是购买铁路证券及政府公债等。至于直接投资的数额和比重都比较小，主要投资的行业是落后国家的铁路修建和矿业开采公司，但制造业的直接投资则有其特点，主要投资于比较发达的国家和地区。如 1914 年，美国制造业子公司设在发达国家者占 87.9%，英国占 73.7%，大陆欧洲占 81%。[①]可见，当时制造业投资是由市场导向的，自产生之时起就和经济发展水平有密切的联系。其次，从投资主体看，早期制造业投资和其他直接投资以英国为主体的情况不同，而是以美国为主体。1914 年以前美国制造业海外子公司有 122 家，而英国只有 60 家。[②]美国当时还主要是接受外国投资的债务国。而它的制造业对外直接投资占直接投资总额的比重却比英、德、法等国高，说明制造业直接投资和投资国资本是否富裕并没有直接的关系。

2. 刺激早期跨国公司的因素

（1）美国最先从事跨国经营的制造业直接投资，往往是那些产品首先在国内发明，或虽在欧洲最先发明而在美国经过重大革新的部门。正是这些掌握技术垄断优势的公司，首先到海外进行投资，以占领市场，并防止别家的仿造。美国第一家以追求全球市场为特色的早期跨国公司是胜家缝纫机公司，也是第一家在全世界同时生产和大量销售同一种产品的公司。它于 1851 年取得缝纫机发明专利权，15 年后首先在英国建立分厂，以后又陆续在欧洲大陆建立了许多分厂，垄断了欧洲市场。此外如电话、重型机器设备、汽车、电灯、空气刹车、照相机等，也都是首先在美国发明，逐渐形成新兴工业，经历了和胜家公司类似的发展过程，例如西方联合电报、贝尔电话、爱迪生电灯、伊斯特曼·柯达、国际收割机、奥梯斯兄弟电梯、国民现金记录器等公司。

（2）避开保护性贸易限制，到海外销售市场建立制造业跨国公司，以便就地生产和供应，也是刺激早期跨国公司的一个重要因素。1902 年英国油脂、肥皂业巨头莱佛兄弟"肥皂帝国"奠基人威廉·莱佛，感到其产品对荷、比出口所交纳的进口税太高，不如到那里建厂合算，后来就和荷兰人造牛油公司集团合并，成为著名的跨国公司尤尼莱佛公司。这家公司很快就形成国际化的生产和销售组织，逐步建立起地区性的各种职能管

---

① 卡森：《国际企业的成长》（Casson M. C., *The Grouth of International Business*, 1984），第 90 页。

② 沃派尔与卡森编：《世界多国企业资料汇编》（J．W．Vaupel and J. P. Casson, *The World Multinational Enterprises*, 1973），第 79 页。

理机构，成为巨型跨国公司的先驱。

（3）同样，1887年俾士麦为了保护农业对进口食物征收高额关税的政策，刺激了荷兰人造牛油公司在德国建立了多家分厂。各国垄断资本对世界市场的争夺，常常成为制造业向海外扩张的直接原因。例如法国铁路公司规定空气刹车必须由当地厂商供应，于是刺激了美国威斯汀豪斯空气刹车公司到法国设厂。令人感兴趣的是，有的国家如加拿大曾采取高关税制的目的，是为了鼓励外国制造业到加拿大建立跨国企业，以加速国内经济的开发，推动了美国企业向加拿大的渗透：1876年杜邦公司就到加拿大兼并了两家动力机械厂；1883年爱迪生公司也到加拿大建厂，并享受同等国民待遇。

（二）两次世界大战之间跨国公司的发展

1. 总的情况

在此期间，发达国家的对外投资停滞不前，数额增加极为有限，但美国对外直接投资的数额和比重却有相当增加。据统计，全世界对外直接投资由1914年的143亿美元，增至1938年的263.5亿美元，其中英国由65亿元增至105亿元，虽仍居第一位，但比重已经下降（由45.5%降至39.6%），美国由26.5亿元增至73亿美元（由18.5%增至27.7%）。可见在此期间，美国对外直接投资增加较快，1927年正值经济高涨年代，172亿美元对外投资中直接投资为75亿美元，仅次于英国而居世界第二位。美国187家制造业大公司在海外的分支机构由1913年的116家增至1919年的180家，1929年的467家和1939年的715家（其中欧洲占335家，加拿大占169家，拉丁美洲占114家）。美国还大举向英国势力范围渗透。[①]1922年在加拿大的外国投资中美资已超过英国；在拉美的外国投资中，美资所占比重也接近英国。美国资本还趁机打入德国，控制那里的汽车、石油、有色金属等部门。尤其通用汽车公司和福特汽车公司向欧洲及其他地区的扩张更为迅速，大石油跨国公司也随着汽车工业的发展而扩展各地

---

① 维农：《国家主权陷于困境》，1971年。

的销售网。

两次大战期间,大部分向外扩张的跨国公司是属于技术先进的新兴工业,或者是那些生产大规模消费的产品。为了向外扩张,往往先在国内进行合并,以壮大实力,加强自己的国际竞争地位,如化学工业方面的帝国化学公司康采恩,在国际市场上和德国的法本公司展开了激烈的争夺;军火工业垄断企业维克斯·阿姆斯特朗公司在军火、船只、飞机和电气设备方面也大举向国外渗透。英伊石油公司、英荷壳牌等三家大石油公司在1939年控制了中东生产的76%,成为美孚石油公司的最大竞争对手。

2. 直接投资发展缓慢的原因

虽然跨国公司新建的分支机构增加很快,但直接投资的总价值到1930年才超过战前数字。跨国公司直接投资之所以发展缓慢,主要是由于:(1)战争的破坏,投资的损失(尤以德、法两国为最),战债的负担和重建费用的巨大使20年代的欧洲大陆由债权国变为债务国,除美国外,对外直接投资确有困难。(2)1929年~1933年空前的世界性危机和大萧条,使主要列强产生一种利用贸易保护政策鼓励自给自足,对外资采取差别待遇甚至排斥态度。(3)货币制度紊乱,普遍利用货币贬值作为贸易战的手段。货币及汇兑管制法令层出不穷,对跨国公司的经营管理,起了不小的阻碍作用。大萧条阻碍了国际资本流动,直接投资不振,甚至招致相当多投资从海外撤回。(4)两次大战期间,卡特尔制度盛行,分割世界市场,限定产量及销售价格,控制的范围和程度,已从流通领域发展到分割世界产地和投资场所等方面,阻碍了对外直接投资的发展。

(三)第二次世界大战后跨国公司的发展

1. 私人对外直接投资总额及比重的增长。二次大战后,全部发达资本主义国家的对外投资额从1945年的510亿美元,猛增至1978年的6000亿美元,其中直接投资额的增加更为迅速,从1945年的约200亿美元增至1978年的3693亿美元,1983年更增至6000亿美元以上。其所占主要资本主义国家对外投资总额的比重,则由第一次世界大战前的10%左右和第二次世界大战前的25%左右,增至1978年的60.55%,即超过对外投资的半数以上。①另据统计，主要资本主义国家私人对外直接投资总额，1967 年为 1050 亿美元，1971 年为 1580 亿美元，1975 年为 2590 亿美元，1979 年为 5290 亿美元，1982 年为 6000~7000 亿美元之间。从 1960 年到 1980 年增加了 7 倍，平均年增 11%，超过国民生产总值，工业生产及对外贸易的增长速度。②至于其增长速度，整个 60~70 年代，发达国家对外直接投资总额是迅速上升的（个别年份除外）。进入 80 年代，增长率有些降低，但呈不稳定趋势。③

2. 跨国公司的家数（包括母公司及分、子公司）增加到很大的数字。据联合国调查，1968~1969 年主要发达市场经济国家的跨国公司共有 7276 家，其国外分、子公司达 27300 家以上。1978 年子公司达 82266 家，1980 年子公司达 98000 家。据联合国跨国公司中心 1986 年发布的一份未编号资料称，在 80 年代中期，广义的跨国公司家数已达 2 万家左右，其国外分、子公司达 10 万个。以美国为基地的 180 家制造业大跨国公司来说，1951~1966 年新进入子公司网的子公司为 456 家，1967~1969 年为 954 家，1970~1972 年为 801 家，1973~1975 年为 563 家。可见这些制造业大公司，其子公司网的扩展在 60 年代后期达到高峰后，随即稳步下降，直到 1975 年。1967~1975 年期间，180 家公司在其国外营业网中增设了约 4700 家子公司，比 1966 年底具有的数目超过 1 倍多！④

据联合国跨国公司中心 1987 年公布：约有 2 万家跨国公司的海外直接投资总共 6500 亿美元，在全世界拥有 10 万个以上的分支机构。其中 50 家最大的跨国公司拥有一半以上的海外直接总额。80 年代中期，跨国

① 叶刚：《遍及全球的跨国公司》，1989 年，第 28~29 页。

② 滕维藻、蒋哲时：《战后发达资本主义国家跨国公司的发展概况》，《世界经济年鉴》1983~1984 年。

③ 资本主义发达国家对外直接投资年流量：1960~1962 年 47.5 亿美元；1970~1972 年 131.4 亿美元；1977~1979 年 360.4 亿美元。见《联合国跨国中心通报》1982 年春季号，第 15 页。

④ 联合国跨国公司中心：《再论世界发展中的跨国公司》中译本，商务印书馆 1982 年版，第 53 页。另有总数 2400 家以上的子公司被清理、变卖或收归国有。

公司每年投资于海外子公司者达 500 亿美元，95%来自发达国家，3/4 投向其他发达国家。[1]

3. 投资来源国发生重要变化。发达资本主义国家对外直接投资的来源非常集中：1960 年其国别分配为美国占 71.7%，英国占 17.1%，两大投资国合计达 88.8%；1970 年的国别分配为美国占 62.9%，英国占 10.9%，联邦德国占 7.2%，三大投资国合计达 81%。这种情况不是一朝形成的，而是由于各国原有的投资规模和其后增长速度不同而致。战前长期居于第一位的英国，战后随着经济地位的衰落，对外直接投资地位（投资累计额）不但退居第二位，而且比重更由 1960 年的 16.6%降低到 1981 年的 12.4%。美国则由于二次大战后对外直接投资具有许多有利的条件，则上升为世界遥遥领先的第一位，虽然六七十年代后由于其他国家经济地位逐渐恢复和发展，比重有所下降，但至今仍稳居世界首位，从 1960 年投资额比重占 49%，到 1981 年仍占 42.9%。变化最大的是联邦德国和日本。联邦德国战后初期，对外直接投资资本微不足道，但随着国力的恢复和发展，对外直接投资迅速发展，投资比重由 1960 年的 1.2%增至 1981 年的 8.6%，跃居世界第三；日本则由于类似的原因，由 0.8%增至 7.0%而居于世界第四位；工业发达、国内市场狭小的瑞士，同时亦由 3%而升至 6.9%。[2]

4. 投资领域的转移。前面谈到过发达资本主义国家早期对外直接投资，主要以投向铁路、采矿、石油、热带植物种植等初级产业部门，制造业虽然已成为引人注目的投资领域（尤其美国），但在整体上不占主要地位。服务业情况亦与制造业类似。二次大战后一个时期美国成为最主要的对外直接投资国，它利用战争期间发展起来的新兴科技，将其应用于民用部门，在国内发展了一系列新兴工业部门（如电子、飞机制造、计算机、汽车、化学、机械、仪器仪表、制药、石油化工等），并向西欧投资建厂，而采矿、热带农业等初级产业的投资则相对减少。这些新兴制造业拥有垄断优势，规模大，效率高，利润率高，又为西欧复兴经济所迫切需要，因

① 见 1987 年联合国跨国公司中心散发的宣传资料。

② 见 1987 年联合国跨国公司中心散发的宣传资料。

而向海外扩展的势头很大。美国投放于制造业的直接投资所占比重，1914
年为 15%，1938 年为 25%，1950 年为 32.5%，1960 年为 34.7%，1970 年
为 41.3%，1980 年为 41.7%，1985 年为 41.1%。矿业石油业的投资比重，
则由 1950 年的 38.3%下降至 1985 年的 25.1%。至于美国对国外服务行业
（主要是运输、商业、银行、保险、旅游、营造与工程等）的直接投资比
重，则由 1950 年的 18.6%下降到 1960 年的 14.3%，1970 年的 12.0%，再
升到 1980 年的 28.2%和 1985 年的 28.3%。[①]

其他国家的情况虽然各有特点（例如荷兰和日本在制造业的海外投资
比重特别高），但基本趋势是一致的。近年来制造业直接投资比重有降低
趋势，而投于服务业的直接投资则有上升趋势。另外，发达国家直接投资
的投资结构又因投向其他发达国家或发展中国家而各异其趣。

5. 东道国的地理分布，也发生显著变化，主要是逐渐由发展中国家
转向发达国家。以美国而论，1950 年投在发展中国家和地区的直接投资
约占半数，到了 1970 年则只占 1/4，1980 年更降低至 23.4%。而投在发
达国家的直接投资，则升至 1960 年的 60.6%，1970 年的 68.7%和 1980
年的 73.5%。其他发达国家，趋势亦大体类似。据联合国资料显示，四个
最大的跨国公司母国中的三个国家（美、英、联邦德国），其直接投资总
额中，发展中东道国所占份额在 70 年代中期还不到总额的 1/4，而且从
1967 年起这个份额就不断下降。唯有日本的情况有所不同：在发展中东
道国的直接投资 1975 年有一半以上是在发展中国家，但这个比例，和上
述其他三个国家一样，低于 1967 年的数字。[②]

由表 1-1 可以看出直接投资东道国地区分布的长期趋势。

---

① 以上数字均见美国商务部：《美国对外直接投资》 （U. S. *Direct Investment Abroad*, 1984），第
45 页。

② 联合国跨国中心：《再论世界发展中的跨国公司》中译本，商务印书馆 1982 年版，第 54 页。

表 1-1　全世界直接投资投放于发达国家及发展中国家的比重

年份	对外直接总额 （亿美元）	投于发达国家的比 重（%）	投于发展中国家的 比重（%）
1914	140.85	37.2	62.8
1938	243.15	34.3	65.7
1960	545	67.3	32.3
1971	1663	65.2	30.9
1978	3616	69.6	27.8
1985	6500	*75	*25

注：* 估计数。

资料来源：邓宁：《国际生产的水平与结构的变化》；卡森编：《国际企业的成长》（John H. Duning: "Changes in the Level and Styucture of International Production"; Mark Casson, "The Growth of International Business", 1983, p. 94）。

　　发达国家对外直接投资日益偏重于相互投资，它们既是投资的主要来源国（占对外直接投资总额的95%），又是投资的主要东道国（接收外来直接投资的 3/4）。国际直接投资基本上由单行道变成双行道，这一事实在国际经济上和政治上都有深远的影响。

　　发达国家之所以偏爱相互间投资，原因不难理解：发达国家经济发展水平比较高，接受投资容量大；消费习惯、市场结构比较接近，容易组织国际生产；各国产业结构不同，技术优势各异，可以取长补短，扩大回旋余地；政治稳定，熟悉对方法律制度，语言障碍少，技术、管理人才可以就地招聘；交通、通讯等基础设施条件好；同为东道国，政策上容易取得一致。

　　发达国家对发展中国家直接投资的比重，由1938年的2/3多减至1985年的 1/4 弱（绝对投资额是则不断增加），总的趋势是日趋减少，但也不是直线下落。例如 70 年代发展中国家自然资源（尤其石油、有色金融）

国有化运动风起云涌，曾使发达国家的直接投资一时锐减，以后由于双方调整政策，比重又有所回升。发达国家对发展中国家的直接投资，还有一个特点就是投资对象相当集中，主要集中于工业化进展快、人均国民收入高、市场容量较大的巴西、墨西哥、印度、马来西亚、阿根廷、新加坡、秘鲁、菲律宾等国，至于在避税港的投资则属于另一种性质。

对发展中国家投资比重减少的原因，大体上可以从对发达国家投资比重增加的原因的相反方面进行观察。跨国公司对发展中国家的直接投资有不少有利之处：资源丰富，劳力和土地便宜；大多数国家渴望利用外资，给予投资者种种优惠条件；过去宗主国的政治、经济、文化影响和在金融、保险、航运等方面的多年联系等。但也有其不利条件，例如：市场容量小；经济发展水平低，配套能力差；人才缺乏；基础设施差；政治不稳定，政策多变，法制不健全，风险因素多。但对于难以替代的资源开发、劳力集约、技术标准化的装配性工业则较为适宜。

（四）第二次世界大战后跨国公司迅速发展的原因

跨国公司是对外直接投资的载体。由于发达国家对外直接投资主要是由跨国公司进行的，所以以上论述战后对外直接投资迅速发展的本质原因时大体上也就说明了促成战后跨国公司迅速发展的因素，诸如经济技术发展水平的推动，生产国际化的需要；资本的积聚和集中，竞争和发展的不平衡，取得原材料供应的动机，国家政策的鼓励等等。

战后初期，只有美国有实力、有可能对外进行直接投资，所以有一个时期，谈跨国公司发展实际上就是指美国跨国公司的发展。当时存在着对美国对外投资的有利条件。欧洲国家满目疮痍，迫切需要美国的经济援助，对美国人来西欧投资抱欢迎态度。美国通过马歇尔计划对欧洲的巨大援助，要求实行贸易和国际支付的自由化，为美国资本进入西欧铺平道路。加以战前的国际卡特尔因战争的破坏而难以恢复，各国垄断组织实力对比的变化，企业混合经营机制的发展，也使跨国公司取代国际卡特尔成为垄断资本对外扩张的工具。交通、运输、通讯的革命（集装箱、喷气式飞机、计算机）消除了国际生产的障碍，并使全球一体化管理成为可能。

另一方面的有利因素是美国大企业的实力。由于美国本土没受战争破坏，而且由于支援战争及其参战后成为盟国的军工基地，轻重工业均有突飞猛进的发展，新技术层出不穷，大企业规模更加膨胀，资金积累增多，在上述有利的国际条件下，美国成为唯一有可能对外投资的天之骄子。

就当时西欧和美国的政治经济历史条件来说，还有几个具体因素促成美国跨国公司的对外扩张：

1. 西欧共同市场的成立。1960 年共同市场的成立，使西欧成为一个排它性的关税同盟。为了突破这种商品出口的壁垒，美国采取到西欧内部投资设厂的办法，就地生产和就地销售，尤其到英国设厂，还可享受英联邦特惠制关税的便利。另外，西欧形成一体化大市场以后，容纳投资的可能性很大，对美国资本又采取开放性政策，特别是那些新兴制造业部门，需要巨额资本和新型设备，这只有美国有条件能够提供。

2. 美元的特殊地位。通过布雷顿森林协定，美元成为唯一与黄金联系的国际货币。在西欧各国国际收支逆差、大闹"美元荒"之际，定值偏高的美元正可以到西欧购买资产、兼并企业。在西欧各国货币到 1958 年先后恢复相互自由兑换后，对美元流向西欧投资和从西欧汇回投资利润都非常便利。

3. 在西欧投资的利润率高。当时西欧工资水平一般只相当于美国同类工资的 1/3~1/2，技术工人和原材料均可就地取材，关税和运输费用节省，这种种因素使在西欧投放的美国资本获取较高利润率而趋之若鹜。

4. 美国政府的支持鼓励。（1）利用对外援助（马歇尔计划、对英大贷款）为本国企业对外投资取得种种便利，保证投资的自由和安全。（2）分别和各国谈判，订立保障投资安全和避免重复征税。（3）在税收方面利用对境外投资利润征税的延付（tax deferral）和抵免（tax credit），鼓励企业投资利润的再投资和汇回本国。（4）美国政府的反托拉斯法只禁止国内行业合并，主要只适用于国内而不适用于国外，两者均有利于跨国公司的发展。

1950 年美国在西欧的直接投资只有 17 亿美元，1957 年增至 41.51 亿美元，1962 年更增至 89.3 亿美元，5 年中翻了一番。1967 年又增至 178.82 亿美元，5 年中又翻了一番。1971 年又增为 276 亿美元。美国对西欧直接投资占美国全部对外直接投资的比重由 1957 年的 14.5%增至 1971 年的 32.1%，1974 年的 37.66%，1975 年的 37.29%。[①]

50~60 年代这段期间是美国跨国公司对西欧扩张最快的年代，以后则难以维持同样的惊人速度。由于美国国际收支逆差，美国政府一度曾采取限制对外投资（如 1963 年开征利息平衡税，1965 年的自动限制计划），其后因美元危机而两度贬值，英、法、联邦德国、日本经济实力恢复而增加对外投资，美国对外投资地位相对下降。

六、跨国公司的新动态

（一）美国成为直接投资的最大东道国

战后初期以来，美国一直是直接投资的最大来源国，但其所占国际直接投资总额的比重却在减少。而经济实力日益增长的西欧和日本则将资本大量投入美国，形成了在发达国家之间多元交叉（pluralism）直接投资的双行道，更确切地说是增加了跨国公司直接投资的对向性。[②]

20 世纪 60 年代，美国接受全世界直接投资的 10%，70 年代中期为 11.2%，80 年代中期突飞猛进为（1985 年）29.0%（超过西欧的 28.9%与日本的 17.1%）成为世界最大的直接投资东道国。

从发展过程看来，美国对外直接投资的流出量和接受外来直接投资的流入量之比日益下降，差距日益缩小：

1967~1969 年比例为 5.6：1；1970~1972 年为 8.3：1；1973~1975 年为 3：1；1976~1978 年为 2.95：1；1979 年为 1.7：1。[③]到了 1981 年，美国对外直接投资净增 118 亿美元，外来直接投资净增 214 亿美元，流入量首次超过流出量。固然，这种大量流入的外国私人直接投资在美国总资本

---

① [美]《商业概览》（Business survey）1976 年 8 月号。

② pluralism，即多元交叉投资的现象很久以前就已存在，不过不甚显著。

③ 滕维藻、蒋哲时：《战后发达资本主义国家跨国公司的发展概况》，《世界经济年鉴》1983~1984 年。

额中所占比重还不算大，估计仅为美国有投票权的股票总额的 4%。但像美国俄亥俄美孚石油公司以及美国汽车公司这样的大公司也成外国资本的猎物，却是一个在世界经济中引人注目的事件（见表 1-2）。

表 1-2　主要发达东道国接受外资输入情况

单位：10 亿元

	1975 年			1983 年			1985 年		
	流入总额	占总额比重	占GDP比重	流入总额	占总额比重	占GDP比重	流入总额	占总额比重	占GDP比重
发达市场经济家	185.3	75.1	4.5	401.0	75.6	5.1	478.2	75.0	5.5
西欧	100.6	40.8	5.8	159.6	30.1	5.6	184.3	28.9	6.6
美国	27.7	11.2	1.8	137.1	25.9	4.2	184.6	29.0	4.7
其他	57.0	23.1	7.0	104.3	19.7	6.0	109.2	17.1	5.7
日本	1.5	0.6	0.3	5.0	6.0	0.4	6.1	1.0	0.5

资料来源：联合国跨国中心：《世界发展中的跨国公司：趋势与前景》1988 年，第 25 页。

（二）日本可能成为世界最大的直接投资输出国

日本多年来在世界直接投资的流出额和流入额方面不占重要地位，但 60、70 年代以后情况发生变化，输出直接投资占全世界总额由 1960 年的 0.7% 猛升至 1975 年 5.7%，1980 年的 6.6% 和 1985 年的 11.7%，说明日本在 1980~1985 年期间已经是世界第三大投资国。（按流出量计算）此后流出量继续增加，很可能在 1986 年与 1987 年已经成为最大的投资流出国。[1]

---

[1] 联合国跨国公司中心：《世界发展中的跨国公司：趋势与前景》，1988 年，第 242~243 页。

日本对外直接投资之所以能如此突飞猛进，主要原因系大量拥有以先进技术为基础的新产品，富于竞争能力；生产管理好；储蓄倾向高，资本积累多。日本跨国公司喜欢采取在东道国新建企业的办法，运用国内成功的技术和经营管理方法的优势，建成第一流的生产设施，向发达国家尤其美国和西欧渗透，同时也注意吸收外国先进技术，开发国内市场潜力。全世界都承认日本产业界应变能力特强，情报灵通，对日元升值、美国保护主义政策措施、机器人化以后需重新考虑安排国际化生产等重大变化，均能应付自如。日本对外直接投资不但未受多大影响，反而更加提高能力，并向跨国银行、国外房地产（办公楼、旅馆、电影公司等）等领域大肆渗透，使发达国家朝野为之侧目。

（三）由于一些深层原因，80 年代对发展中国家的直接投资持续停滞

对发展中国家直接投资的比重趋势近年来呈现一种持续性的停滞,而这种停滞又是出于一些较深层次的原因，短期难望复苏。除少数国家外，发展中国家作为一个整体，经济发展不振，又因减轻外部债务沉重负担被迫采取紧缩措施而更为加剧;科技革命使发展中国家赖以生存的自然资源（原料、燃料等）需求减少，价格相对下落等原因，往日吸引外资的能力不免减弱。跨国公司还害怕发展中东道国为解救国际收支危机而采取外汇贬值的外汇管理措施，这也会动摇它们在这里进行投资的意愿。发达国家投资来源国和发展中东道国都比较集中（1984 年美国一国占对发展中东道国直接投资的半数，英、美、日、联邦德国、法国等 5 国则合占 65%。80 年代初，巴西、墨西哥、新加坡、马来西亚等国就占投资流入量的 60% 以上）。这一事实具有重要意义，它使发展中国家利用外资易受少数国家经济情况的变化及所采取的政策的影响。由于追求出口导向政策的发展中国家的跨国银行借款数额及付息为数甚巨，政治经济变动引起的资金外逃，资金流入量成为负数（即净流出），1982 年、1983 年甚至外来直接投资的绝对数额也下降了,这不能不使主要发展中债务国乃至整个世界经济蒙受不利的影响，值得各国政府重视。

（四）服务业跨国公司的迅速发展

过去 10 余年（尤其从 70 年代中期到 80 年代中期）的另一重要趋势，是服务业的外国直接投资出现了大幅度的增长，这一点无论从绝对额和相对比重而言，都是如此。服务业部门主要系指其产品为非物质的、不能贮藏的，生产与消费往往同时同地的那些劳务领域，例如与贸易和金融有关的商业、运输、财务、保险、电讯、广告、银行咨询、信息等，与工商业公共行政有关的如房地产、研究与发展、管理、公共行政与国防，与社会有关的教育、卫生以及与个人有关的修缮、理发、旅游等，错综复杂，相互难分，有时与制造业跨国公司本身也联系在一起。到 80 年代中期，服务业外国直接投资已占全世界外国直接投资总额（7000 亿美元以上）的大约 40%（即约 3000 亿美元），占全年外国直接投资的半数（约 250 亿美元），就美国而言，服务业外国直接投资是使这个国家在 80 年代初成为外国直接投资的最大东道国的直接原因。[①]

服务业跨国公司的发展，一是来自原有服务业跨国企业国际化的进展；二是来自制造业跨国公司到海外建立为自己服务的服务业分支机构。从服务业跨国公司对外投资结构看，也比以前有较大变化，银行与非银行金融机构、商业、保险、旅游、房地产、咨询与数据处理、会计、广告等行业发展较快，而传统的海运、邮电通讯以及公用事业等则呈相对衰弱之势。服务业对外直接投资的发展，主要在发达国家相互之间交叉投资，但发展中国家中经济比较发达的国家和地区，也日益发展成为服务部门跨国公司的母国和东道国。

服务部门跨国公司之所以迅速发展，主要是适应国际化社会大生产、国际分工日趋精细、要求为生产和管理服务的若干职能分化出来的需要，因而其发展乃是一种必然的趋势，与东道国采取的管理政策（自由化抑或

---

① 联合国跨国公司中心：《世界发展中的跨国公司：趋势与前景》，1989 年，第 545 页。

220

严格限制）关系不大。①服务部门跨国公司的发展，大大地促进了生产资本的国际化，有利于生产技术（包括硬技术和软技术）的国际交流，有利于资金融通和制造业产品的出口，有利于人员交流和国家间的相互交往和了解，估计 90 年代仍将呈现活跃的趋势。

（五）经营策略方面的变化

作为对 80 年代经济环境的反应，跨国公司在经营策略方面发生下列诸方面的变化。

1. 由混合经营走向专业经营

在 50、60 年代高速增长已经过去之后，发达市场经济国家经济关系中出现了比较严重的不确定性，使跨国公司感到生存难保，最初作出的反应是从事混合经营（Conglomerate），大公司通过兼并或资金转投，进入与其本来的生产线无甚关联的领域。②例如 70 年代国际石油价格的暴涨，大石油公司感到前途难测，便纷纷从事混合经营，如飞马石油公司（Mobile）收购马可（Marcor）公司（它本身又是两家的联合组织），埃克森兼并雷列电气公司（Reliant Electric），美孚石油公司（Standard Oil）收购康纳科特铜公司（Kennecott），目的在于分散经营风险，一家公司某个部门的亏损可用其他部门的盈利来补偿，不致导致全公司的失败。③结果，这种混合经营有时反而成为包袱，不但石油价格没有继续上涨，而兼并来的公司由于业务分散，管理不便，难与新进入领域原有的公司竞争，加之混合体内部的协调费用，导致某些部门无利可获。80 年代主要发达国家的低速增长，迫使许多大混合公司不得不集中经营利润高的生产线，清理其他生产线，从有些生产系列或某一类型生产技术撤退，从某些新地

---

① 一般来说，服务业跨国公司受东道国的限制较制造业跨国公司为多，尤其是发展中东道国更是如此。发达东道国采取比较自由化政策，但对电传通讯、航运、公用事业、大众传播工具等仍采取比较审慎的政策。总的趋势是倾向于自由化。

② 混合经营当然不能理解为突然发生，实际上它是 50、60 年代趋势的加速。

③ 美国联邦贸易委员会"关于 1978 年企业兼并与收购情况的统计报告"（U. S. Federal Trade Commission, Statistical Report on Mergers, Acguisitions 1978, 1980），第 19 页。

区或新开辟的市场撤退，以利于专业经营。

在石油产业内部，也呈现高度集中的趋势。80 年代出现一系列的兼并，以适应经济低速增长、石油小公司能量的扩展和过量供应，燃料代用品的出现所招致的失衡，以维持大石油公司的利润。①制造业的"合理化"整顿，也往往以混合经营程度高而又经营不好的跨国公司为对象。

2. 研究与发展的合作

跨国公司花费在研究与发展工作上的费用很大，收益有时很有限，投资于开发技术的时机也要选择好，否则就会落后于竞争对手。为了减轻财务负担，避免风险，跨国公司现在广泛采用合作开发技术的方法，互相竞争的大公司双边或多边集资组织起来，开发工业机器人，新式飞机引擎等重大项目。21 家美国大公司组成财团，预计在未来 10 年中（约指 20 世纪 90 年代——编选者注）花费 7 亿美元于计算机与半导体的开发研究工作。

3. 跨国或全球一体化的新发展

跨国公司的经营策略，必须适应所在行业产销的情况，而相应地作出反应。多年以前，全球性寡头初次出现于初级产业，石油、铝、香蕉等一些部门的全球供应为少数寡头公司所支配，后来由于产地国家取得本国资源主权而削弱。与此同时，全球寡占越来越成为制造业及服务业的特征。它们的产生和发展不是像初级产品那样源于对供应或市场的控制，而是来自规模经济的推动力——制造过程（如汽车业）或销售方面（如饮料）及研究与发展方面的规模经济。在许多消费品工业，由于运输、通讯、信息等方面的发展，使新产品的许多国家的市场一体化为一个单一的全球市场或少数区域性市场。取得这种一体化的主要手段是通过企业的合并或兼并，这在那些技术比较成熟、规模经济较大的消费品部门如奶制品、家具等行业，尤为常见。汽车行业的全球化和行业内部的合作更是一个显著的例子。世界上两个最大的汽车公司：日本的丰田和美国的通用，两家各出

---

① 如 Chevron 购买 Gulf, Texaco 购买 Getty, Mobil 兼并 Superior Oil; British Petroleum 购买在 Standard Oil 中的股份，Royal-Dutch Shell 购买了 U. S. Shell 的股份，关掉小公司或某些设施。

一半资本建成新联合汽车公司，生产供应美国市场的小型汽车，同时两家公司自己又都在建立规模庞大的小型汽车公司。欧洲也在进行汽车市场一体化的生产重组。现代技术的发展也有另外一个方面，即有利于小公司的成长。但这种趋势相对于大全球公司及它们的合作相比，相形见绌。

4. 利润再投资成为跨国公司主要筹资手段

近些年来，在跨国公司对发展中国家的直接投资中，来自母公司流出的资金，比重不断下降，而来自东道国当地子公司利润再投资的比重却在大幅度的增加，在 80 年代初甚至已高达 3/4 左右。1979~1983 年间（除 1981 年外）发展中国家通过外国跨国公司直接投资进行的资金再转移一直是负数，这意味着跨国公司自发展中国家攫取的各项收入，已超过新流入的投资额。当然，发展中国家政治、经济不稳定也引起资金的外流。跨国公司总部甚至还利用其海外子公司为自己的活动筹资。

其他主要投资国也有类似情况，利润再投资已成为跨国公司对外直接投资的主要筹资手段，新流出的资金已退居次要地位，海外子公司自筹资金的能力，也在日益增强。

70 年代以后，发展中国家自跨国银行借入的贷款数量，远超过外国跨国公司的投资。由于发展中国家债务负担的日益沉重，国际跨国银行减少了对发展中国家的贷款，更增加了发展中国家的财政经济困难。

5. 非股权安排日益增加

非股权安排由来已久，但 70 年代以来有了明显发展，近年来又增加了新的合作内容和形式。非股权安排日益增加的原因是多方面的：

（1）发展中东道国家在管理能力、技术、资本等方面获得相当进展，不需要求助于跨国公司，在资源国有化以后，与跨国公司订立维修合同、技术援助协议、产品分享、补偿安排、管理合理、销售代理等形式，在某些方面利用了跨国公司的优势；而跨国公司亦乐于不承担太多风险，通过提供与股权无直接联系的服务，以取得可观收入，并继续保持一定的控制。80 年代中由于发展中国家遭遇了经济困难，又往往采取比较自由化的政策，吸引外国直接投资的流入。当然这并不意味着发展中东道国放弃了拆散外来直接投资包（FDI package）的努力，而投资国也利用发展中东道国经济不稳定及前景恶化的时机，向投资项目提供无形资产（而不必拥有股权）获取有吸引力的报酬，同时避免或减少直接投资容易遇到的商业和政府风险。

（2）随着西方厂商在社会主义国家业务活动的开展，逐渐发展出一套经济合作的办法，以利用西方跨国公司拥有的生产技术和销售渠道的优势，而又符合当时苏东国家对跨国公司建立拥有全部或多数股权子公司的严格限制。东西方非股权安排的经济合作形式多种多样，如提供成套设备或交钥匙式的出卖工厂或分享产品，承包或转包合同、共同生产协定（生产协作和专业化）、联合销售等。

（3）发达国家相互间由于适应80年代的经济变化，也促使非股权安排的发展。国际技术贸易主要在发达国家之间进行，增长率大大超过同期直接投资增长率。大部分偿付额在跨国公司系统内支付。其次为许可证贸易。其三为经营管理合同等等。

非股权安排的出现和发展，是跨国公司适应全球尤其是东道国经济情况变化的反映。无论从东道国还是从跨国公司本身来看，孰利孰弊很难下结论，须要作具体的分析。跨国公司利用非股权安排避免风险，获取资产收益最大化，同时也利用它作为打入新市场或夺取市场份额的有力工具。东道国通过非股权安排保护了本国自然资源的永久主权，增加了东道国发展经济的选择机会，促进了本国经济的发展，但发展中东道国承受的风险也相应地增大。当前东道国碰到的更大问题在于筹措资金的困难，大的跨国商业银行不愿对发展中国家的政府和企业贷款，官方贷款或官方担保的出口信贷也不容易获得，但非股权安排还会因适应各种经济变化而继续发展。

七、跨国公司对世界经济发展的影响

二次大战以后，跨国公司取得了长足的发展。不仅经济实力增强，拥有庞大的资金和精湛技术，而且从实践中形成了一套经营管理策略和灵活的扩张手段，对世界经济发展起了十分重要的作用。

（一）加速了生产与资本的国际化，促进生产力的发展

跨国公司是生产和资本国际化的结果，但跨国公司的发展又反过来成为促进生产和资本进一步国际化的力量。跨国公司的发展使国际产业分工更加深化，甚至可以说已经发展到一个新的阶段，即以产品多样化的企业间分工和零部件及生产工艺的专业化为特色的企业内部分工。生产国际化不仅表现在把整个世界作为经营决策的对象，生产和销售面向国际市场，从而使得资源配置在一定程度内能够优化（例如把发达市场经济国家的资本和技术转移到更加需要它的地方去，从事优化国际生产，发挥跨国公司拥有的生产要素的相对优势，在国际领域要求尽可能合理的组合）。通过将某一产品的生产过程分散到不同的国家和地区子公司去完成，组成跨国界的生产线，合理安排子公司的生产、销售活动，以取得规模经济，提高劳动生产率，节约社会劳动，促进生产力水平的提高。

从世界总体看，跨国公司的活动，确实在一定程度上促进了资本主义世界某些地区生产力的发展。最明显的如战后初期西欧的经济恢复。当时西欧的不少新兴工业，如电子计算机、汽车、石油化工、合成纤维、人造橡胶，都是由美国为基地的跨国公司最先建立起来的。加拿大、澳大利亚这些资源丰富、人口稀少国家的经济开发，也与发达国家跨国公司的活动有关。70 年代以后亚洲、拉美地区新兴工业化国家的制造业、交通运输业的发展，也与大量外资，发挥跨国公司的积极作用有一定关系。

当然，跨国公司推动生产力发展的投资活动，对它的母国和东道国来说，都不是不要付出代价的，这一点，我们将在讨论政策问题时予以讨论。

（二）促进科技进步，加快国际技术交流

跨国公司的实力首先在于拥有先进的科学技术。二次大战后美国跨国公司的壮大与发展，就是因为它们把战争中军事科学技术方面的创造发明加以筛选、改进、推广，用于民用工业，互相推动，形成战后第三次科学技术革命的浪潮。美国跨国公司正是凭着这股浪潮的优势，到西欧、加拿大、澳大利亚等地区，建立起大批新兴工业，带动了这些国家和地区经济恢复和发展。

　　科学技术的特点，就是不断创新、日新月异。跨国公司要在国际竞争中保持和扩大自己的阵地。就需要不断进行大规模的研究与开发，将先技术用于新产品开发，提高原有产品质量。大型跨国公司把占销售额的相当大的部分投入研究与发展，唯恐落后。尤其是那些技术密集型大公司更视技术为生命，设有自己的研究网络。著名的美国计算机公司 IBM 曾为了发展新一代计算机，支付了数十亿美元的资金，在本国和其他发达国家设立研究机构，网罗各国优秀人才以为己用，成为新思想、新设计、新材料、新工艺的源泉。IBM 总是以技术领先保持它在国际计算机市场上的特殊地位，在《幸福》杂志上公布的美国 500 家大制造业公司名录中，地位节节上升，1988 年已列居第四位。①联邦德国的大型跨国公司拜尔、西门子、巴斯夫等都建有自己集中的研究基地，即科学城。这些基地中人才荟萃，设备精良，从事近期和中远期课题的研究。

　　跨国公司是先进技术的传播者。现代先进技术绝大部分为大的跨国公司所掌握，它们的分、子公司遍布世界各地，有利于技术成果和科技人员的国际转移。跨国公司首先把新技术用于本国的企业，同时经过一段时间之后（尤其在本国市场容量很大、技术又易于保密时）通过公司内部渠道，在本公司系统内部，根据公司的控股情况和经营策略，作价转让技术和技能。同时跨国公司对外转让技术的渠道，包括在国际技术市场出售专有技术、专利协定、非专利的公司特有的专门技术知识、合营等。因为新技术生命不可能太长，也不可能长久保密，何况跨国公司相互间也都在利用对方的技术。无论采取哪一种方式，一般来说都有助于国际间技术交流，加速技术扩散，从而促进了世界生产力的发展。

　　跨国公司并不总是新技术的拥有者。有些跨国公司带出去（尤其到不发达国家）的技术只是比较成熟的或标准化的技术，有些甚至是落后的技术，利用对方有利的条件（例如劳力便宜）或弱点（例如科技情报不灵、高级科技人员缺少），在比较好的管理条件下攫取短期的利益。

---

① 见美国《幸福》杂志，1989 年 4 月 24 日。

226

跨国公司也并非总是科技的热心传播者。它们往往对新技术采取种种利己措施，尽可能延长技术领先的时间，维持技术的垄断；在技术贸易中附加种种限制性条款，限制专利权购买者对技术的充分利用，甚至列入有损购买者权益、限制设备采购的来源等等条款，对技术的传播起了阻碍作用。技术进步的好处，也很少以降低产品和劳务价格的形式转移给消费者，而以提高利润的形式，被跨国公司享用了。凡此，都是资本主义市场经济的本质所决定的。

（三）促进和控制国际贸易的发展

跨国公司到海外不断兴建、扩建子公司，进行生产，就需要提供子公司以机器设备、原材料等生产资料，子公司则不断以其产品供应东道国及东道国以外其他国家，甚至有一部分产品要返销到母国市场，这就不能不扩大国际贸易流量。跨国公司组织国际生产的方法，把整个产品的零部件分别在不同国家加工，然后再运到一国子公司所在地组装成最终产品，往返运输，多次贸易，大大地扩大国际贸易流量。制造业跨国公司不仅是单纯的生产组织者和销售商，而且往往设有专门从事国际贸易的机构，推销产品，售后服务，出售技术，并从事与本公司产品无关的其他进出口业务。现在跨国公司在国际贸易中已占据极为重要地位，其发展的势头已超过专门从事贸易的一般进出口公司。据统计，1983 年以美国为基地的跨国公司的出口占美国出口总额的 2/3，占进口的 1/2。至于英国，80 年代初期跨国公司的出口占英国出口总额的 80%，其中外国跨国公司子公司占 30%（美国一国子公司即占英国出口贸易的 1/6）。

外国跨国公司控制东道国很大一部分进出口贸易，这不能不和东道国政府和企业产生紧张关系。因为外国公司子公司的出口、进口方向、价格高低、商品结构听命于母公司的统一计划，东道国无权干预，不受东道国货币金融政策的影响，国际收支的变化也可能不利于东道国。跨国公司利用其在东道国国际贸易上举足轻重的地位，利用其灵通的全面情报进行"全球扫描"，作出贸易安排，影响甚至干预东道国的政策。跨国公司还可以利用对转让价格的操纵，进行不等价交换，或者挤垮东道国当地企业，或者逃避税收，逃避东道国的管理。

　　跨国公司进行的国际贸易有很大一部分是通过公司系统内部（即母公司与子公司、子公司与子公司之间）贸易来进行的，复杂的制造业部门（如汽车、消费性电子工业）的跨国公司更是如此。内部贸易，从通常传统的表述来看，既非"国际"，又非"贸易"，其流量、流向、价格等并不完全决定于市场力量，而是总公司有计划安排的结果。内部贸易的发展，对跨国公司来说，当然是它趋利避害、提高利润的手段，但对东道国（尤其发展中东道国）和母国、国际协调贸易的组织来说，要了解它管理它却是更复杂更困难了。

　　（四）促进了国际资金运动和加剧国际金融市场的不稳定

　　跨国公司对外直接投资的扩展，加强了国际资本即生产资本和借贷资本的国际流动。跨国公司为了向海外子公司提供资金、从海外子公司提取利润、总公司和子公司、子公司之间大量商品和劳务交易、技术使用费和管理费的偿付、借贷、结算等，经常引起大量资金转移。总公司根据它的全球利益，统一安排调度。它所采取的手法，如利用转让价格抽逃利润、提前和错后各种支付、在国际金融市场上买卖股票、证券、外汇，利用东道国外汇管理法令上的漏洞逃避管制；利用子公司所在国家利率的差异，将低息借来资金调到高利率地区贷出，都会加剧所在国和有关国家的货币金融市场的不稳定，引起跨国公司和有关国家的紧张关系。

　　跨国公司在这方面的能量很大。因为它们拥有大量用各国货币表示的现金和流动性很大的资产，为数之大有时超过发达国家中央银行持有的外汇储备的总和，而且流转很快，在各主要国家之间进出频繁，成为国际间金融投机的主要资金来源，各国政府难以实行有效的控制。由于各大金融市场密切联系，一国的金融市场一有风吹草动，常常牵一发而动全身，引起世界性的金融动荡。目前，由于电子通信技术的发展、金融交易技术的创新，世界金融市场形成昼夜不停的紧张联系，大量流动资金在其中进行频繁交易、在很大程度上脱离产品与劳务的生产与交换而独立活动。跨国银行的发展更起了推波助澜的作用。无论是跨国公司发行股票、债券、外贸资金融通、跨国公司的兼并或联合，都离不开它们的作用。银行资本与产业资本融合，更是普遍的现象，它们或者互相联系、互相渗透，又互相争夺，在债务危机及救援活动中，跨国银行组成的银团，往往操纵某些债务国的经济财政政策，破坏其国际收支的平衡和经济的稳定。

（五）跨国公司的社会、政治影响

跨国公司的活动，不仅直接影响东道国的经济发展，并通过政治、社会的影响，间接地影响东道国尤其是发展中东道国的经济政策和社会经济环境。

过去少数发达国家占据对外直接投资主要地位，在发展中东道国建立"国中之国"，为所欲为（如中南美的大种植园，中东的大石油公司），甚至操纵政治，进行颠覆活动（如智利的铜公司）的情况，现在已经比较少见了，原因是由于对外直接投资母国多了，而且互相竞争；发展中国家独立后为了维持主权而进行斗争；各种国际组织的活动，使跨国公司行为有所约束等。

虽然如此，跨国公司仍可利用经济上某种程度的垄断优势，对东道国施加压力，进行威胁讹诈。例如美国政府借口有权管理、限制其跨国公司的活动，利用反托拉斯法和禁运法案，干涉外国内政；跨国公司与东道国限制与反限制的斗争；通过资助选举扶植右派势力，阻碍社会进步改革等，所在均有。

跨国公司在东道国雇佣大量职工，增加了东道国的就业。[①]在消费性电子产业、信息技术产业、汽车、玩具、体育用品产业内，跨国公司广泛采用组装方法，对劳工方面影响重大：工人技术水平高、本地技术人员管理人员增加，促进东道国就业情况的改善。但也有许多外资产业工人的工作单调、肮脏、劳动强度高。有的跨国公司不许工人组织工会或无视工会

---

① 有统计资料的 1970 年，仅美资拥有多数股权的跨国公司国外子公司，职工总人数即达 300 万人，加上其他国家国外子公司及其他美资控制的国外子公司直接雇佣的人数总计约共达 1300~1400 万人，再加上其他为其服务的供应商、销售商、补充服务的人（远比直接雇佣人数为多），为数更巨。

活动，它所培植的技术、管理方面高薪阶层和工资制度，产生了与本地企业格格不入的畸形发展。一旦某个子公司撤走（考虑其全球利益关厂），工人失业，市政建设闲置，只由东道国承担失业救济、市政重整的责任。

跨国公司传播的消费习惯、生活方式乃至意识形态，对东道国主要是发展中东道国产生消极影响，社会风气败坏，崇洋媚外流行，汽车、化妆品、饮料、香烟、家用电器成为人们羡慕的目标，影响东道国国际收支平衡和东道国的经济结构协调，社会结构稳定。这些影响常被东道国视为现代化的象征而丧失警惕。

跨国公司对发展中东道国的环境污染，也引起了国际组织的重视。1984 年美国联合碳化物公司在印度波帕尔的事故，是一个令人注目的事例，至今尚未完全解决。

各国对跨国公司的政策

滕维藻

跨国公司实力的增强和活动范围的扩大,对战后世界经济总体起着越来越大的作用,已如前述。现在再从跨国公司对各种类型国家,特别是对发达国家东道国和母国、对发展中国家东道国的影响,研究它们对跨国公司的政策。特别是发展中东道国,和发达国家互为母国与东道国的情况不同,它们主要是跨国公司投资的受益者,又往往和跨国公司有较大的利害冲突,因而更成为研究对跨国公司政策的重点。由于这种冲突引起的紧张关系具有地区的和国际的重要性,因此在地区一体化机构和国际组织层次上,也有一个如何对待跨国公司的政策问题。

第一部分　权衡跨国公司与东道国的
得益和损失是制订政策的出发点

一、接受外国直接投资的得失

由于观察问题的角度、方法和重点的不同,对这个问题的看法会有很大分歧。但权衡得失的主要因素,大体上却是相同的。跨国公司直接投资对东道国和母国经济、政治、社会等方面产生的效应主要有以下各点:

(一)要素转移效应。跨国公司可以通过提供资金、生产及管理技术而对东道国做出积极贡献。如加拿大地大物博,但因国内储蓄、技术人才、劳工不足,使经济增长受到阻碍,跨国公司可以提供资金、技术、培训作业,从而为加拿大的经济开发做出贡献。在发展中东道国,通过跨国公司输送资金、技术、管理人才，以打破东道国因生产要素不配套而使发展阻滞的障碍，使本来不能利用的生产要素得以发挥作用。但也要从另一方面考虑，如果跨国公司带来的资金很少，大半从东道国金融市场上借贷或筹措（发行股票、债券）得来，甚至把东道国本来就不多且已利用的储蓄吸走，反而起了损害作用。从机会成本的理论看来，如其他因素转移暂置不论，与其利用跨国公司的投资，还不如从国际金融市场或从国际金融机构争取低利贷款所付出的代价要少一些。

技术转移所起的作用当然是应当充分估计和肯定的，但这也要看跨国公司带来的技术是否是先进的、适用的技术，和技术转让的条件是否苛刻，才能据以判断技术输入的效果。

（二）贸易与国际收支效应。跨国公司子公司对东道国进出口贸易的影响，是一个非常复杂的问题，决定子公司进出口倾向的因素也很多。资源开发工业和部件装配工业肯定是促进出口的重要源泉，制造业对东道国贸易的影响，要看它的出口倾向和进口倾向如何。一般说，跨国公司子公司目的在于占领东道国市场，不愿意出口到其他市场与本集团的分支机构竞争。劳动集约型工业出口倾向较大。进口替代型跨国子公司对东道国国际收支有利，但也要看它的进口倾向大小而定。至于制造业子公司在原料、材料、燃料等投入的筹供则往往愿意与本集团的国内分支机构交易，而这又牵涉到转让价格的使用问题。由于跨国公司有计划地安排进出口贸易，所以对东道国的影响又各自不同。

从东道国国际收支的资本项目方面来看，子公司在起始阶段的资金流入（正效应）只是一次性的，经过一段时间之后，即将不断向母公司流出红利、专利权使用费、利息、管理费等项目，除非子公司大量进行利润再投资，否则势将引起东道国国际收支平衡上的困难。

对母国国际收支的影响，也是一个要考虑的问题。如果跨国公司本来具有竞争能力，以产品向国际市场出口的话，海外子公司的建立，将使这家公司因出口替代而减少外汇收入，母国仅能从公司后来汇回利润及其他收入而增加国际收入。如果国外子公司将产品返销到国内代替本来在国内生产的话,则对母国国际收支的消极影响将更为严重。如果本国市场已经饱和,需要跨国经营以占领海外市场时,则因不断汇回利润及其他收入足以补偿起始阶段对外投资而有余,对母国国际收支起了正的效应。[①]

(三)就业效应。跨国公司的直接投资可增加东道国的就业人数,因为它主要总是在东道国雇用绝大多数职工(除少数经理人员及特殊技工以外),这是东道国(无论发达东道国或发展中东道国)欢迎外来投资的重要原因之一。发展中东道国有时顾虑外国子公司挤掉本国效率不高的同行企业或采用节约劳动的技术,这当然不无道理,但也要看到子公司将促进本地企业技术水平提高,子公司为了增加出口而扩大生产规模、增加采购其他投入而起的带动东道国增加就业的作用。[②]

就业效应争论较多的是对发达国家大量对外投资的母国(如美国)的影响。20世纪70年代以来美国经济停滞,失业增加,工会抨击跨国公司输出就业机会,损害国家利益,而制造商协会等垄断大企业代表则举出种种相反的理由。要评论这个争论并不容易,双方立论的假定也不尽相同。例如,假定不到海外投资,国内的投资机会如何?海外市场要蒙受多大损失?据美国商务部调查,证明多数跨国公司是为了保住国外市场才到那里去投资的,所以并不存在输出就业机会的问题。何况海外投资为那些子公司制造设备的工人,为子公司制造深加工和装配所需部件的工人,以及为所谓"联带出口"(associated export)业的工人和机械设计、研究与发展人员等提供了就业机会。

(四)竞争与垄断效应。资源配置的效率与经济福利的分配,与企业的市场结构有很大关系。在多数情况下,巨型跨国公司比本地竞争对手拥有更大的经济权势:它们占领本地市场的很大比重,利用母公司的优势如研究与发展结果等,使东道国市场卖方集中的程度更高,竞争者进入受到

---

① 钱纳利论文对本节所论述的问题很有参考价值(见 H. B. Chinery, "Comparative Advantage of Development Policy," *American Economic Review*, 51, 1960: 18-51)。

② 我国珠江三角洲大量吸收以三来一补为主要形式的国外投资及合营企业,增加了本地和外省移民几百万人的就业机会。

阻碍。外来子公司在生产、定价、推销战略上拥有更大的灵活性与可操纵性。竞争与垄断效应还需看子公司进入的东道国是发达国家还是发展中国家，进入的方式是采取兼并原有企业还是新建企业。如果东道国是发展中国家，子公司不大会面临强大和有效率的竞争对手，它可以通过种种手法保持高利润，而并不急于提高效率与降低成本。如果东道国是经济发达国家，则子公司的进入将削弱甚至打破寡头市场结构，刺激竞争与提高效率。待子公司逐步取得胜过东道国本地企业的优势，提高市场占领份额以至成为这个行业的领袖时，它就将利用其市场权势采取限制性措施，阻碍新来者的进入。

与采取兼并原有企业的进入方式相比，新建企业将增加东道国该产业部门企业家数，降低供应方集中程度。而采用兼并方式则并未变更市场集中程度，其影响大小一要看被兼并企业的实力大小，二要看该行业内竞争程度如何而定。如果被兼并企业规模小、效率低，行业内竞争程度不高，则兼并有利于促进竞争，反之则减弱竞争程度。东道国反托拉斯立法及为了鼓励产生有竞争力的本地企业实行的产业重组（restructuring）对此也有很大关系。

（五）自主权效应。只要跨国公司子公司的最后决策权操于国外母公司之手，东道国就难以避免某种经济自主权利的丧失，导致东道国政府在税收、贸易、产业结构和消费结构导向等方面追求合理政策的能力受到影响。这是东道国为了促进经济发展而利用外资所付出的重要代价。尤其发达国家大公司在东道国某些产业部门中所占的比例越大，控制程度越高，东道国在经济战略决策上受制于人的可能性越大。[1]由于跨国公司是一个遍布各国的国际性网状组织，它在货币政策、财务政策、销售安排方面的影响，东道国也往往是难以左右的。有些发展中国家为了招徕外资，不惜使跨国公司受到过分优惠的保护和税收减让、人事权的让步；东道国政府花费大量的投资于基础设施建设，跨国公司赚了大钱，还要颐指气使、指

---

[1] 联合国跨国公司中心：《再论世界发展中的跨国公司》，商务印书馆 1982 年版，第 323 页。

手划脚、说三道四，批评甚至指责、威胁东道国政府，这也是并不少见的。笔者在参加东南亚某国关于跨国公司的国际学术讨论会上，就亲眼看到过这种情况。

东道国根据各种效应对跨国公司直接投资利益和代价的权衡，要看东道国的目标重点所在。[①]如果仅仅考虑人均国民总产值一个指标，那么问题就比较简单，实际上考虑的因素要复杂得多。在经济方面，就还要考虑增长速度和协调稳定，合理的充分就业、物价水平和结构、外汇收支平衡、技术进步等；其次是所得分配是否平衡等，劳资关系是否协调；再次是经济主权不受影响。所以全面权衡跨国公司的利害得失是个复杂的问题。一般说，发展中东道国更重视和追求的是：经济稳定增长；经济主权不受影响；就业增长，分配均衡；城乡之间、部门之间、地区之间比较协调发展。在通常情况下，跨国公司东道国的经济增长、就业、物价、外汇等确有可能产生积极影响，而利润输出、劳工受剥削、社会影响等消极影响的防止或减轻，则要看政策设计是否合理有效。

发达东道国不太担心主权和控制问题，也不大存在不适当产品或不适应技术问题。控制与反控制的问题是存在的，有时矛盾还很尖锐。但它们相互之间垄断与竞争并存，控制与独立同在，所以发达国家也许从跨国公司的活动得益较大。

二、跨国公司和东道国发生利益冲突的根本原因

（一）双方目标的分歧。由于跨国公司本身的性质，使其与东道国政府（尤其是发展中东道国政府）持有不同的有时是互相对立的目标，使其与政府的冲突成为不可避免。跨国公司的基本目标，在于凭借其特有优势从事生产和经营，使所得收入的净现值最大化，这与东道国旨在利用跨国公司的活动促进经济增长、提高人民收入水平的目标可能格格不入。

（二）跨国公司从事经营活动的方法往往损及有关国家的利益。由于跨国公司的规模大、资产多、经营多样化，常常支配某些产品及收入的国

---

① 还有一些效应（如行政税收、所得分配、经济结构与消费结构以及各种社会效应等）因篇幅关系，未予讨论。

际市场，适用操纵价格的办法，使东道国无利益可以分享；跨国公司利用内部一体化，消除对商品自由流通的自然的和政府施加的限制，尽可能将内部化的利益归于自己。它们也有条件、有能力应付、抵制政府改变政策。20世纪60年代和70年代早期，跨国公司气焰很高，有的政府甚至以为自己已经丧失了对国民经济的若干主权。近年以来，力量的均势有所变化，民族国家政府、区域机构和国际组织在各种场合制造舆论并在立法上加以限制，一时风起云涌，跨国公司的气焰有所收敛。①

（三）除了经济目标的冲突以外，还有政治、社会、文化目标的矛盾，使跨国公司与东道国发生冲突。由于子公司必须听从远在海外的决策中心，而这个决策中心又不能听命于母国政府，这就存在着把跨国公司变成执行母国政府政策的工具的危险，和保护民族经济利益、社会文化传统的东道国政府产生不协调和冲突。东道国为了悍卫民族国家主权而对子公司实行国有化并为此付出相当代价（如丧失销售渠道、技术和管理上的困难）也屡见不鲜。②

民族国家只能在一国行使主权，而跨国公司则在许多政治、社会制度不同、法律体系各异的许多国家活动，可以利用它们的分歧和漏洞谋利，这就产生了联合国跨国公司中心报告《世界发展中的多国公司》（1974：xiii）中所提出的"民族国家有权控制与无权执行控制"的矛盾。美国一些大跨国公司过去在拉美施行最后主权的情况现在几乎没有了，但利用权势和时机进行间接控制的情况并非绝无仅有，甚至发生过有些发达东道国的外国大企业的代表（往往是东道国的退职高级官员）在国会走廊游说或大肆行贿的现象。跨国公司子公司高级官员的生活方式和消费习惯，它们通过广告、报纸、电影等工具传播的意识形态和价值标准，使东道国深受影响。"瑞士雀巢公司杀害婴儿"的诉讼案件，名噪一时，便是一个显著的例子。

---

① 美国哈佛大学维农的两本名著（*Sovereignty At Bay*；*Storm Over The Multinationals*）很有代表性。
② 海尔曼：《多国公司的跨国控制》（Rainer Hellmann. *Transnational Control of Multinational Corporations*, 1977），第三章。

三、关于对待跨国公司政策的哲学

从以上对跨国公司在东道国经营活动产生效益和成本效应的分析,跨国公司和东道国发生冲突根本原因的分析,不难推衍出制订对待跨国公司政策时应持的思维和态度。现在只提出主要的几点作为引导。

(一)跨国公司不是天使,也并非都是恶魔。东道国既不应对其寄以不切实际的幻想,但也不应拒之门外。制订政策的依据是要洞察跨国公司活动的两重性,利用鼓励措施发挥其积极作用,利用限制措施消除其消极作用。跨国公司本身无所谓好坏,关键在于对它进行正确的评价和制订正确的政策。利用中有限制,限制是为了利用。

(二)立国之本在于独立自主与自力更生,但这与开放政策和利用跨国企业并不是二律背反,而是对立的统一。只有独立自主才不致陷于对跨国公司的依附,而发挥跨国公司的积极作用也正是为了支持一国的自主建设。时至今日,任何国家要想经济得到发展都不可能采取闭关政策。

(三)同属东道国(母国也一样,但程度有不同,共同点较多),但对待跨国公司的政策颇有差别。因为它们的政治经济哲学不同,生产资源禀赋不同,发展目标和战略措施不同,经济发展水平和所处发展阶段不同,因而对待跨国公司的政策也就不能相同。即使同一国家也会随着时间的推移,国内国际政治经济的变化而有所不同,我国的开放政策是如此,前苏联对待跨国公司的政策也是如此。

(四)对待跨国公司的政策不可避免地要随客观环境的变化而调整,但政策的连续性和稳定性也非常重要。不稳定性和不确定性是吸收外资政策的大忌,跨国公司往往宁愿在虽受限制但前景可期的环境中规划其近期和长期的活动。

根据历史经验,发展中东道国对待跨国公司政策的正确性和稳定性取决于三方面的因素:一是对经济哲学方面的认识和掌握的正确(如对国际分工利益的看法,对生产力和生产关系的看法等);二是知彼短己,了解跨国公司适应世界经济中宏观、微观变化可能和已经采取的对策,把握跨国公司对东道国政策作出的反应;三是东道国要形成较好的投资环境,如稳定的政治环境和法律制度,有连续一贯的政策,善于运用国家政权和经济杠杆进行干预的能力,有精明的了解外情、善于管理和清明廉正的人才,做到在决策时心中有数,执行遇到障碍甚至抵制时镇定自如,不仓促改变政策。这种政策的连续性和稳定性,一般来说在发达东道国容易做到,但也并非不存在决策失误和执行中考虑欠周,仓促行事的实例。

(五)发展中东道国由于缺乏经验,缺乏人才,势单力弱,在对待跨国公司中要完全不付出代价是脱离实际的,但应善于学习,学费不能太大。另外,地区一体化组织亦可发挥很大作用。

第二部分　发达国家对跨国公司的政策

一、政策的基础和演变

(一)美国的政策基础及其演变。跨国公司对外直接投资总额的 2/3 系在发达国家之间进行,它们既是母国,又是东道国,既有广泛的共同利害,又因国情不同而有某种程度、某些方面的矛盾。[①]长期以来,美国是跨国公司对外直接投资的最大母国,经过几十年的积累,1987 年底对外直接投资总额达 2980 亿美元,主要投入于其他发达国家。[②]同时它又是最大的接收其他发达国家直接投资的东道国。1987 年底,外国在美国的直接投资累计达 2500 亿美元,接近美国几十年积累起来的对外直接投资。从美国的例子可以看出发达国家彼此互为跨国公司的东道国,形成一种双向流动的关系,对待跨国公司的政策有较多的共同点,它们比较少地担心对方子公司对本国经济的控制和影响,因而很少采取严厉的进入限制和过多的业务干预,这可以拿美国作为这一类国家的代表。著名的美国研究国际企业的学者罗波克(Stephen H. Robock)认为,美国的经济理论基础是

---

① 联合国跨国公司中心:《跨国公司在世界发展事业中的作用:趋势与前前景》(UNCTC: Transnational Corporations in World Development: Trends and Prospects, 1989),第 25 页。

② 《人民日报》1988 年 7 月 13 日。1985 年美国吸收其他发达国家(包括少数新兴发展中工业国)的投资占全部直接投资总额 29%,而 1967 年这个数字是 50%。

"自由市场的力量应该在全世界范围内，决定资本流向，并使经济效益最大化"。1983 年美国政府颁布的官方政策声明中指出："国际直接投资在世界经济中发挥着日益重要的作用。为了确保它对国内和全球经济福利作出最大贡献，美国政府认为，国际直接投资流动应由私人市场力量决定，遵循国民待遇原则，它应免受歧视性待遇。"①他认为美国执行的是"开门"或"无门"政策，没有对直接投资实行管制性的全国机构，而鼓励对外投资的措施（如保险、税收等）则所在多有。罗波克美化美国所谓自由企业，无视正是这些大公司对内外实行寡头垄断，固不足取，而且美国在欢迎外来投资的同时，为了保护本国利益，也曾规定一些部门（涉及军事尖端科技、原子能的使用和生产、矿业土地、无线电通信、水力开发、国内空运等）禁止外国跨国公司进入。20 世纪 60 年代以后，由于美国国际收支逆差增加，政府也曾采取了限制资本外流措施。1963 年开始征收利息平衡税，1965 年对资本输出采取自动限制办法，1968 年对资本输出采取强制性管理办法，在一定程度上阻碍了跨国公司的对外扩张。1972 年美国众议员提出法案（Burke Hartke Act）并提出了 1972 年对外贸易与对外投资法，目的也在限制对外投资，改善美国就业前景。②不过从长期和总体来看，美国对外来投资是采取欢迎支持态度的，尤其近年来各州政府大多订有吸收外资的庞大计划，鼓励外国公司来本州直接投资，并提供金融、财政支持和各种服务。

（二）西欧的政策基础及其演变。西欧发达市场经济国家对外国直接投资一般也是采取欢迎态度，尤其战后经济恢复阶段，更是如此。以后随着西欧经济的恢复和发展，对美国资本的兼并活动采取了限制和反控制的措施，政府出面干涉美国大公司对本国企业的收购，并以"工业合作"、

① 转引自斯蒂芬·H. 罗伯克：《美国的跨国公司政策》（*U.S. Policies toward Transnationals*），载滕维藻、王念祖主编：《跨国公司与中国开放政策》（Weizao Teng & N. T. Wang. *Transnational Corporations and China's Open Door Policy*, Lexington Books），1988 年，第 109 页。

② 国会未通过。见胡德及杨所著《多国企业的经济学》（Neil Hood & Stephan Young, *The Economics of MNE*, 6）。

"生产合理化"的名义，鼓励本国和欧洲范围之内跨国界的合并运动，尤其戴高乐当权（1962 年~1967 年）时代的法国，对反对"美国的入侵"更为强烈。20 世纪 70 年代以后，放松了对美资等外资的立法限制。

（三）加拿大的政策基础及其演变。发达市场经济国家中的加拿大对外国直接投资的政策有些特殊性。在早期开发阶段，加拿大渴望外资投入以开发丰富的资源，经过很长的一段阶段以后，加拿大成为了一个发达国家。由于外资在主要工矿产业中拥有的所有权和控制权很高（尤其美国资本占支配地位），加拿大政府采取了一种两面政策，一方面为外资流入创造有利条件，甚至采取高额进口税鼓励外资进入生产，另一方面，一连串的调研报告主张(主要出于民族主义的理由)对外国投资实行更大的控制，促进政府外资政策的转变。政策的目标有三：一是增加宏观经济效率；二是保护和增进加拿大对外资企业的股权和控制；三是使利用外资的经济效益最大化、代价最小化，美国不得把自己的法律和政策目标带到加拿大来，外国公司的非经济影响应当减至最小。20 世纪 60 年代采取了一些相应的政策，1973 年通过了外资审查法。但实行结果，对外资进入的限制并不大。80 年代更趋向于传统的自由化政策，美加协定实行后更加速了这个过程。

（四）日本的政策基础及其演变。和加拿大先松后紧的例子相反，日本对外国直接投资则实行先紧后松的政策。长期来日本对其他发达国家的直接投资采取相当严格的限制政策，鼓励日本企业采用贷款的方式取得外国资金，以购买专利权的方式取得外国的技术。随着日本经济的高速增长，企业对外竞争力的提高，又迫于国际、国内经济界的压力，20 世纪 60 年代初日本逐渐放松对外资的限制，放宽了允许外资进入的范围和可能取得股权的比例，但对合营以外的外国独资企业，种种隐蔽的限制仍然很苛细。虽然从 1967 年到 1973 年，在美国要求资本自由化的压力下，日本政府先后分 5 次宣布了资本自由化的措施，但比起美国和西欧国家来仍然表现出浓厚的保护主义色彩。

二、发达东道国对外国跨国公司的具体政策

前已说明，发达市场经济国家对跨国公司的利弊得失，有大体一致的评价标准，因此大多数发达国家对外国跨国公司采取比较自由主义的政策，有的国家还实行某些保护奖励措施，但当外国跨国公司对发达东道国可能产生控制国民经济的危险，或者有丧失国家主权和民族尊严的威胁时，某些东道国对外国跨国公司便会产生一种警惕、戒备和不放心的心理，并进而采取不同程度的限制性政策。具体做法是：

（一）设立审查批准机构。例如美国大公司在西欧的巨大投资，对西欧国家的某些工业如汽车、石油（石油炼制及石化工业）、电子工业等形成相当的控制形势，在金融贸易方面的影响强大，美国的治外法权更引起西欧国家的强烈不满，法国的两任总统（戴高乐和蓬皮杜）、英国的一位首相（威尔逊）都力陈摆脱美国控制的迫切性，因而 1966 年法国首先成立针对美国资本渗透的监督外资的部际委员会，对外国直接投资进行逐项审查和批准。在澳大利亚，美国跨国公司逐渐排挤英国的投资，控制了澳大利亚的一部分重要制造业（尤其汽车、石油化工、制药、农机等）和资源开采业，迫使澳政府不得不建立了外国投资委员会和外国接管委员会，审查外资项目。加拿大在西方发达国家中对外资的管理监督是比较严格的，因为美国跨国公司对加拿大经济的控制程度很高，从汽车、石油、矿冶到到公用事业，从零售商店到金融服务，都有美国的巨额投资。加拿大总理特鲁多对美国人说："住在你们的近邻，正好像同大象睡在一起。"这只巨兽的"每一次抽搐，每一声哼唧，都令人吃不消"①。加拿大 1973年 1 月通过"1974 年外国投资审查法"并成立有名的"外资审查局"（即FIRA），首先审查外国公司对加拿大企业的接管；1975 年起审查新成立的外国子公司或现有外国子公司的扩建。审查标准主要看外国公司对加拿大经济活动（包括就业）水平和性质的影响；加拿大人的参与程度；对生产率、产业效率、技术开发、产品创新的影响；对竞争的影响；投资是否

---

① [美]《新闻周刊》，1972 年 4 月 17 日。

符合加拿大工业和经济政策。

20世纪70年代以来美国也通过了不少管理、监督外资的法案，建立委员会，审查对国家利益有重大影响的外国投资。1988年里根总统签署的保护色彩很浓的综合贸易法案，授权总统在必要时可以阻止外国资本对美国企业的兼并。

（二）对投资部门的限制。一般发达市场经济国家对外资投放部门的限制较少，他们特别欢迎那些对新兴工业、能大量增加就业机会的产业及对开发不足地区的投资。但对有些生产部门则全部或部分地不许新的外资进入或现有外资企业的扩大。有些关键部门一般不允许外资存在，如国防工业、公用事业、国内交通运输、银行以及与保持民族文化有关的部门如广播事业等。对自然资源开发，有些国家如澳大利亚政府一般采取欢迎态度，而加拿大政府则对石油、天然气部门的外资进行一定限制。

对于所谓"关系国家安全和重大利益"的范围并无共同标准，执行时要看当时国家具体情况，灵活掌握。对于国内航空、内河运输、电子、原子能、计算机、汽车、拖拉机、石油等部门是否允许外资进入，各国的规定不完全一致。

长期以来，日本对外国投资采取严格限制的政策。1973年以来改行比较自由化的政策，放宽对外资进入的条件，但对它认为尚未具有国际竞争能力、需要加以保护的产业部门，仍然采取相当严厉的限制政策。

（三）股权控制。发达国家对外国跨国公司在本国一般部门的投资都没有限制股权拥有的比例，只对某些特别部门才有所限制。澳大利亚政府规定，在该国的铀矿公司中，本国资本至少要占75%。1982年《加拿大石油与天然气法》规定凡在加拿大联邦土地上采油采天然气，在生产阶段，加拿大必须拥有50%的股权。法国和日本对外资控股比重有严格控制，法国规定外资企业在法国主要部门中不得拥有20%~30%的股权。日本限制300多种产业中外资最高持股50%，实际上最高只达25%。

（四）进入方法。跨国公司到国外投资，比较愿意采取兼并东道国现有企业的办法，而不大倾向于新建企业。因为前者方便而节省费用，并可利用原有企业的人才和销售渠道。发达东道国对跨国公司收购本国企业一般不作限制，但对"关键企业"的接管，美国和前西德规定收购前须作出报告。东道国政府对美国大企业对欧洲关键企业（汽车、计算机等）的接管出面干涉，通过审查，加以推迟或阻止；另一方面鼓励本国企业的合并，以便增加实力，抵制外国跨国公司的吞并。

（五）国民待遇。1976 年经济合作与发展组织就跨国公司问题发表的宣言认为，除少数例外情况，对外来企业应实行国民待遇。事实上，一般发达国家对外资企业在税收、信贷等鼓励措施、提供财务报告等方面都是与本国企业一视同仁的，但也有些国家对本国企业实行某些资助或补助（如英、法、日之对计算机工业）是达到某一特殊目的的政策体现，只限于本国企业。又如，东道国大宗采购往往首先优待本国企业，要在所有方面一律实现国民待遇也是难以做到的。20 世纪 70 年代以来，经济危机的发展，国际金融的不稳定，失业增加，国际收支问题比较尖锐，这些既加强了吸收外资的动力，同时也加强了对外资加以管理的愿望。但是，发达东道国对跨国公司的限制政策一般是很谨慎的，因为限制（或歧视）政策的后果一个时期并不明显，一时得益或改善本国在分享利益中的地位，未必是长远的上策，如果遭致对方的报复，对本国对外投资也将产生不利影响，使眼前利益蒙受得而复失的危险。

三、发达国家对本国跨国公司的政策

对外扩张是垄断资本自身发展的需要，代表垄断资本利益的发达国家政府，根据对跨国公司对外直接投资利弊的分析，认为支持和鼓励跨国公司是它自己义不容辞的责任。国内中小企业、工会组织对资金外流提出它们的不同意见，但发达国家政府和垄断资本的组织如制造商协会等却组织了一系列调查报告，企图证明对外直接投资不会输出就业机会，还会带动有关经济部门的发展，从长期看有利于国际收支，有利于国民收入的增长，等等。以美国为例，政府千方百计，如利用战时租借法案和战后初期的马歇尔计划，为美国私人对西欧直接投资扫除贸易、投资、外汇管制等方面的障碍，并提高其在国际竞争中的有利地位。还通过创建各种国际经济组织，使发达国家普遍接受"投资自由"的原则，接受高估的美元作为国际结算和信贷的标准，从而使美国对外投资和兼并外国企业居于有利地位。战后美国政府还通过一系列国家垄断资本主义措施，支持大公司的发展，如廉价出售国营企业；大量军事采购等。对国外投资提供税收优惠，国家补贴研究与发展活动；给跨国公司出口以信贷上的便利；由政府出面与东道国政府谈判，订立避免双重课税协定等措施，更是对本国跨国公司的重要支持。为了保证对外投资的安全，发达国家政府还与外国政府签订投资保护协定，为本国跨国企业争取国民待遇和东道国实行国有化或征用时争取给予充分、迅速和有效的补偿。有的发达国家还在国内成立海外私人投资保险公司，用以使跨国公司在遭到经营风险以外的政治风险（战争、无偿没收等）时能获得赔偿。

在本国大公司受到外国强大的跨国公司的压力时，发达国家政府往往出面鼓励，支持本国公司的合并，以增强实力，抵制兼并。前已提及，20世纪60年代后期及70年代初期欧洲曾发生大规模的由政府支持的企业合并运动，成为世界经济史上罕见的引人注目的现象。

美国长期来是一个最大的资本输出国，跨国公司对外投资对美国国内经济产生的影响是一个复杂的聚讼纷纭的问题，政界、企业界、学术界、工会领袖曾经有过长期的争论。20世纪70年代以来，美国经济增长低速化，经济实力地位下降，失业严重，国际收支失衡，进口制成品增多。有人认为这与海外美国企业返销产品有关。工会早就认为跨国公司输出就业机会，对国内投资及就业不利。因而一个时期美国国内曾发生要求限制资本外流的呼声：要求授权总统限制甚至禁止资本的对外转移，限制技术转让，取消对国外投资课税上的优待，加强对跨国公司的管理，等等。虽然没有形成强有力的法律（这在美国是不可能的），但对跨国公司的看法仍然留下相当影响。1977年7月6日，美国政府在一个政策声明中，申言"既不提倡也不阻挡跨国公司的对外投资和对外活动"。

美国政府还由于一些非经济的原因（如禁止出售武器、军火及高科技产品与美国的敌国）而限制其跨国公司的业务活动。有时还涉及治外法权问题（如美国要把反托拉斯法运用于东道国），导致和本国跨国公司及外国政府关系上的僵局。

第三部分　发展中国家对跨国公司的政策

一、政策的基础和类型

前面讨论东道国接受外国私人长期直接投资的得失时，曾经从五个方面提供分析工具，并强调东道国所处的政治、经济、社会地位不同，是确定对待跨国公司政策的基础。发展中国家长期来把跨国公司的直接投资作为取得外资来源的重要渠道，但近年以来，发展中国家从欧洲美元市场和其他国际商业银行容易获得方便而数额很大的借款，国际机构（主要为世界银行、国际货币基金等）贷款利率很低，跨国公司作为资本来源的重要性有所降低。但由于跨国公司带来的是一揽子的生产要素，东道国又不承担偿还外汇的义务，因而仍不失为发展中国家利用外资的一个来源。如果运用得当，政策正确，再加上有利的国际环境，确实可以有助于发展中东道国的经济发展，甚至可以推动东道国的经济起飞，如拉丁美洲和亚洲的一些新兴工业化国家，都是实例。[①]

发展中东道国的经济发展水平和经济规模不同，资源、人口、市场情况不同，对经济发展战略和跨国公司作用的评估不同，对外国跨国公司所采取的政策也就有很大的差异。

（一）有的国家对跨国公司的直接投资采取完全接受而不加限制的政策，新加坡便是一个典型。它由于资源贫乏、领土很小、人口不多，建国之初，几乎没有什么像样的工矿企业，仅有的一些企业又多为外国资本所有。当时面临的选择有三：一是维持低水平投资、低水平增长；二是向外举债，努力扩大投资；三是吸收外国直接投资，引进先进技术，利用外国

---

① 但这些作用不能估计过高。一些严肃的调查报告，证明跨国公司的积极作用往往被夸大了。见霍德与杨：《多国企业的经济学》（Neil Hood and Stephen Young. *The Economics of Multinational Enterprise*），1979 年，第 5 章。

的销售网，使产品逐渐进入世界市场。新加坡选择了第三种方法，实行外向型经济政策，让外国跨国公司大量进行投资。因此，新加坡政府并没有制订专门的外资管理法，而是通过优惠政策，引导跨国公司投资方向，使之符合政府经济发展计划的目标。优惠政策的具体内容是多方面的，如对技术先进、产值高、符合产业结构政策的企业给予税收减免和财政津贴、加速折旧、支持研究与发展投资和职工技术培训、实行国民待遇，同时对任何国家的跨国公司一视同仁，吸收外资多样化，等等。跨国公司只要履行新加坡国内公司必须遵守的规定（如劳资关系、福利制度等）和有关合同，即可自由经营。新加坡实行的这种有引导的、比较宽松和自由的政策，符合它的国情（城市国家、国际贸易和国际金融发达、灵活自由的市场机制等），因而取得了较好的效果，使新加坡成为一个富裕繁荣的新兴工业化国家。

（二）对跨国公司的投资采取比较严格限制政策的另一类国家，可以举印度作为代表。印度原来是一个经济落后的大国，实行公私"混合经济"和有计划地发展工农业，主要是用发展重工业的办法来发展本国经济，取得了相当大的成果。但对外国投资则较多地采取限制措施。1956 年的工业政策决议（以后又经过几次修改）将工业分为三类：第一类为重工业、基础工业及国防工业，外资不能进入建立新企业，对私人资本也不开放；第二类十几个部门工业，以国家经营为主，有限制地向内外私人资本开放；第三类是除一、二两类以外的工业部门，一律向国内外私人公司开放。在股权方面，1973 年的外汇管理法，进一步加强了限制措施，规定外资股权要减少到只占公司股权的 40%，只有提供印度尚不拥有的先进技术、印度政府认为需要优先发展的部门，以及出口额占生产额 60%以上的公司可以例外。1978 年 IBM 和可口可乐公司撤离印度，主要就是执行该法的结果。在技术引进方面的原则，规定只能从外国公司那里引进印度急需的适用技术，以免造成大量失业；在一切合营企业中，外国技术必须向印方公开，并相应地培训印度技术人员。在税收方面，给予新兴工业中外资企业及参与落后地区开发的外资企业以有限的优惠待遇。外资企业的利润进出，必须经过印度储备银行的批准等。

印度政府执行的自力更生、防止外资控制的政策，是很有成绩的，但在另一方面，也产生了一些消极影响：（1）引进外资的数量非常有限，目前在印度的外资企业总数只约为 6000 个，外资总额约为 30 亿美元，对于印度这样一个大国来说，是一个很小的数字；（2）限制性政策不仅在印度造成了垄断的市场局面，也导致了技术发展的停滞，并使现有企业效率低下。

20 世纪 80 年代后半期，印度政府对待外国直接投资方面，开始采取比较放宽的政策。

（三）既利用又限制的政策。除以上两类差异很大的以新加坡和印度为代表的国家以外，大多数发展中东道国实行的对待跨国公司的政策，是一种既利用又限制的政策。由于跨国公司对发展中东道国的经济发展具有积极的作用，又有消极的影响，因而东道国对待跨国公司的政策，也就很自然地具有两重性，既要发挥其积极的有利于经济发展的方面，又要加以引导和限制，以减轻以至避免其消极作用，即所设利用与限制相结合的政策。

二、发展中东道国对跨国公司的具体政策

20 世纪五六十年代，发展中国家对跨国公司的斗争，是民族主义国家取得政治独立以后从经济上反帝反殖斗争的一部分，因而限制、排斥是政策的主要方向，国有化是斗争的重要手段。原因不难理解。长期以来，跨国公司利用其母国的帝国主义特权掠夺自然资源，残酷剥削矿山、种植园的工人、农民，控制东道国的经济命脉。民族国家独立后，把部分外国企业实行国有化，保护天然资源的永久主权。整个 60 年代至 70 年代初期，是发展中国家实行国有化的高潮，矛头针对英、美、法等国在矿业、石油、热带作物种植场、制造业、金融、保险、商业等部门的跨国公司。据联合国跨国公司中心统计，1960 年~1976 年间，发展中国家对跨国公司实行国有化的事件共达 1369 起，其中 60 年代每年平均达 47 起，70 年代增加

到每年平均 140 起。①

70 年代中期以后，国有化事件逐步减少。原因之一是那些迫切需要国有化的企业已经通过征用、没收、赎买等收归国有。其次是企业国有化以后虽改变了经济发展的面貌，但在经营管理方面遇到一些困难，缺乏资金、技术、管理人才和销售渠道，不得不继续使用公司原有人才或采取管理合同、经销合同等方式维持企业的生产和销售；三是发展中东道国逐步认识到，还可以采取国有化以外的分步骤的、比较和缓的办法逐步收回外资企业的股权，为发展民族经济服务。即使不收回股权，也可以在利用中进行限制，比没收的办法要好。因为把外资吓跑，以后再想利用外资也就困难了。

70 年代中期以后，除少数国家仍采取严厉的、激进的和敌视的办法对待外资以外，大多数发展中国家改而采取比较灵活的开放政策，有的甚至采取来者不拒、无条件欢迎的态度。前者如拉美国家，明显地反映出政策的转变，后者为东盟国家。南部非洲、西亚、北非国家在国有化方面件数较多，但在利用外资方面并没有取得什么大的进展。拉美国家和东南亚国家则因善于利用和限制外资而促进了本国经济的发展，但也带来了一些要解决的问题。严格地说，完全放任、不加任何限制的政策，可以说是根本没有的，完全限制外资进入的国家也是极少数。

利用和限制结合的具体政策，可以作如下简短分析。

（一）鼓励跨国公司的进入

1. 安全保障。例如东盟国家向外国投资国家保证：不实行国有化；不逐步减少外国公司股权比重；允许外资拥有全部股权；不限制跨国公司对投资利润的安排。许多国家保护投资条例也有类似规定，如因特殊情况征用外资，许多国家保护投资条例也有类似规定，如因特殊情况征用外资，必须给以合理补偿。

2. 允许外资企业利润及其他收益在符合外汇管理条件下，可以自由

---

① 《再论世界发展中的跨国公司》，商务印书馆 1982 年版，第 284 页。

汇出。

3. 税收优惠。对技术先进、出口比例高、有利于开发东道国资源的跨国公司给予税收优惠：（1）进口设备免征关税；（2）在一定年限内收入免税减税；（3）降低或豁免土地使用税；（4）出口免征、减征关税；（5）对再投资的所得免税或减税；（6）对符合东道国利益的某些部门、某些地区的投资降低所得税率或延长免税期限等。税收优惠是一种有效的鼓励措施，直接有利于跨国公司的收益——成本权衡。但它并不是万应良药，跨国公司更重视的是稳定的开放政策、明确有效的法律制度、有效率的行政管理和它们要求的国民待遇，因而税收优惠不可滥用，过分则影响东道国的利益分享。

4. 设立出口加工区、特区、经济技术开发区等在东南亚国家比较普遍。在这些特区的外资可享受自由港待遇，基础设施也比别处优良，外资企业可以合资也可以独资经营，产品自由出口，人员往来自由。

5. 减少经济管理方面的种种限制，如对利润汇出比例的限制；在非自由外汇国家对使用外汇的限制；对使用本地信贷的限制；技术引进方面的歧视性条款；劳资关系、工会活动、罢工仲裁方面的限制；公用事业收费及其他摊派和歧视性负担的合理限制。

（二）根据国家发展经济目标，引导和限制跨国公司的资金投向

跨国公司和东道国发展经济的目标未必一致，因此需要通过立法和经济手段，引导跨国公司投资的方向。常常有这样的情况，发展中东道国希望利用外资发展农、林、牧、渔，但跨国公司很少对此感兴趣；东道国希望发展基本产业，而跨国公司则宁愿投资于数额不大、见效快的旅游设施；东道国希望引进先进技术，而跨国公司则只愿输出标准化的成熟技术，将产品尽可能内销而不愿出口，等等。东道国为了达到自己的发展目标，通过立法或经济手段，规定或引导跨国公司投资的方向，各国国情不同，部门的选择也就因国而异。但大体说，不外是禁止那些涉及国防机密、经济主权、政治主权、精神文明建设（如广播、电视、报刊等）部门的进入；有些部门需要经过审查批准才能允许外资进入，如批发、零售商业、服务

行业、教育事业。对于那些东道国急需加强发展的部门，则可运用经济手段加以引导。对外资兼并本国企业，也需要根据经济发展目标，决定是否放任不管或立法加以限制。

（三）限制跨国公司的股权比例

有些发展中东道国为了控制跨国公司的决策和活动，规定所有外国投资均须与本国资本合营，本国资本并须处于多数股权地位，只在某些情况（如出口加工区的外资企业）才允许外资拥有全部股权。至于合作企业，因为并不采取股份合营形式，所以不发生控股比例问题，但在出资比例上也还会碰到类似问题。

外资只能处于少数股地位，从历史发展过程看可能有其必要，但若从吸收外资的角度看，则未必是善策，容易使外资望而却步，甚至已有的外商独资企业也可能拒绝合营要求（如前述在印度的 IBM 和可口可乐公司）而撤走。

为了使一些关键经济部门本国化或使本国资本居于多数股地位，发展中国家宁愿不采取国有化的激进措施，而采取规定外资企业股权逐年出售给当地企业的办法，或者采取非股权安排，把外资企业成为东道国多数持股或最终成为东道国全部持股。这样做同样达到国有化的目的，但经济震荡较少，而且付出的代价并不高，不过对吸引外资也同样不利。

（四）监督跨国公司的业务经营

通过法律或行政法规，由专设机构对外资企业的经营管理加以监督和限制。例如外商是否遵守合同，缴纳认股资金；是否依法纳税；是否履行出口协议；任用人员是否以本地人为主；引进技术是否带有限制性商业措施；财务中心是否设在东道国境内，会计制度是否健全；是否利用转让价格或其他手段偷税漏税，逃避外汇管制；产品销售和原料零部件筹供有无人为操纵、损及东道国利益的行为，等等。为了便于检查监督，东道国往往规定子公司必须按时呈送各种报表，但检查监督必须依法行事，不能过于苛细，以免影响跨国子公司的正常营业活动。

第四部分　跨国公司对限制政策的
抵制及东道国增强谈判地位的努力

在东道国的限制政策面前，跨国公司并非处于无能为力的地位。它们积累了一套灵活多变的应付办法，使自己的经营适应东道国的限制政策。东道国（重点是发展中东道国）对这种对策的对策，也是一个值得重视的问题。[①]

一、跨国公司对限制政策的抵制办法

（一）停止新投资甚至撤出现有的投资。跨国公司如果以为东道国的限制已超过应有的限度，投资环境对它已无吸引力，于是便改变对投资地区的优先顺序，到另一国去扩大投资，推迟或撤销预计的投资，甚至把现有的子公司关门大吉。东道国政府此时如果改变限制的程度，损失还不至于太大。例如法国 1963 年~1968 年戴高乐推行的限制外资流入的政策，使法国吸收的美国投资远远低于荷兰、前西德、比利时等国。1969 年继任的总统蓬皮杜逐渐觉得这远不符合法国的利益，便大大改变限制政策的某些做法，甚至法国工业部还到纽约设立办事处招揽美国投资。

（二）搬出后台，由母国政府出面干涉。在跨国公司受到东道国强有力的限制，而又缺乏应急手段时，跨国公司便会搬出后台——由本国政府出面干涉，迫使东道国让步。由于国外投资往往纳入本国政府投资保险系统，跨国公司更有理由要求政府的保护。例如，1963 年美国政府以撤销官方援助相威胁，迫使印尼改变没收美国公司资产的偿付条件。美国政府还常利用进出口银行的信贷和其在国际金融机构内的影响，去干涉东道国的政策。

（三）阻碍东道国限制政策的执行。

1. 跨国公司可以采取刺激本地有关企业增长的办法，取悦那些为它

---

① 参见罗波克等：《国际企业与多国公司》（S. H. Robock and K. Simmonds, etc. *International Business and Multinational Enterprises*），1977 年，第 12 章。

服务的供应商、初加工及深加工企业和其产品的销售商，从而使东道国政府取消或减少对它的限制。

2. 发展本地合作者。例如，美国费尔斯通（Firestone）橡胶公司在利比里亚有计划地开创一种协助当地橡胶农场的计划，提供各种技术援助，无息贷款购买机械设备，帮助销售及运输活动。通过这种对本地农场和企业（其中不少是当地政治领袖和政府官员拥有的）的支持，费尔斯通增加了它的橡胶供应，降低了它在当地橡胶种植业的比重，免遭当地政府消极的限制。

3. 通过合营分享所有权。虽然放弃了一部分股权，在组织、内部定价、红利分配等方面的灵活性因此而减少了，但却达到了防止政府限制的目的。放弃的股权愈多，保护自己免于限制的好处也越大。放弃的股权如果广泛地分散全社会，则跨国公司对合营企业仍可控制，如股票集中于少数合作者之手，则他们将更关心保护子公司免受政府的限制。有时子公司放弃部分股权不是采取合营的方式，而是把一部分企业活动让渡出去，经营政府那些不大关心或不熟悉的活动。例如多年来作为左翼攻击靶子的联合果品公司，终于放弃了它的大部分拉美地产，而集中力量搞香蕉的运输和销售活动。

4. 多国籍。发展中东道国害怕国民经济被单一国籍企业支配，跨国公司便乐于组成不同国籍的多国企业，使与之对抗的东道国有所顾忌。这种情况并不多见，类似的抵抗办法是像在智利的肯内科特铜公司那样，预售远期产品给各国企业，使东道国在没收时面临复杂的局面，提高国有化付出的代价。

（四）进入策略与经营策略。

1. 改变业务范围。跨国公司子公司要转移阵地并无多大克服不了的困难。某一行业受限制而难以支持时，可以迅速转移到限制政策不能妨碍它完成目标的其他行业或业务范围中去。由于跨国公司采取混合经营策略，所以它要调整公司在各国间的业务重点是比较容易的。

2. 利用地区策略。跨国公司通常在许多国家和地区从事经营，统一安排生产区位，以获取规模经济，降低运输费用和关税。因此，它不愿在一处生产过分扩大。东道国为了增加生产、促进出口，对子公司实行管制时，后者就可以改变地区分布，选择管制较少的国家从事经营。那里通常保留后备生产能力，增加生产并不困难。管理部门也和生产单位一样，可以改变地区，抵制东道国征收高额税收。

跨国公司控制无形资产（研究与发展能力、技术、销售、管理诀窍等）区位分布的能力，也是它和东道国作斗争的有力武器。如果某企业的生产活动需要不断投入最新研究成果，东道国即使没收纯粹生产设施，也难迫使子公司就范，因为后者可以以撤出新的技术开发作为讨价还价的手段，抵制东道国的管理措施（如限制利润汇出，提高环境标准等）。

3. 控制销售渠道。跨国公司常常是处于这种情况：在原料产地或矿产基地从事工矿业生产，产品销售到其他地方去。如东道国采取措施提高原料或矿产品供应价格到一定高度，跨国公司宁愿从别处取得供应，也不愿付出高价。只要供应国不处于独占地位或未形成联合体，跨国公司就可以控制销售渠道而抵制东道国的限制。东道国即使采取将矿山国有化的激进措施，它也很难售出矿产原料，因为销售渠道掌握在跨国公司手里。

4. 操纵资金、利润的构成和流向。东道国为了实行其国内经济政策，为了避免跨国公司取走过多利润，或者为了平衡国际收支，对跨国公司的金融、汇兑活动实行管制时，跨国公司由于拥有遍布全球的分支机构，可以通过合法的资金调动和改变资产结构的种种手段，尤其是运用难以管理的内部贸易，使东道国对跨国公司相当大量的资金流动无能为力。

以上所述各种抵制手段，均可作为跨国公司与东道国政府讨价还价的筹码，通过彼此让步，做成交易。

（五）法律及其他手段。子公司通常均拥有可供选择的、通过法院与东道国政府控制政策作斗争的手段。虽然诉讼法院直至向最高法院申诉的办法不免旷日持久，也并不一定能获得胜诉，但子公司仍然认为诉讼法律是一种努力的保证。另一种利用法律的办法，是向东道国以外国家的法律起诉，例如美国在智利的铜公司被没收后，公司便向纽约联邦法院投诉，要求在补偿问题解决以前,冻结智利在美资产的使用。广告也是一种手段,如 1971 年利比亚将英国石油公司当地资产国有化以后,后者即在全世界 100 多家报纸上登大幅度广告,告诫全世界购油商,它保留对利比亚石油的一切权益。结果各大石油公司及石油进口国家不再购买利比亚的原油。

由此可见,跨国公司抵制能力,远比东道国及其限制政策表面看到的更为强大和多样。

二、对策的对策——东道国增强谈判地位的努力

为了抵制东道国的管理制限政策,跨国公司的对策是多方面的,而且是复杂多变的。跨国公司的经营活动和行为能力发展很快,情况不断变化。东道国对跨国公司对策的对策,重点仍在发展中国家。因为发展中东道国一般说来,经济实力上处于相对劣势,也不居于像发达市场经济国家之间互为东道国的地位,跨国公司实行抵制对策时对报复的顾虑也较少。加之发展中国家往往缺乏精于直接投资的人才和经验,对国际投资的动态也了解不深,这是由发展中东道国的国情和地位决定的,但它们对跨国公司的抵制也不是无能为力的。通过以下途径,发展中东道国可以从根本上增加与跨国公司打交道时的谈判地位,至于具体做法,则不拟论及。

(一)提高对利用外国直接投资的认识,制订正确的对待跨国公司的对策。对外开放、发展国际经济、技术交流是大势所趋,是时代的需要,对国外直接投资一概排斥和无条件欢迎的态度都是片面的、不足取的。东道国(尤其是发展中国家)和跨国公司有着共同利益的一面,因此在对付跨国公司的抵制行为时,还是要立足于利用其积极的作用;另一方面又因目标不同而产生利害冲突,因而又要随时警惕其消极的影响。限制不能把跨国公司通通吓跑,管理在于把它们引导到符合东道国利益的轨道。要承认外国投资获取正常利润的合理性和必要性,分利要遵循互利的前提。要承认直接投资是一种"得失总和不为零的游戏"(non-zero sum game),如果为零,则一方之所得正好即另一方之所失,反之亦然。根据这些原则来制订的政策,就会有相对的稳定性、持续性,就会有生命力。

(二)必须尊重东道国的管辖权,一切依法行事。跨国公司必须遵守

所在国的法律、法规，尊重所在国家的主权。一切企图在国外推行母国法律、实行治外法权的行为都应当受到谴责，东道国要加强法制建设，制定比较完备的投资法律，一切依法办事，这样就加强了东道国的谈判地位。

（三）建立统一的外资管理机构。涉及外资管理的方面很广泛，如果分散管理，政策不能协调，必然导致政出多门，而又效率低下，工作上易出漏洞。因此，必须建立中央和地方权责分明的两级统管机构，提出吸收外资的产业结构优先顺序，对付新出现的倾向性的政策建议，审批、建议跨国公司的投资项目。这个机构应吸收有关各部高级官员联合办公，又有各方面的专家（经济、投资、贸易、金融、税务、会计、法律）参与，解决各种复杂问题。投资纠纷的仲裁机构必须健全，并有权威性。

（四）培养高级专业人才。发展中东道国对待跨国公司的抵制政策是否强大有力，关键在于拥有高级专业人才。没有一批通晓世情国情的高级专业人才，一切皆无从谈起。发展中国家由于海外投资少，担任外资企业高级员工也少，难于从实践中自发出现人才。最迫切的是世界经济（国际贸易、国际投资、国际金融）人才、国际企业管理人才、国际经济法人才、国际会计统计人才、主要行业的技术经济人才。我国有为数众多的三资企业、有新建的几百家海外投资企业、有海外华人大企业，这些都是有利条件。要下大力量利用这些有利条件培养迫切需要的高级人才，以济燃眉之急。

（五）加强对国际经济动态与跨国公司经营策略的调查研究。除了一般地研究国际市场行情、国际经济趋势外，要分行业研究大公司的经营状况、管理策略，做到知己知彼，心中有数，在对付它们的抵制政策时，不致处于盲目状态。

（六）减低对外国投资的依赖性。实行投资来源多样化，吸收各方面投资，一则可扩大来源，再则改变外资过分集中于少数发达国家，削弱个别国家左右东道国投资的影响，还可以促进投资国相互之间的竞争，使东道国有区别对待和选择比较的余地，增强谈判能力。

在技术方面，制订政策，鼓励先进技术，防止引进落后技术。对技术引进中不合理的限制性商业条款要提出反对和修改。对一揽子技术要加以分散，只引进其新颖的而为国内无法取得的部分。

在管理人才方面，要培养一支自己的骨干队伍，给以优厚待遇，并加强思想工作，防止人才流失。必要时可以借用外国已经退休的管理专家。

第五部分　对跨国公司的国际监督

二战后国际上纷纷成立的多边机构，多在促进国际贸易与国际金融的发展，很少涉及跨国公司活动的协调和监督。20世纪六七十年代以后，由于跨国公司的迅速发展，并日益形成了一套灵活性很大的经营策略，民族国家利益受到威胁，日益感到有进行多边协调和监督的必要，因为民族国家与跨国公司的利害冲突，往往非一国所能解决，发达市场经济国家如欧洲国家、日本也对以美国为基地的跨国公司长驱直入、咄咄逼人和支配一切的扩张主义行为感到不满。70年代中期，以欧洲、日本为基地的跨国企业发展很快，跨国公司已非美国一国的问题，许多国家认识到建立国际机构的重要性，可以而且应当对各国由跨国公司引起的活动进行协调和监督，推动国际多边组织提出了一系列针对跨国公司的建议。这些建议虽然采取自动的即无法律约束力的行动守则或指导方针的形式，但却是一种有益的尝试，值得重视。由于关于涉及这方面的国际机构很多，这里只举出几个有代表性的组织加以评述。

一、安第斯条约组织

由秘鲁、哥伦比亚、智利（后来退出）、玻利维亚、厄瓜多尔和委内瑞拉6国组成。1971年安第斯条约国利马会议通过了"关于外国资本、商标、专利权、许可证和版税共同处理制度"，规定在15~20年内把外商拥有全部股权的跨国公司子公司变为东道国至少拥有50%的合营企业；跨国公司每年汇出利润不得超过投资额的40%；不准外资新进入金融、保险、商业等部门及插手新闻广播领域；禁止技术转让中的限制性条款；禁止外资企业使用所在国的银行的中长期信贷等。这是发展中东道国第一次使用区域性集团的方式限制跨国公司的条例。1976 年 10 月对拉美一些国家产生不小影响。智利阿连德政府推行激进的国有化政策而退出安第斯条约组织,成员只剩 5 国。而在智利政府被颠覆后继任军政府立即改变政策,放宽对跨国公司汇出利润的限制。另外一些国家如巴西、乌拉圭、阿根廷(庇隆下台后)对外资也实行开放政策。在新的政治局面及对原来政策反思的情况下,1976 年 10 月安第斯条约组织修改了对跨国公司的政策,放宽对某些部门外资进入的限制,对汇出利润也提高为 20%,准许外资企业在本地获取长期贷款。近年来总的趋势是,拉美国家对跨国公司采取比较开放的政策。

此外不结盟国家、美洲国家组织等对跨国公司问题,曾多次提出宣言和建议,体现发展中东道国的意见,但未能形成系统的政策。

二、经济合作与发展组织(OECD)

经济合作与发展组织 1976 年 6 月在巴黎发表了一项"关于国际投资和多国企业的宣言"。[①]这是发达国家发表的具有相当国际影响的文件,尤其宣言所附的"指导方针",充分反映了发达国家的观点,而世界 75%的直接投资又是在 OECD 国家之间进行的。宣言强调对外直接投资能对经济、社会发展作出的积极贡献,并提出应当给予跨国公司子公司国民待遇,改善对外投资气候等充分反映发达国家看法的建议。

经济合作与发展组织对多国企业与劳工关系的指导方针,目标在于"通过鼓励多国公司对经济、社会进步可能作出的积极贡献,同时减少其经营引起的困难,以改善对外投资气候"。指导方针中关键性的几条是,各国公司应当:(1)定期公布企业重要的财务和经营状况;(2)满足劳动条件和劳工法规的标准,防止就业上的歧视;(3)禁止通过滥用产权力量的支配地位阻碍竞争的行动;(4)考虑一国的国际收支及财务活动中的信贷目标;(5)提供有关征税用的充分资料;(6)有利于国家科技发展目标,允许技术迅速扩散。

---

① 土耳其未签字,因为它对"国民待遇"、"对国际投资的鼓励"等问题有不同意见。

宣言声明：公司遵守指导方针是自愿的，各国在执行指导方针有争议时应互相协商。指导方针虽未形成国际法，但由于有 23 个重要国家声明自动执行，因而涉及对国际企业交易合同的解释，也会导致产生新的国内法或协议，对跨国投资方面的国际行为原则的发展起示范作用。指导方针的根本弱点是主要反映发达国家的立场和意见，对发达国家与跨国公司之间的关系起协调作用，但对发展中国家的政策问题则很少考虑。②

三、联合国跨国公司委员会及行动守则③

由于跨国公司活动对世界经济的发展起着越来越大的作用，对国际关系的影响也与日俱增，跨国公司对东道国的利害冲突成为国际不安定的因素之一。联合国认为需要拟订一个平衡的、稳定的、明确的跨国公司行动守则，使跨国公司和有关政府的权利和责任均得以明确，并自愿遵守，促进国际直接投资流动在发展过程中起最大可能的积极作用。

1972 年联合国经社理事会一致同意建立联合国跨国公司委员会，作为政府间永久性组织。1974 年根据知名人士小组的建议，委员会正式成立，由 48 国政府代表组成，它的任务是促进了解跨国公司活动的性质及其对政治、法律、经济和社会的影响；促进跨国公司对各国发展目标和世界经济增长做出积极的贡献，并控制和消除其消极的影响；加强东道国特别是发展中国家与跨国公司打交道时的谈判能力。在委员会下设一个跨国公司中心，从事报道、分析资料情报，进行政策研究、规划与各国的技术合作、咨询等工作，类似常设秘书处。"中心"于 1975 年底开始工作，集中力量研究制订跨国公司行动守则，即拟定跨国公司行为基本的、普遍的规则与规范东道国对跨国公司的待遇。政府间为制订守则专设的工作组于 1977 年开始磋商，提出初步案文，1982 年报经社理事会，但未能于 1983 年委员会上取得协议。自那时以来，在委员会一系列的特会上继续谈判，

---

② 这是就总的方向而言。实际上发达国家中美国和西欧国家有矛盾，高度发达的国家和较不发达的国家有矛盾，资源输出国如澳大利亚和非资源输出国有矛盾等。宣言是一个折衷的产物。

③ 联合国出版物：《联合国跨国公司行为守则》（*The UN's Code of Conduct on Transnational Corporations*），1988 年。

258

同时也吸收专家顾问的咨询意见。起草初期，在 1974 年特别联大气氛鼓舞之下，77 国集团强调规范跨国公司行为准则，保护发展中东道国的权益，保证跨国公司的经营与国家发展目标的一致性，使 80%以上的条文得到一致同意。随着时光的流逝，发达国家经济实力相对增长，发展中国家谈判地位相对削弱。剩下来的未决问题虽完全存有妥协余地，"中心"也做了大量推动磋商的工作，但主要由于发达国家态度比较消极，过分强调"平衡"和反对"约束力"，有些问题长期议而不决，有些已经解决的问题往往又旧事重提，陷于无休止的辩论之中，以致原定的通过日程早已超过，迄今尚无顺利解决的曙光。1985 年纽约特会期间，以德里布什（F. Dribbusch）为首的部分专家综合各方意见，提出一个案文，受到多数成员国的欢迎，认为可以作为进一步磋商的基础。①但由于发达国家缺乏达成协议的政治意愿，后来仍遭搁置。

以下试对行为守则草案进行解剖，并说明其中主要的未决问题。

1982 年主席案共分 6 章；

第 1 章为序言和目标说明。

第 2 章为定义与适用范围。

第 3 章涉及内容最丰富，如跨国公司的活动和行为、政治事项、经济、财务和社会问题，以及提供情报问题。

第 4 章为对跨国公司的待遇，以及国有化补偿及管辖权问题。

第 5 章涉及各国政府在应用该守则方面的必要合作。

第 6 章为具体执行守则，包括需要在国家一级和国际一级采取的行动。

主要未决问题并不多。文本草案中表示意见未统一的括号，许多不费大力即可去掉，并无实质性分歧。许多条款中的括号是关联的，一旦解决了其问题，那些括号也就可以去掉。核心问题归纳起来有以下四点：

① 此事见联合国跨国公司中心，《世界发展中的跨国公司，趋势与前景》1988 年第 352 页及"致谢"（UNCTC, TNCs in World Developments, Trends and Prospects, Acknowledgements, 1988）。作者曾参与议论并是签署人之一。

（一）序言和目标。迄今尚无一致同意的案文初稿。政府间工作组进行过初步讨论，同意应包括跨国公司对国际经济的影响、对那些导致采取国家和国际管制措施的活动的关切，并应谈到原则、目的和目标为充分尊重国家主权；各国对其自然资源、财富和经济活动的永久主权；不干涉内政和政府间事务，以及各国管理和控制跨国公司活动的权利。一些代表强调保持平衡原则，谈到跨国公司的积极贡献、国际法、保护合法活动以及公平对待原则。

（二）定义和适用范围。守则案文初稿提出跨国公司应是这样一些企业：1. 包括设在两个或两个以上国家的实体，不管这些实体的法律形式如何和所在领域为何；2. 在一个决策体系下从事经营，能通过一个或几个决策中心采取一致决策和共同战略；3. 各个实体通过股权或其他方式形成的联系，使其中一个或一个以上实体有可能对别的实体施加重大影响，特别是同其他实体分享知识、资源和分担责任。多数代表团认为只要符合上述三要素，守则即适用于这些企业，而不管其所有权性质如何（私营、公私合营、国营）。但有的代表团认为不应适用于政府和国家当局有效控制下的国营和社会所有的自治企业。他们建议应把跨国公司活动的动机（即扩大利润）也列为一条标准，定义就严格限于私营公司。多数代表同意定义普遍适用于所有国家，不管其政治、经济制度及其发展水平如何。

（三）跨国公司的活动与行为。分歧主要存在于：

1. 在涉及要求跨国公司尊重国家主权的规定时，是否需写上"每个国家有权对其自然资源、财富和经济活动行使永久主权"，除非同时提到"国际法"或"国际公认的"、"对跨国公司的待遇标准"。大多数代表团则认为这已是联合国决议多次肯定的国际法公认原则。

2. 对所有提到"东道国经济目的和发展目标、政策及重点"的地方，是否都应加上"已宣布的"或"既定的"这种限制性词语；在提出"禁止那些会对东道国国际收支状况造成不利影响的跨国公司活动"条款时，是否应加上"超出普遍接受的资金方面做法"的限制。

3. 不干涉内政问题。关于"禁止跨国公司干涉其所在国的内部事务"，有人主张应指"内部政治性事务","不干涉"系指"非法干涉"。有许多代表团不同意使用"非法的"限制性词语。

4. 东道国的有关待遇。这是涉及政府同跨国公司关系的重要而又困难的问题。之所以存在原则分歧，是因为有些根本问题看法不一致，例如究竟有没有普遍承认的国际法原则作为依据，以确定国家法律应遵守的对外国公司待遇的最低标准？国家法权是否就意味着这种待遇的所有方面都受国家法律制约，除非存在着有关国家自由签订的任何国际协定或安排？尤其对国际法和国际义务（international obligation）问题意见不能统一。

（1）东道国对跨国公司的一般待遇。代表都同意国家有权管制跨国公司的入境、设点，决定其在国家经济、社会发展中所起作用，并禁止或限制的特定部门。有的代表团主张国家应根据国际法给予跨国公司以平等即不受歧视的国民待遇；另一些代表团则认为不必提国际法（或者根本不存在这种国际法）和非歧视性特遇，而只提自愿承担的政府间或国际义务。

对发达市场经济国家所竭力主张的国民待遇条款，发展中国家和社会主义国家代表团持有深刻的保留或反对意见。发展中国家认为对外国和国内企业的非歧视性待遇，实际上会等于给跨国公司以优惠待遇（因两者能力不同），而这又和1974年联大决议"国家经济权利与义务宪章"中，"不得迫使任何国家对外国投资提供优惠待遇"的原则相违背，因而主张应加上限制性词语："只有在符合而不违背该国经济目标和发展计划的条件下，才对跨国公司提供国民待遇。"有人还主张加上"保持公正秩序，保护国家安全、国家基本经济利益，或符合国际协议条款"等限制性内容，这些问题至今尚未取得一致意见。此外，还涉及东道国对跨国公司的政策、法律、规定的应当明确和稳定、为跨国公司报送的资料保密、人员往来的便利等问题。

另一未决问题是跨国公司自由地不受限制地转移其与投资有关的支付问题。东道国尤其是发展中东道国不愿放弃管制外汇资源使用权。发达的投资国只同意在东道国国际收支有困难时，才可施行限制。不过取得这一点的妥协可能并不困难。①

（2）国有化和补偿。对此，长期以来存在不同意见。国家对外资财产实行国有化的权利，和在这种情况下国家付给补偿的义务，这是大家都同意的核心原则，但对此是否应加上限制性条件，则立场迥然不同。一些代表团主张：东道国在运用国有化权利时，应当符合国际法及其有关补偿支付的规定，补偿程序和数量应当受到尊重。发展中国家则反对并不存在的国际法原则，认为只需规定给以适当的（appropriate）补偿的国际义务即可，不同意前者所谓应给以迅速、充分、有效的补偿（prompt, adequate and effective compensation）的提法。至于国际法和国际义务之争，这里不再细论。联合国跨国公司中心的研究表明，两者可以互换和灵活使用，因而打开了解决争议之门。

（3）管辖权。由于跨国公司的活动跨越国界，便发生了管辖权的争端问题。例如，有的跨国公司母国经常声称有权扩大其管辖权，要求对跨国公司发生在它领土范围以外的活动，行使法律权威；东道国则认为应当保护自己领土范围内行使管制跨国公司的权利，而不问跨国公司分、子公司是否违犯了母国的法律。例如出口管制、反托拉斯立法、提供情报的规定、实施国际制裁等问题，往往存在着这种冲突的事例。同样，解决投资争端，提交所在国家或双方同意的其他适当当局仲裁和法律的选择问题，也被认为同各国管辖权有关。

（四）关于守则的法律性质。许多代表团主张，守则应是强制性的或具有约束力的，应采取"公约"、"条约"或其他具有法律约束力的多边形式，缔约方有义务实施守则的规定，并规定某种国际执行机制来加强国家行动（各国应有相应的立法配合）。另有一些代表团则强调守则的自愿性或非强制性，载明有关当事方要遵守的原则或方针，但并非在法律上可以强行的规则，可采取联大决议的形式。经社理事会1980年墨西哥宣言决定守则"应当是"有效的、综合性的、普遍接受与广泛执行的（effective,

---

① 专家顾问们提出的折衷案文，已被承认可能作为协议的基础。

comprehensive, generally accepted and universally adopted），但守则的性质尚未最终解决。它很可能只是自愿遵守的工具。守则的最后通过有赖于有利的国际条件。

自愿的不需政府批准的守则并不是无用,时间越长,守则的影响越大,它可能对其他国际守则的制订、解释和国家立法起示范趋同作用,普遍接受的一套标准,最终将和正式协议同样有重要意义。①

---

① 联合国跨国公司中心:《跨国公司行动守则草案中的未决问题》（UN Center on Transnational Corporation, outstanding issues in the draft code of conduct on TNCs）,1985 年 5 月。

苏联计划经济中农业对于工业化的作用

——农业影响工业化的历史检验之三

滕维藻

苏联工业化中资本累积的来源之一，是用直接征收低价购买的办法，用少量的工业品换取多量农业的粮食与原料以构成工业和贸易的利润——国营企业收入。另一筹措资金之重要方法是强迫节储。由于（一）农民人数占全民的绝大多数，故为最大的负担者；（二）政府对农民的强迫储蓄办法，比较苛重，所以在苏联计划经济中，农业对于工业化之贡献甚大。至集体农场之组织，亦是有帮助政府将农民所得转移为工业化所需的资本之作用。

计划经济在理论上的优点是无人能够否认的。它可以使经济资源作比较合理的利用，以减少不必要的浪费。在所得分配方面，也可作比较公允的分配，使需要价格能够真正代表各人对货物需要的相对迫切性，以获得最大的社会利益，（注一）同时在资本主义制度下，企业家生产时所花费的成本往往和社会成本发生岐异，向在社会主义的计划经济之下，工人健康和就业安全等可考虑在内。资本主义式的经济恐慌，大家可以避免，即使因投资及生产错误而发生短暂的失业，也容易加以补救，使局部的失业不致影响全体经济体系，不过我们同时也知道，理论上的计划经济在实行时遭遇到许多难以克服的困难，诚如皮古教授（prof A. C. Pigou）所说（注二）计划经济的组织问题异常困难，能够好好地做到一个理想较差的制度也许会比理想较好但实行困难的为好。事实上我们很难说究竟一个理论上全面的计划经济是否可能见诸实行，在这方面苏联的经验也许仅仅是一个参考。

　　我们在这里不想讨论计划经济的得失及其可性行,我们的兴趣是在看近似全面计划经济下农业和工业的关系,任何经济制度下农业对工业作用的途径是一样的,不过表现的方式和程度大有不同,苏联五年计划的目标虽然照斯大林自己的报告有六种基本任务（注三）,不过归纳起来,不外是发展重工业,加强苏联的国防能力和把苏联变成世界上技术最进步的国家之一,并使其在经济上和技术上能够独立。经过十几年的努力,尽管国民所得并没有显著增加,尽管第一次五年计划的结果,大部分生产部门都没有完成计划（注四）,但是,上面这两个基本目标可算已经达到。我们也可以说,他们的成功是一般的成功,而他们的失败则是特殊项目的失败,无数工业巨人在广漠的区域建立起来,其中重工业的成功尤其显著,苏联的确已经从一个落后的农业国家跃为一个技术进步的工业国家了,苏联的成功一般都归之于计划的胜利,但是依据比较审慎的研究（注五）很难说政策在苏联建设中占有如何重要的地位。除了借取外国的技术而外,直接有助于俄国经济迅速发展的,还是俄国的大地。工业化的进展伴着农民甚至农业的惨重牺牲,这是苏联五年计划中最惹人注意的事情。

　　从资本方面来看,五年计划就是一个庞大的政府投资计划。如果按照1933 年的价格计划,苏联在第一次五年计划中共费五百零五万万卢布,第二个五年计划共费一千三百三十四万万卢布,其中工业和交通占最主要的比例。这样庞大的资本是怎样筹集得来的呢,苏联政府也不想利用外资,事实上国家计划委员会成立初时所起草的五年计划（1922 年）的要点便是尽力利用外资来发展国有企业,苏联代表在热那亚（Genoa）国际经济会议上的提案且以此为根据;但是由于苏联的政治制度,其他国家不愿供给它以巨大的资本,而它自己也因种种顾虑不敢大量利用外资。结果工业化所需的资本不得不由本国设法解决,如果我们单看书时苏联国民所得的数字,几乎难以相信它会有筹措这笔资本的可能。资本的积蓄无论采取什么方式,总不外来自国民的剩余所得。苏联在 1928 年（第一次五年计划开始的一年）的平均所得仅有一八点八磅（注六）,不能与英美相比（只及英国三分之一，美国五分之一，并且还少于日本）（注七），而且由于革命以来的破坏，也还未恢复它自己在1913年的数字——20.1磅。在这样少的国民所得中要榨出巨量的剩余，自然不能不求之于特别的办法。而当时农业人口占全人口的百分比异常之高，大约75%以上，则农民又必是榨取的主要对象。我们这种借用[榨取]这个名词，已可想像资本的积累不是由于自愿的节储。节储总数决定于节储的能力和节储的志愿，苏联在开始实行五年计划时国民所得水平很低已如前述，并且所得的分配，由于革命以来土地重新分配的结果，小农场加（注八）资产阶级消灭之故，比较资本主义国家为平均，这样更减少节储的能力。至于决定节储志愿的几个条件，在当时苏联也是很为不利，因为政治不安定，每个人对未来享用的折扣率自然很大，政府既宣布保障人民生活，谁也不愿为不可知的未来而储蓄，政府虽然对私人储蓄付给很高的利息，但不能确定这储蓄会不会在将来被没收。所以在五年计划中苏联虽然用种种方法刺激私人的自动节储，但是结果却并不满意。严格说来，在苏联除储蓄银行存款外，没有所谓自动的储蓄，无论是合作社的股票或[自动]购买的公债，都是直接间接由政府用强迫的力量才形成的。即在1925～1926年二万万五千万磅的资本蓄积中，出自自动节储者不过九百万磅左右，而出自农民节储的比例尤少（注九）。

自动的节储既少到无可利用，则惟有求之于强迫节储。苏联1930年时的投资总额等于国民所得的29.5%，1933年涨至40.8%（俱为计划数字）（注十），这数字还远较富裕的英国和美国为大，这样高的投资比率即可以说明其来源一定是出于强迫节储，因为在正常情形下，绝对会自动把生活标准降低到不能温饱的程度，去发展不能消费的重工业产品的。

苏联政府筹集工业化资金的主要来源不外是国有企业收入，租税和公债。我们试来分析这些来源便不难明白苏联政府怎样用榨取农民的方法来筹集资本。1923年时苏联经济学家普利奥勃拉金斯基（Priobra jensky）主张以国营利润当作累积的唯一办法，并且提出所谓初期社会主义资本积累的学说，以发展国营工业的惟一方法是设法吸收它的殖民地——农业的生产剩余，换言之，即牺牲后者，以巩固前者的基础。实行这个方法的手段，最好的便是以市场交易为工具，扩大工业品和农业品价格的差异，用少量的工业品来换取大量的农产品。工业品都是国家掌握，自然可以用一种独占价格政策把农业上的剩余吸收了以供给工业。这个政策虽然表面上因为党人的反对而没有完全采用，但是事实上苏联政府无形中一直是在采用这个政策。

苏联政府对于农产品有三种需要：第一，工业化所需原料必须由农业来供给（尤其是棉花和麻类），而由于工业生产效能很低，政府自然不花高价收买原料；第二，工业人口巨大的增加需要大量粮食的消费，政府必须保障工人的生活水准；第三，苏联既无法利用外资，则向外购买资本货物时，只有从增加出口和减少入口（消费品）上设法，由于投资对象主要为重工业，轻工业生产品极端缺乏，不能用以出口，结果惟有尽量输出农产品去交换。加之1929年后世界经济恐慌，国际农产品价格惨跌，更不得不以贱价收买到外国贬值倾销，这种所谓倾销（注十一）。政府既然对农产品有这三种迫切的需要，而又必须用低价去获得，于是便用组织集体农场强迫征收和购买的办法来达到这个目的。关于这点，我们需要较详细的讨论。

苏联为什么花费那样大的代价去组织集体农场呢？虽然根据苏联政治领袖的演说以及人民农业委员会宣布的农业组织法令（注十二），组织集体农场的主要目的是在战胜富农阶级（Kutaks），消灭农业上的资本主义以及提高农业生产力，但是就事论事，集体农场在经济上的成效，不过是帮助政府完成对农民的榨取，农业生产力，并没有增加（至少就短期而论）而所付的代价却是异常沉重。在革命交战时共产主义时期（1918——1921年）实行一种强迫征收的制度，除了规定的最低限度的农民需要外，其余全部农产品剩余必须交给政府，不许私自售卖。农民感觉自己耕耘的结果给城市中人掠夺，便进行消极的反抗，减少耕地面积，宰杀牲畜。政府为了强迫征收，便组织武力下乡征收，当时所谓[food Army]在1919年达45000人之多（注十三），有组织的工人尚不在内，结果更引起农民的反抗，农业生产减少到战前数量的 40%至 60%，再益以旱灾，遂造成1921～1922 年的严重的饥馑。农业恐慌的结果，工业也趋于崩溃，工人下乡解决生活问题，农民暴动，军士叛变，列宁不得不改弦更张，实行新经济政策（N. E. P）取消征收制度，而代之以固定率的实物税（没改为现金），其剩余农产品可在市场自由出卖。除固定税额外，政府又采用提高工业品价格来榨取农业剩余，农民因为满足了自由交易欲望，生产逐渐增加，到 1928 年已经大致达战前生产水平。在这一时期中，发生有名的所谓剪刀恐慌（Seissors crisis）农产价格和工业品价格失衡，1923 年 1 月前者比战前低 18%而后者却比战前水平高 24%。到了 9 月，各减为 50%（低）及 80%（高），工业品价格水平相对增高了 300%，1922 年 1 月俄国小麦价格较伦敦高三倍，而到 1923 年 6 月反低了二分之一，农民要卖掉一年辛苦的所余才能买到一双鞋（注十四）这种剪刀恐慌之发生，原因很多，但是通货膨胀和生产量相对变化还不足以完满解释。主要原因之一还是政府有意的独占价格政策。以后这个价格的差异虽略减少，但是根本并未改变。

1927 年时政府对新兴的富农和私商阶级感觉危险，党内起了内哄。虽然结果是斯大林主张得了胜利,但是政府已决心不再继续所谓右倾的经济政策。[清算]富农，组织集体农庄的方案乃正式决定。而同时促成政府决心推行集体农庄的，一部分也由于政府购买粮食的渐感困难。农民在新经济政策下虽然有买卖剩余的自由，但是政府是唯一的大买主，他还用控制交通的方法，使农民不得不卖给政府，所以到 1928 年，谷类耕地面积已渐显出减少趋势。政府为了供应工人日增的消费，也有增加粮食的必要，于是政府乃决心推行集体农庄，废除自由贸易，变相的征收制度又告恢复。在政府的看法，集体农场的作用是一举数得，它可以代替农业上的资本主义，消灭仍有势力的富农阶级。它又可以增加农业生产力——共产党人自马克思以至考茨基（注十一）一直相信农业上的大经营较小经营为好，集体农场是技术改进的基础。再者集体农场成功后，生产单位大为减少，政府可以控制这少数的集体农场以得到充分的粮食供应实行庞大的重工业投资计划。他们已经从过去的经验，知道自由贸易和增加农业生产的密切关系，现在自由贸易既然废止，如果不想别的办法来鼓励生产，则又有复演往事的可能，所以只要全国集体农场组织成立，政府可以在事实上操纵它的政策，生产便不致减少。同时因为集体农场的剩余生产大部分既须交与政府，粮食的交易又可以由政府控制了。

在第一次五年计划中政府获得原料与粮食的办法有三个来源（注十六）第一个也是最重要的来源是固定比例的谷物棉花等必须交给政府，这个规定的比例各区不同，例如在乌克兰为 33%。克里米亚为 28%。这种比例不是根据实际收获，而是依照事前的估计，估计的数字往往比实际收获量要高。第二个来源是集体农场[自动]的交纳，这所谓的自动交纳实际是变相的强迫，因为集体农场场长实际是政府的代表，虽然表面上也经过全体场员的同意，不过后者知道他们不能反抗前者的意见。第三个来源是订约购买，政府机关与集体农场或场员订立购买契约，在规定价格下卖给政府，而政府则供应给农具（大规模农具是由机器站供给，而收取实物报酬）肥料和各种消费品。这种契约原则是自由的，但是集体农场在实际上没有选择的自由，更没有力量和政府讲价，尤其在距离市场遥远之处，政府处于独占供给（Monopoty）和独占购买（Monopsony）的双重地位，消费品既无法从他处获得，农产品又无法售出，结果只有和政府作不等价的交换，从 1930 年以来，工业人口迅速增加，消费品更形不足，农民把全部剩余农产品都交给政府，所得的不过是购买力日低的纸币。因此农民自然不愿加入集体农场，而在 1929 年初推行时，政府完全采取强迫的方式，不加入的就有视为[富民]而进入集中营的危险——有九十万农家因此被毁灭了。只要我们还记得在 1928 年时富农播种面积占全面积的 14%（注十七）就可以推想他们被[清算]了之后，对农业生产的影响是多么重大，富农和不愿加入集体农场的农民，于是大批的屠杀牲畜、毁坏谷物、荒废土地，不幸又益以旱灾，遂造成了 1932～1933 年的大饥荒，虽然没有可靠的官方统计，但是据有资格的观察家说死亡人数达五百万人。政府用强迫方法得到的谷物虽未如何减少（注十八）但是，农业总生产量已大见减少，苏联五年计划中国民收入增加之迟缓，以及第一次计划的不能完全成功，这是一个重要的原因。政府不能不让步了，于是从1932年起改变了强迫交付的办法，把固定的比例改为固定的数量，集体农场在完成了这个固定的交付数量以后，他可以自由出卖剩余农产品。交付数量相当于收获量的百分比也比此前略小（注十九），但是1933～1934年的计划交付额还是不能完成。自由市场上的价格比政府规定的价格要高，农民从自由售卖所得的收入已经大大地提高（1935年食物定量分配制取消）集体农场的农民在阿台尔（Artel）的形式下，也被允许自有牲畜和园圃。他们可以拿所生产的牛乳（蔬菜等易腐食物到公开市场去卖），再加以种种威逼利诱（税率低，政府供给机器及技术指导，以及抬高社会地位）的结果，集体农场的数字已经在1936年超过了预定计划而完成（播种面积占全面积90%），苏联农业组织的问题是解决了，但是生产问题并没有完全解决。牲畜数直到1936年还未恢复1928年的水平(注廿)，至于谷物生产在1936年也比1923年增加无几，而这种增加并非由于生产效率的进步，而系由于播种面积极度扩张——机器的采用促进荒漠土地的开发——而非由于每亩或每人生产力的增进，苏联自己比较性的数字是没有，但如与欧洲他国相比，前者几乎一致地抵于其他欧洲国家，只及德国和捷克的二分之一，至于后者（每人的生产力）也低于法国和波兰（每人平均土地却高于波兰）（注廿一）播种面积的扩大，诚如瓦林纳（Varinner）所说，尽可以用扩张国营农场到地广人稀的区域，而达到这个目的，那么几次的由于牲畜屠杀而损失的农业资本也得避免。谷物生产更可能迅速增加，而不必采取集体化政策的（注廿二），可见集体农场的目标虽然很多，但是就其结果而论，不过以极大的代价完成了政府对农民剥削计划，用工业品和农业品的不等价交换以累积工业化所需的资本。剥削农民本是俄国的一贯政策（其实，一个农业国家的工业化，资本的来源主要总是要取之于农业或农民，不过方式和程度不同而已），在帝俄90年代发展工业时就以重税的方式迫使农民在收获后以贱价向德国商人卖出了他们的产品（注廿三）不过五年计划的规模更大，而农民被剥削的程度更深而已，第二次五年计划中农民的地位虽然略有改善，但是照赫巴特（Hulbacd. L. E）的计算（注廿四）农民在1936年用政府所给农产品价格所能买到的工业品只及1913年的八分之一，而工人真实所得只不过降低二分之一。又如农民（在1935年）数目比工人多三倍而经由零售贸易所得到的工业消费品只有全数 35%，农民受剥削程度似乎并没有多少改变。

以上我们讨论的是苏联工业化中资本累积的来源之一，就是用直接征收低价购买的办法，用少量的工业品换得多量农产的粮食和原料，以构成工业和贸易的利润——国营企业收入。国营企业利润不全是农民的生产剩余，工人也有其贡献。不过国营企业收入只是工业资金来源之一种，在建设之初甚至不是最主要的来源。苏联筹措资金的另一些重要方法（正如资本国家一样）是租税公债及通货膨胀。一言以蔽之，就是强迫节储。这些强迫节储的办法虽然不是完全以累积为唯一的目的（尚有使所得分配平均及推行社会化工业等任务），但无疑的却是它的主要的目的。从我们此地的兴趣说，强迫节储是对所有人民而言，农民阶级并无特别加以讨论的理由，但是第一，农民的人数占全体人民的绝大多数，他们无疑的是最大的负担者；第二，因为农业社会化的程度远不及工业（已经完全国有）所得分配也比较不均，所以政府对农民的强迫储蓄办法农业所得较苛重（例如租税负担）。租税是政府最大的收入，但是往往也比税（单一税）的累进率较大，尤以独立农民为甚。在苏联，收入最多的消费税和交易税完全由消费者负担（因为国营企业可以把所加税额完全加入工业品价格之内，而不必顾虑消费者需要的弹性）而农民在工业品的消费上最受剥削。由于农产价格受政府的规定或控制，通货膨胀的受害者主要也是农民（不过我们不必太着重这点的重要性，因为第一，苏联为了维持卢布汇价，实际通货膨胀程度不大，而在苏联的经济机构下，价格和通货的数量也没有密切的联系）。

苏联计划经济中农业对工业化的贡献之伟大，在资本累积方面已经充分可以见到，集体农场的作用不过是帮助政府把农民所得转移为工业化所需资本（在某种限度内，用课税或发展国营农场的方法也许一样可以达到这个目的），并促进农民移入工矿业仅仅把它看成一种社会制度的新试验（像伯 Walb 那样），或者仅仅看做一种技术的改革，似乎都是以迷惑其真实的意义。而且苏联集体农场的成功（就其已成功的结果说）有其制度的和自然的背景，俄国的共同耕作制度在 1906 年斯托里宾时代方告废除，个人所有权及圈地异常之迟，俄国又有广阔而未开发的大地（人口的分布很是不均），而土壤种类比较一致，农艺方式单纯，使机械耕作有发挥效力的余地，这些条件往往为讨论集体农场的人所忽略的。

注释

（一） Oskar. Lange, "on the Economic Theory of Socialism" in the Review of Economic studies，oct，1938 and Feb1937.

（二） A. C Pigou, Socialism Vs Capitalism p. 102.

（三） Stalin, the Results of first 5-yean Plan，引自吴半农：《我国经济建设之途径》，78 页，Coate W. P etc， The End 5-yean plan pxxii.

（四） 黄卓：《苏联计划经济》，上卷，225～229 页。

（五） 陈振汉先生：《经济政策在德苏经济建设中之地位》，《东方杂志》，39 卷 11 期。

（六） Colin Clark, Eristique of Russian Statistics.

（七） Ditto, Condition's of Economics Progress, p. 48.

（八） Hulbard L.E the Economics of Soviet Agriculture.

（九） Lawton L. An Economic History of Russia, Vot II, pp. 351-354.

（十） 这里是用的黄卓氏（前书，卷上，208 页）所引 Economic Review of Soviet Union 数字，恐嫌过高。Prokopovitch 氏所用比率为 31.2%（1930 年）据英国名统计学家克拉克意，亦嫌太高。见 Conditions of Economics, pp. 309-400 克氏所谓 1934 年投资只及国民所得之 14.2%（除去折旧）。

（十一） [倾销]是差别价格的一种。其产生的条件往往是国内生产过剩，于是将需要弹性小的市场（国内）所不能消纳的货物，以低价倾销于国外需要弹性较大的市场以取得最大的独占利益。详见 Joan Robinson, Economics of Imperfect Competition, pp. 179 ff.

272

（十二） Burns, Russia's Production System, p. 272.

（十三） Boden etc. An Economic History of Europe Series 1750, p. 702.

（十四） Lauton L. op cit Vol II, p. 236 ff.

（十五） 考茨基：《农业的社会化》，新生命书局。

（十六） Hulbard L. E. The Economics of Soviet Agriculture, p. 181, Ct Seq.

（十七） Boden op cit p. 775.

（十八） Hulbard op cit p. 188，苏联政府历年从各种方法取得的谷物量。

年份	数量（百万吨）	占总收获量（%）
1928	12.4	16.9
1929	16.3	22.7
1930	22.6	27.0
1931	22.7	32.7
1932	19.2	27.5
1933	23.1	28.9
1934	26.3	31.1

（十九） Ibid. p. 185 ff.

（二十） Boden etc, op cit p. 777.

（二十一） Warriner, Economics of Peasants Farming ch. 9.

（二十二） Ibcid p. 179.

（二十三） Maver op-cit.

（二十四） Hulbard, Soviet. Trade and Distribution p. 289.

永远鼓舞我们前进

滕维藻

南开是总理的母校，总理多次亲切地说他是南开的校友。总理生前时时关心着南开的成长，南开的师生员工对总理怀着深厚的感情。总理对于知识分子的谆谆教诲，永远铭记在我们的心中。

抗日战争期间，我在南开经济研究所做研究生，以后又留所担任教学工作。那时周总理代表党中央在重庆和国民党政府谈判，并做各方面人士的统战工作。他曾多次到沙坪坝南开中学看望南开学校的创办人张伯苓先生，对张从政治上进行争取和帮助，听说总理和张伯苓在政治观点上曾有激烈的争论。1951 年张在天津病故，周总理对张还是作了一分为二、实事求是的评价。

1951 年，周总理在中南海怀仁堂对京津文教科技界代表作重要讲话，揭开了知识分子思想改造运动的序幕。我有幸参加了这次盛会，第一次见到了敬爱的周总理。在讲话中，总理以亲身的经历，深刻而又生动的阐述了党的知识分子政策，鼓励我们要彻底改造世界观，把自己的立场从爱国思想、民族思想转变到无产阶级方面来，为此，就要努力学习马列主义和积极参加革命实践。为了打消老知识分子在争取进步方面的思想顾虑，总理提出了许多精辟的论述，如家庭出身无法选择，革命道路无限宽广；历史问题看现在，社会关系看本人；对什么问题都要采取历史唯物主义的分析态度；党一贯重视并信任知识分子等等。总理的讲话语重心长，富有鼓动性和说服力，他的亲切教诲，如暖流，像春风，吹遍了整个知识界，激荡着千千万万知识分子的心，鼓舞着我甩掉包袱，轻装前进，加速我思想改造的步伐，第二年，我就光荣地加入了党组织。

1956 年 1 月，周总理在中央召开的知识分子问题会议上作了报告，指出："革命需要吸收知识分子，建设尤其需要吸收知识分子"，"团结知识分子是必要的，也是完全可能的"。1962 年，总理又在广州全国科技工作会议上作了关于知识分子问题的报告，指出我们党一直是把知识分子看作自己人，知识分子的思想改造就是要和工人阶级同化、合流，并用自己的切身体会，亲切地指出知识分子进行自我履行的重要意义和正确途径。这两次会议的传达，在我们学校引起了很大震动，广大教师奔走相告，干劲倍增。向科学进军，为提前实现总理亲自主持制定的科学规划而奋斗，成为人们奋发前进的巨大动力。

我还清楚地记得，1957 年 4 月，周总理陪同外宾在天津大学、南开大学访问，在讲话中亲切地说，天津是我青年时代的故乡，38 年前曾在天津以一个学生的身份参加过五四运动。同时，周总理对青年一代提出了殷切的期望，使我们受到莫大鼓舞。最使我终身难忘的是，1959 年 5 月 28 日，敬爱的周总理亲临我校视察工作，在学校整整活动了一天，走遍了整个南开园，从学生的思想、学习和生活，到教学安排、科研方向、校办工厂，无一不受到总理的注意和询问。在图书馆东侧广场向全校师生员工的讲话中，总理还谆谆教导大家坚决贯彻毛主席关于自力更生、艰苦奋斗和勤俭建国的方针，总理对经济研究所视察得特别仔细，详细垂询了研究方向，对人民公社的调查很感兴趣， 并指示要加强对于世界经济的研究。我还记得，当总理进校后，在第一教学楼会议室，我向总理汇报工作，总理听出我的苏北乡音时，亲切地问我，"你是哪里人呀？"我说："我是阜宁人，离淮安九十里路，"总理听了爽朗地笑着说："那我们还是是老乡啊!"总理平易近人、热情亲切的话语，使我万分感动，热泪盈眶。第二年，我在北京出席文教群英会，总理在人民大会堂主持了盛大的宴会，在他接见大会主席团时，我向总理汇报说："南开大学师生问候总理健康。"总理用无限亲切的目光微笑着对我说："我记得你，你代我向南开师生们问好!"总理的音容笑貌，至今历历在目。据我校校长杨石先说，周总理多次在接见他时，托他向南大师生问好，并表示以后还要来看我们，总理还嘱咐杨老要把元素有机化学研究所办好，要把经济研究所收回来（解放后该所一度中断工作，恢复后曾划归河北省科学分院），并把它办好。敬爱的总理呀，您日理万机，为党的事业，国家大事，天下大事昼夜操劳，还这样细心地关怀我们南大的工作，怎能不叫我们对您无限崇敬和深切怀念呀！

知识和人才

（代发刊词）

滕维藻

《南开经济研究》创刊了，这是一件好事。一个刊物，两个阵地，既是理论阵地，又是人才阵地。因此，要发挥我校在经济学方面的优势，把《南开经济研究》办好，办出特色来，使其成为推动经济科学研究和教学工作的阵地，成为促进经济人才成长的阵地。

党的十二届三中全会通过的《决定》再次强调了"进行社会主义现代化建设必须尊重知识、尊重人才"，这是千真万确的。要进行经济体制改革，要发展国民经济，要实现四个现代化，就必须有一大批具有现代化的经济、技术知识的人才。我们学校的工作千头万绪，任务众多，但集中起来讲就是个知识和人才问题，即传播知识、钻研科技，培养人才、发现人才。如何发现这个人物？课堂教学、社会调查、科学研究、学术交流等，无疑是重要途径，但办好刊物，也不失为一条有效渠道。人们往往把办刊物仅仅看作是理论阵地，而忽视它作为培养人才的阵地，我看这个认识是需要改变的。

高等学校是人才集中的场所，又是培养人才的地方，这就带来了一个如何处理好使用人才和培养人才的关系问题。我们学校现在拥有教学、科研人员1700多名，这是一笔财富，要办好学校，为国家培养更多的合格人才，主要是靠他们。毛泽东同志说过："教改的问题，主要是教员问题。"只有充分调动起教学、科研人员的积极性，才能提高教学质量，才能提高科研水平，才能培养出合格的人才。为此，要消除轻视知识、轻视知识分子的思想，摆正教学、科研人员在学校的位置；要克服"文人相轻"的陈腐观念，相互尊重、自我尊重；要改善教学、科研人员的工作条件和生活待遇，对有重大发明创造和特殊贡献的，要给予重奖；还要办好刊物，使教学、科研人员的研究成果有发表的阵地；等等。通过这些措施，把现有的教学、科研人员的积极性调动起来；再通过他们去发现、培养人才。

《南开经济研究》要在发挥两个阵地的作用方面，多想想、多议议，采取一些具体措施，创出一条路子来。在这个创刊号上，设立了"研究生、大学论坛"，为青年学生争得了一席之地，开了个好头；听编辑部的同志说，准备在第二期再开辟一个"中青年经济学家论坛"，这个想法不错。今后的问题是如何把这些栏目办好，既然是"论坛"，那就真正"论"起来，从中是会发现人才的；发现人才后，还要加以培养、提高，这就更需要多动动脑子、多想些办法了。我校的教学、科研人员中，中青年居多数，他们是希望所在，要特别注意发现他们当中的优秀人才。

从历史上说，南开大学经济学院和经济研究所从事人才培养、调查研究和办刊物的工作已经有五十多年了。而且从一开始就比较重视理论联系实际的工作。当然，那时的工作也有时代的局限性。除旧布新、继往开来，是时代的召唤。今天，经济学研究的形式从来没有这么好，人人意气风发，大家笑逐颜开。让我们的研究工作更好地围绕四个现代化建设，献计献策，奋发图强，这是我们义不容辞的任务。为国为民，发挥我们的聪明才智，此其时矣。

选自《南开经济研究》创刊号

党员民主评议自评提纲

滕维藻

一、这一年中前半给博士研究生组织专业课讲课，同时组织申请国家项目科研基金，取得较好的结果（批准两个项目，获得基金十万余元），并初步落实了进行计划。可惜后来意外地发现重症，住院四月余，工作中断，给所有的研究工作带来损失。现正在考虑弥补、调整。

二、在学习党的方针政策形势任务方面，虽然受生病影响，没有以前抓得紧，但在不利条件下还能注意学习时事政策，使自己的思想能够跟上迅速变化的形势。

在市场经济大潮的冲击下，和社会不正之风泛滥的情况下，能够以身作则，遵纪守法，对若干腐败现象，能够正确对待，没有陷入悲观失望或牢骚太盛。

三、在养病治病过程中基本上能正确对待，保持心态平衡，不悲观失望，和医护人员合作，忍受痛苦折磨，终使恢复过程比较顺利。对手术中类似事故的失误没有抱怨或生气。

四、对国经所人员调整和工作安排，力求采取鼓励支持和团结合作的态度，有时也提出一些必要的建议，但竭力避免影响新班子积极开展工作的顾虑，使多数群众对调整比较满意，团结也未受多少影响。

党员民主评议自评提纲 1993. 6. 11.

滕维藻

一. 这一年中前半给博士研究生组织专业课讲课, 同时组织申请国家项目科研基金, 取得较好的结果 (批准两个项目, 获得基金十万余元), 初步落实了进行计划。可惜后来意外地发现重症, 住院四月余, 工作中断, 给所负研究工作带来损失。现正在设法弥补, 调整。

二. 在学习党的方针政策形势任务方面, 虽然受生病影响, 没有以前抓得紧, 但在不利条件下还能坚持学习, 对党的政策, 使自己的思想能够跟上迅速变化的形势。

在商品经济大潮的冲击下, 和社会不正之风泛滥的情况下, 能够以身作则, 遵纪守法, 对若干腐败现象, 能够正确对待, 没有陷入悲观失望或麻痹大意。

三. 在养病治病过程中基本上能正确对待, 和保持心态平衡, 不悲观失望, 和医护人员合作, 忍受痛苦折磨, 恢复美过程比较顺利。对手术中数你事故的失误没有抱怨或怄气。

四. 对国经所人员调整和工作安排, 力求采取支持和团结合作的态度, 有时也找张一些必要的建议, 但端力避免影响新班子开校工作的额虑, 但多数群众对调整比较满意, 团结也未受多少影响。

滕维藻手稿 "党员民主评议自评提纲", 1993.6.11

1993年滕维藻教授身患重病，住院治疗期间为国际经济研究所党组织写下了"党员民主评议自评提纲"手稿，感人肺腑（骆春树提供）

附:

滕维藻同志生平

中国共产党优秀党员，著名经济学家、教育家，国务院学位委员会经济学科评议组原召集人，联合国跨国公司委员会原高级顾问，南开大学原校长、世界经济学科的开拓者、教授、博士生导师滕维藻同志因病医治无效，于 2008 年 2 月 14 日 9 时 57 分在天津逝世，享年 91 岁。

滕维藻同志 1917 年 1 月出生于江苏省阜宁县。1937 年考入浙江大学农业化学系，次年转入农业经济系。1942 年考入西南联大的南开大学经济研究所攻读研究生，毕业后在重庆上海银行研究室工作，1945 年重返南开大学经济研究所任教，历任金融贸易系主任、经济研究所所长、副教务长、教务长、校党委常委、党委宣传部部长、党委统战部部长等职务。1979 年担任南开大学副校长，1981—1985 年担任南开大学校长，1982—1983 年代理南开大学党委书记，后任南开大学顾问。

滕维藻同志在学生时代就追求真理，积极参加学生爱国运动。在镇江师范高中时组织成立读书会，研究中国农民的现状。曾因反对国民党的独裁统治，遭到逮捕关押。1937 年考入浙江大学后，投身于抗日救亡运动，担任学生进步文艺团体"黑白文艺社"第一任社长。1938 年后参加"讨汪"和"倒孔"运动，再次遭到国民党的逮捕关押。1947 至 1949 年间，积极参加"反饥饿、反内战、反迫害"运动，并被推选为南开大学安全委员会委员，与广大师生坚守朝夕与共的南开园，开展护校斗争，迎接天津

282

解放。新中国成立后，他以高度的政治热情投身于南开事业的发展，致力于毕生热爱的教学和科研工作，并与杨石先校长、吴大任先生等一道，为新教育制度的贯彻执行做出了不懈的努力。"文革"期间，滕维藻同志遭受到不公正的待遇，但他坚持真理，刚正不阿，始终保持着对党的坚定信仰。

滕维藻同志是我国著名的经济学家，自上世纪 40 年代开始从事经济学研究，在世界经济、特别是跨国公司研究领域成就卓著。他早年致力于中国农业经济问题研究，提出一系列有影响的经济思想，如反对"以农立国"的主张，指出农业是基础，但不能以农立国，必须进行工业化。20世纪 60 年代后，开拓了南开大学世界经济领域的研究。1964 年受国务院委托组织研究大洋洲问题，填补了国内该领域研究的空白。1973 年开始研究跨国公司问题。鉴于他在该领域的卓越成就，被联合国聘为跨国公司委员会高级顾问，参加了"跨国公司行动指南"等一系列重要国际文件的起草，为捍卫发展中国家的利益做出了积极贡献。在他的带领下，南开大学至今仍保持该研究领域的国内领先水平。在对外贸易和经济发展战略研究方面，他在改革开放初期提出我国对外贸易形式应是"内向策略"和"外向策略"并存、有条件的"进口替代"和"出口替代"兼用的观点，在国内外产生很大影响。他还长期担任国务院学位委员会经济学科评议组成员和召集人、中国世界经济学会副会长、全国美国经济学会会长、中国国际经济关系学会和大洋洲经济学会顾问、中国国际交流协会理事、天津市社会科学联合会副主任、天津市经济学会理事长等职，为南开大学乃至全国的经济研究、特别是世界经济研究做出了杰出的贡献。

滕维藻同志是我国优秀的教育家，曾长期担任南开大学的党政领导工作，特别是在党的十一届三中全会后出任南开大学校长和代理党委书记期间，认真贯彻执行党的路线、方针、政策，为把学校工作重点转移到以教学、科研为中心的轨道上来做出了积极努力。他提出主动适应社会发展需要，加强基础、着重提高、发挥优势、补充短线的办学方针，对学校的学科建设、特别是南开文理并重、比翼齐飞学科特色的形成做出了重要贡献，使南开大学逐步发展成为一所包括人文社会科学、自然科学、管理科学、技术科学及艺术等多学科的综合大学。他还主持建立了具有南开特色的经济学院和研究生院，为学校"七五"、"八五"乃至以后的发展奠定了良好的基础。

滕维藻同志生病期间顽强地同疾病作斗争，一边治疗一边带病坚持工作，始终关心南开大学的发展，直至生命的最后一息。他临终前嘱咐亲属，丧事从简，充分表现了一个共产党人的高尚品德和情操。

滕维藻同志于1952年7月加入中国共产党，曾当选为天津市党代会代表、天津市人大代表，是中国民主同盟盟员。他坚定地信仰马克思主义，忠于党，忠于人民，以满腔热忱服务于社会主义建设事业；他忠诚党的教育事业，为人师表，关爱后学，教书育人，桃李天下，为国家培养了大批高层次经济学专门人才；他与时俱进，主动适应国家经济社会发展需要，身体力行地推动了我国经济和管理学科的建设与发展；他潜心科研，治学严谨，在经济学研究领域取得了突出成就；他胸怀坦荡，光明磊落，深受全校师生员工的尊敬和爱戴。

滕维藻同志的逝世是我国教育界和经济学界的重大损失。他的崇高品质永远值得我们学习。